古典文獻研究輯刊

三五編

潘美月・杜潔祥 主編

第 16 冊

三通序箋注

楊 阿 敏 著

國家圖書館出版品預行編目資料

三通序箋注／楊阿敏 著 -- 初版 -- 新北市：花木蘭文化事業
有限公司，2022〔民111〕
序 4+ 目 2+228 面；19×26 公分
（古典文獻研究輯刊 三五編；第 16 冊）
ISBN 978-626-344-118-7（精裝）
1.CST：通典 2.CST：通志 3.CST：文獻通考 4.CST：注釋
011.08   111010307

ISBN-978-626-344-118-7

古典文獻研究輯刊
三五編　第十六冊　　　　　ISBN：978-626-344-118-7

三通序箋注

作　　者　楊阿敏
主　　編　潘美月、杜潔祥
總 編 輯　杜潔祥
副總編輯　楊嘉樂
編輯主任　許郁翎
編　　輯　張雅淋、潘玟靜、劉子瑄　美術編輯　陳逸婷
出　　版　花木蘭文化事業有限公司
發 行 人　高小娟
聯絡地址　235 新北市中和區中安街七二號十三樓
　　　　　電話：02-2923-1455／傳真：02-2923-1452
網　　址　http://www.huamulan.tw 信箱 service@huamulans.com
印　　刷　普羅文化出版廣告事業
初　　版　2022 年 9 月
定　　價　三五編 39 冊（精裝）新台幣 98,000 元

三通序箋注

楊阿敏　著

作者簡介

楊阿敏，男，1993 年生，江西吉安人。山東石油化工學院中文系畢業。2015 年創辦「爾雅國學」微信公眾號，現任北京《中華瑰寶》雜誌編輯。著有《學海滄桑：古典文學名家訪談錄》（浙江古籍出版社），已發表文章 20 餘篇。

提　要

　　杜佑《通典》，鄭樵《通志》，馬端臨《文獻通考》，共稱為三通。後人單刻其序文為《三通序》。清代張之洞在其目錄學名著《書目答問》中所舉《考訂初學各書》中即開列有《三通序》，並稱「此類各書，約而不陋」。民國時期胡懷琛著《古書今讀法》，在第七章《明學術源流》中亦推薦了《三通序》，將之列於《漢書·藝文志》《隋書·經籍志》之後，他認為：「我們要讀古書，是要先明白原有的學術源流，就是要把他重新整理一下，也要先明白他原有的源流。舊有關於這類的書雖然不好，但是我們在今日不讀古書就罷，如要讀古書，這些書是不得不先看一下子的。」這就為我們指明了《三通序》之價值，可以借此明中國歷代典章制度之源流。

　　今日學習研究古典學術，不能不先瞭解前人已有之貢獻。古人雖將三通序文匯刻在一處，卻未有注釋。而序文中綜括先秦至唐宋各類制度演變發展狀況，在行文中又多窮源朔流，大量引用十三經，若非熟悉經文注疏，則不易理解。這就對今人閱讀研究帶來一定的障礙，因而，本項工作的主要內容致力於解決這一問題。

　　三通作為中國史學名著，已成為文史研究必讀必備書，然全書卷帙浩繁，通覽不易。而全書各篇序文提綱挈領，讀此可明其源流。古人已將《三通序》看成必讀書目，但一直未有注本，民國二十三年八月曾出版由中央政治學校總務處印刷的《三通序》，然全書只有文章評點，沒有施加箋注，對於今天讀者而言，已不實用。商務印書館 1934 年曾出版張須的《通志總序箋》，1935 年出版陳志憲的《通考序箋》，賴高翔有《馬端臨文獻通考序箋釋》，但尚缺《通典》的注釋，誠為憾事。此後，各類歷史文獻讀本常選錄其間某些篇章，也是一鱗半爪，不見全豹，且注釋多只是簡單的字詞訓釋，未能深入，學術價值有限。因而，對於學習研究三通多有不便，《三通序箋注》則可為學者進入三通提供一入門階梯，亦有助於研究工作之深入。

　　在篇目選擇上，遵循歷代通行本的選目。然通行本多為坊刻本，文字準確性有所欠缺，故而本次箋注以中華書局出版之三通為底本，中華本經過整理校勘，是目前較好的本子。具體的箋注工作不以字詞訓釋為主，著重在追溯典故之來源，制度之內容。對於所用典故，力爭尋找其最初來源，引用最貼切於文本的材料。對於序文中所涉及的人物，不做簡單的生平履歷職官介紹，而是力求將其在某項制度上所作的貢獻凸顯出來。如在關於禮樂的序中，只引證史書中關於其制禮作樂之材料，一方面凸顯作者之用心，何以提及此人，一方面幫助讀者拓展視野，此人在歷史上有何具體貢獻。對於序中所提及的各項制度，也力圖簡要呈現其基本內容，以免翻檢之勞。在箋注中，一方面力求追根溯源，以明其所來；一方面也借鑒前人「以經證經」之方法，一些觀點在序文中敘述較為簡略，則引用三通原書中散見於其他各處的議論，證明疏通，相互發明，以便讀者明瞭其真實意圖。

序

傅　剛〔註1〕

　　楊阿敏先生成《三通序箋注》一書，讓我給他寫個序。我對《三通》沒有任何研究，對他的用功之處和成績所在，難中肯綮，若不符雅意，豈不辜負所託？再三推辭不獲，無已，談一點我拜讀此書的一點體會吧。

　　《三通》是我們文史研究者都要熟悉的工具書，學習中要瞭解某一制度、典章，不得不先翻翻《三通》中相應的考述。《三通》在目錄學上被列為史部政書類，它涵蓋了古代社會經濟、政治、制度、都邑、輿地、經籍等等各個領域，由杜佑《通典》至鄭樵《通志》，再至馬端臨《文獻通考》，品種門類，愈為全備。學者於所需求專門知識，可資查考，亦可據而稽徵他籍，所以說《三通》諸書對文史研究者不可或缺。

　　《三通》之《通典》最早，成於唐杜佑之手，在他之前，學者欲求歷代制度典章，多據於史志。史書諸志，除《史記》八書、《漢書》十志有通論古今的內容，晉、宋以後，則主要集中在本朝政典上。杜佑《通典》，以「通」取名，立意在於通古今典制，故從傳說中的陶唐以來，至於天寶末年，述歷代典章制度，明其沿革，考其得失，李翰《通典序》說：「採五經群史，上自黃帝，至於我唐天寶之末，每事以類相從，舉其始終，歷代沿革廢置及當時群士議論得失，靡不條載，附之於事。」自杜佑之後，典章制度之政事撰述，便成為一種新的史書體裁，而學者從中尤為得益。

　　杜佑的撰述開啟了鄭樵《通志》的寫作。《通志》仿的是《史記》體例，分紀、傳、譜、略，等於是以通史體裁述典章制度，這樣使典章制度有具體的

〔註1〕北京大學人文特聘教授、博士研究生導師。

史實依據，這自然與他的實學思想有關。對學者來說，最有價值的，當然是《通志》的二十略，《四庫全書總目》說「全帙之菁華，惟在二十略而已」。雖前人往往批評其考證粗疏，類例雜蕪，但上下數千年，包羅數百家，錯綜政典，該括名物，論斷警闢，都使這部書成為政書典範，為學者案頭必備之書。

《三通》的《文獻通考》，出於元代馬端臨之手，馬端臨有感於杜佑《通典》僅至天寶末，「且時有古今，述有詳略，節目之間，未為明備，而去取之際，頗欠精審」，因成《文獻通考》，列為二十四門類，其中「田賦」等十九門類是「仿《通典》之成規，自天寶以前則增益其事蹟之所未備，離析其門類之所未詳；自天寶以後至宋嘉定之末，則續而成之」，又創立「經籍」等五種。可見他是繼承杜佑撰述思想及編撰體例，但多有創改。材料來源及撰寫方法，馬端臨說是「凡敘事則本之經史而參之以歷代《會要》，以及百家傳記之書，信而有證者從之；乖異傳疑者不錄」，此所謂「文」者；「凡論事，則先取當時臣僚之奏疏，次及近代諸儒評論，以至名流之燕談，稗官之紀錄。凡一話一言，可訂典故之得失、證史傳之是非者，則採而錄之」，此所謂「獻」也。「其載諸史傳之紀錄而可疑，稽諸先儒之論辨而未當者，研精覃思，悠然有得，則竊著己意附其後焉」，故名為《文獻通考》。可見《文獻通考》材料豐富詳博，所謂「薈萃源流，綜統同異」，且「考覈精審，持論平正。上下數千年，貫穿二十五代，於制度張弛之跡，是非得失之之林，固已燦然具備矣」（乾隆《御製重刻文獻通考序》）。

以上皆文史學者熟知之常識，然當今學者，已不甚讀書，或不甚讀個人研究（其實就是博士論文題目）以外之書，此亦古今學術丕變而令人嘆息者。故略述大概，提醒今之學人，經典之書不能不讀，且不可以電子文獻搜檢為讀書。

學者多能讀能用《三通》，然《三通》之製作，作者撰述思想、體例、目的，則見於《三通》的作者自序以及諸篇小序中。學術著作撰序，漢魏時期已經出現，不論《詩序》是否子夏所作，《毛詩》之有《大序》、有《小序》，是不爭的事實。其後司馬遷撰《太史公自序》，述其撰述《太史公書》之因由及體例、思想、目的，通其序，方能深解《史記》。因此，從古至今，學術著作的序，尤其是作者自序，尤為不可不先讀。我們讀《文選》《詩品》《文心雕龍》《史通》等等，皆須深入研讀作者的序，才能對他們的思想、體例、撰述目的等有所把握。

　　《三通》更是如此，《三通》內容富博浩大，節目紛繁，作者撰述目的、其對典章制度的認識以及編撰體例等等，皆於其序中交待闡述。如杜佑《通典序》說明他在群典中以《食貨》為首的原因說：「夫行教化在乎設職官，設職官在乎審官才，審官才在乎精選舉，制禮以端其俗，立樂以和其心，此先哲王致治之大方也。故職官設然後興禮樂焉，教化隳然後用刑罰焉，列州郡俾分領焉，置邊防遏戎敵焉。是以食貨為之首。」這表明了杜佑對國家治理的基本思想，認為經濟發展是基礎，職官、選舉、禮樂教化皆依食與貨而存在。依次再列選舉、職官、禮、樂、刑、州郡、邊防等。

　　鄭樵《通志》，體例不同於杜佑，而繼史遷之體，欲成通史。通史從舊文，而有損益，損益之旨，在於求實。他對包括司馬遷以來的史書都作了批評，如批評司馬遷「多聚舊記，時插雜言」是「採摭未備，筆削不遵」；批評班固「全無學術，專事剽竊」；批評唐以後史書凡事皆準《春秋》，空言褒貶，未得其實。其所批評，於班固過於嚴苛，但說明他有自己的史學立場和撰寫原則。他對史料的會通和一些評斷，讓他成為卓越的史學家。當然，《通志》最重要的成就是《二十略》，而《二十略》的特點，則要看他自己的闡述。他自己對《二十略》的評價說：「凡二十略，百代之憲章，學者之能事，盡於此矣。」為什麼呢？他說：「其五略，漢唐諸儒所得而聞；其十五略，漢唐諸儒所不得而聞也。」所謂五略，指《禮略》《職官略》《選舉略》《刑法略》《食貨略》，十五略則如《氏族》《六書》《七音》《天文》諸略。鄭樵所說十五略為漢唐諸儒所未聞，未必如實，馬端臨以及《四庫總目》均有批評。二十略中最為學者稱譽的是《校讎》《藝文》《金石》《圖譜》等，學者許為精審。其實其他諸略，如《氏族略》，雖如《四庫全書總目》說「多掛漏」，但對古代氏族起源及遷變，勾稽資料，考辨亦較詳實，對研究是有很大幫助的。

　　馬端臨《文獻通考》是繼杜佑《通典》之書，他何以在杜佑之後撰寫此書？又何名為《文獻通考》？《文獻通考》與《通典》同異？此皆見於自序。何以用「文獻」為名，說見前引，其與《通典》同異，他說一者因《通典》僅至天寶末，其後則闕焉；二者，《通典》於書內節目安排未為明備，去取選擇有欠精審，又天文、五行、藝文皆無述，故馬端臨志在文獻搜集考訂上加以重加梳理，而為二十四門類，三百四十八卷。其考訂之新意，皆見於各目小序。

　　以上是我們從三位作者總序中獲得的知識，知曉他們各自不同的撰述背

景和目的，如此再讀《三通》，不致茫然無知、而常有疑慮之處了。由此看來，序是多麼地重要了。我們前面主要論述的是《三通》的總序，《三通》各類目中又各有小序，讀者尤其要認真閱讀。小序從《毛詩》以來便已為經典學術著作常用之體，我們熟悉的如《漢書・藝文志》《樂府詩集》，無不如此。《三通》既各立節目，又皆以通為名，則各目之源流皆需有論述。前人往往輯小序而獨立成書，如《文章流別集》之《文章流別論》，《文章辨體》《文體明辨》之《論》，《四庫全書》之《總目》等等，皆見小序，其實就是專門的學術通論。《三通》小序亦如此，總序明作者撰述意圖，小序明專門學術史，相輔相成，不可或缺。

正因為這樣的原因，古人也往往將序目輯為專書，《三通序》自清代以來就有輯刻，張之洞《書目答問》於《考訂初學各書》中亦開列為學者必讀之書，不僅示學者讀其書之門徑，實亦能窺古人治學之心，啟後學者以方，度人金針，在在於是。唯古人製序，甚所雅馴，蓋其人其文其學識之表現，不可不謹重。《三通》作者皆當世大儒，其發言吐辭，咳唾珠璣，所謂事出沉思，義歸翰藻，後之學人，腹笥若儉，未免艱於閱讀，不加注解，望洋徒嘆，奈何！楊阿敏先生有感於此，將《三通》諸序匯為一書，加以注解。箋注不以字詞訓釋為主，專出典故來源，又採「以經證經」之法，以《三通》之文疏解序言，達到互相發明效果，又是本書注解一特點。

本人學淺，不能道本書之優長於一二，尤不能通於《三通》，然《三通》大、小序誠為經典，而本書注者用心亦為至善，學有稗益，則非虛言，敬祈讀者詳察。是為序。

目

次

《通典》自序

佑少嘗讀書，而性且蒙固，不達術數之藝，不好章句之學。杜佑《進通典表》：「臣本以門資，幼登官序。仕非遊藝，才不及人。徒懷自強，頗習墳籍。雖履歷叨幸，或職劇務繁，竊惜光陰，未嘗輟學。」《舊唐書‧杜佑》：「佑性勤而無倦，雖位極將相，手不釋卷；質明視事，接對賓客，夜則燈下讀書，孜孜不怠。與賓佐談論，人憚其辯而伏其博，設有疑誤，亦能質正。」所纂《通典》，實采羣言，徵諸人事，將施有政。杜佑《進通典表》：「每念懵學，冀探政經，略觀歷代眾賢高論，多陳箴失之弊，或闕匡拯之方。臣既庸淺，寧詳損益，未原其始，莫暢其終。尚賴周氏典禮，秦皇蕩滅不盡，或有繁雜，且用准憑。至於往昔是非，可為今來龜鑑，布在方策，亦粗研尋。」李翰《通典序》：「故採五經羣史，上自黃帝，至於我唐天寶之末，每事以類相從，舉其始終，歷代沿革廢置及當時羣士論議得失，靡不條載，附之於事。如人支脈，散綴於體。凡有八門，勒成二百卷，號曰《通典》。」《舊唐書‧杜佑》：「性嗜學，該涉古今，以富國安人之術為己任。初開元末，劉秩採經史百家之言，取《周禮》六官所職，撰分門書三十五卷，號曰《政典》，大為時賢稱賞，房琯以為才過劉更生。佑得其書，尋味厥旨，以為條目未盡，因而廣之，加以開元禮、樂，書成二百卷，號曰《通典》。貞元十七年，自淮南使人詣闕獻之。」夫理道之先在乎行教化，教化之本在乎足衣食。《易》稱聚人曰財。《周易‧繫辭》下：「天地之大德曰生，聖人之大寶曰位。何以守位？曰仁。何以聚人？曰財。」正義曰：「何以守位曰仁者，言聖人何以保守其位，必須仁愛，故言曰仁也。何以聚人曰財者，言何以聚集人眾，必須財物，故言曰財也。」《洪範》八政，一曰食，二曰貨。《尚書‧洪範》：「八政：一曰食，二曰貨，三曰祀，四曰司空，五曰司徒，六曰司寇，七曰賓，八曰師。」《漢書‧食貨志》：「《洪範》八政，一曰食，二曰貨。食謂農殖嘉

穀可食之物；貨謂布帛可衣，及金刀龜貝所以分財布利通有無者也。二者，生民之本。」
《管子》曰：「倉廩實知禮節，衣食足知榮辱。」語出《管子・牧民》篇。
夫子曰：「既富而教。」《論語・子路》：「子適衛，冉有僕。子曰：『庶矣哉！』
冉有曰：『既庶矣，又何加焉？』曰：『富之。』曰：『既富矣，又何加焉？』曰：『教
之。』」朱子註：「庶而不富，則民生不遂，故制田里、薄賦斂以富之。富而不教，則
近於禽獸。故必立學校、明禮義以教之。」斯之謂矣。《通典・食貨七・丁中》：「昔
賢云：『倉廩實知禮節，衣食足知榮辱。』夫子適衛，冉子僕。曰：『美哉庶矣。既庶
矣，又何加焉？』曰：『富之。』『既富矣，又何加焉？』曰：『教之。』故知國足則
政康，家足則教從，反是而理者，未之有也。」夫行教化在乎設職官，設職官
在乎審官才，審官才在乎精選舉，制禮以端其俗，立樂以和其心，此先
哲王致治之大方也。故職官設然後興禮樂焉，教化墮然後用刑罰焉，列
州郡俾分領焉，置邊防遏戎敵焉。是以食貨為之首，原注：「十二卷。」選
舉次之，原注：「六卷。」職官又次之，原注：「二十二卷。」禮又次之，原注：
「百卷。」樂又次之，原注：「七卷。」刑又次之，大刑用甲兵，原注：「十五
卷。」其次五刑，原注：「八卷。」州郡又次之，原注：「十四卷。」邊防末之。
原注：「十六卷。」《四庫全書總目》：「自序謂：既富而教，故先食貨；行教化在設官，
任官在審才，審才在精選舉，故選舉、職官次焉；人才得而治以理，乃興禮樂，故次
禮次樂；教化墮則用刑罰，故次兵次刑；設州郡分領，故次州郡，而終之以邊防。」
或覽之者庶知篇第之旨也。原注：「本初纂錄，止於天寶之末，其有要須議論者，
亦便及以後之事。」

《食貨》序

　　昔我國家之全盛也，約計歲之恒賦，錢穀布帛五千餘萬，原注：「其數具《食貨・賦稅》篇下。」杜佑《通典・食貨六・賦稅下》：「按天寶中天下計帳，……大凡都計租稅庸調，每歲錢粟絹綿布約得五千二百三十餘萬端疋屯貫石，諸色資課及句剝所獲不在其中，其度支歲計，粟則二千五百餘萬石，布絹綿則二千七百餘萬端屯疋，錢則二百餘萬貫。」經費之外，常積羨餘。遇百姓不足，而每有蠲恤。自天寶之始，邊境多功，寵錫既崇，給用殊廣，出納之職，支計屢空。杜佑《通典・食貨六・賦稅下》：「自開元中及於天寶，開拓邊境，多立功勳，每歲軍用日增。其費糴米粟則三百六十萬疋段，給衣則五百二十萬，別支計則二百一十萬，大凡一千二百六十萬，開元以前每歲邊夷戎所用不過二百萬貫，自後經費日廣，以至於此。而錫賚之費此不與焉。其時錢穀之司，唯務割剝，迴殘賸利，名目萬端，府藏雖豐，閭閻困矣。」於是言利之臣繼進，而道行矣。割剝為務，岐路多端。每歲所入，增數百萬。既而隴右有青海之師，《新唐書・哥舒翰傳》：「天寶八載，詔翰以朔方、河東羣牧兵十萬攻吐蕃石堡城。數日未克，翰怒，捽其將高秀巖、張守瑜，將斬之。秀巖請三日期，如期而下。」范陽有天門之役，《舊唐書・渤海靺鞨》：「渤海靺鞨大祚榮者，本高麗別種也。高麗既滅，祚榮率家屬徙居營州。萬歲通天年，契丹李盡忠反叛，祚榮與靺鞨乞四比羽各領亡命東奔，保阻以自固。盡忠既死，則天命右玉鈐衛大將軍李楷固率兵討其餘黨，先破斬乞四比羽，又度天門嶺以迫祚榮。祚榮合高麗、靺鞨之眾以拒楷固，王師大敗，楷固脫身而還。」朔方布思之背叛，《新唐書・安祿山》：「十一載，率河東兵討契丹，……祿山不得志，乃悉兵號二十萬討契丹以報。帝聞，詔朔方節度使阿布思以師會。布思者，九姓首領也，偉貌多權略，開元初，為默啜所困，內屬，帝寵之。祿山雅忌其才，不相下，欲襲取之，

故表請自助。布思懼而叛，轉入漠北，祿山不進，輒班師。」劍南羅鳳之憑陵，《舊唐書·玄宗下》：「(十載)夏四月，劍南節度使鮮于仲通將兵六萬討雲南，與雲南王閣羅鳳戰于瀘川，官軍大敗，死於瀘水者不可勝數。」或全軍不返，或連城而陷。先之以師旅，因之以薦饑，凶逆承隙構兵，兩京無藩籬之固，蓋是人事，豈唯天時。緬惟高祖、太宗，開國剏業，作程垂訓，薄賦輕徭，澤及萬方，黎人懷惠。是以肅宗中興之績，周月而能成之，雖神算睿謀，舉無遺策，戎臣介夫，能竭其力，抑亦累聖積仁之所致也。夫德厚則感深，感深則難搖，人心所繫，故速戡大難，少康、平王是也。若斂厚則情離，情離則易動，人心已去，故遂為獨夫，殷辛、胡亥是也。今甲兵未息，經費尚繁，重則人不堪，輕則用不足，酌古之要，適今之宜，既弊而思變，乃澤流無竭。夫欲人之安也，在於薄斂，斂之薄也，在於節用。若用之不節，寧斂之欲薄，其可得乎？先在省不急之費，定經用之數，使下之人，知上有憂恤之心，取非獲已，自然樂其輸矣。古之取於人也，唯食土之毛，《左傳·昭公七年》：「封略之內，何非君土？食土之毛，誰非君臣？」杜註：「毛，草也。」謂什一而稅；《公羊傳·宣公十五年》：「古者什一而稅藉。古者曷為什一而藉？什一者，天下之中正也。多乎什一，大桀、小桀；寡乎什一，大貊、小貊。什一者，天下之中正也。什一行而頌聲作矣。」何休解詁曰：「什一以借民力，以什與民，自取其一為公田。奢泰多取於民，比於桀也。蠻貊無社稷、宗廟、百官制度之費，稅薄。頌聲者，太平歌頌之聲，帝王之高致也。」役人之力，謂一歲三日。《周禮·地官司徒》：「凡均力政，以歲上下。豐年則公旬用三日焉。中年則公旬用二日焉。无年則公旬用一日焉。」疏曰：「云以歲上下者，上即豐年，下即儉年也。豐年則公旬用三日者，公事也。旬，均也。謂為事均用三日也。」未有直斂人之財，而得其無怨，況取之不薄，令之不均乎！《通典·食貨四·賦稅上》：「古之有天下者，未嘗直取之於人。其所以制賦稅者，謂公田什之一及工商衡虞之入，稅以供郊廟社稷、天子奉養、百官祿食也，賦以給車馬甲兵士徒賜予也。言人君唯於田及山澤可以制財賄耳。其工商雖有技巧之作，行販之利，是皆浮食不敦其本，蓋欲抑損之義也。古者，宅不毛有里布，地不耕有屋粟，人無職事出夫家之征。言宅不毛者出一里二十五家之泉，田不耕者出三家之稅粟，人雖有閒無職事，猶出夫稅家稅。夫稅者謂田畝之稅，家稅者謂出士徒車輦給徭役也。蓋皆罰其惰，務令歸農。是故歷代至今，猶計田取租稅。古者人君上歲役不過三日，是故歷代至今，雖加至二十日，數倍多古制，猶以庸為名。既免其役，日收庸絹三尺，共當六丈，更調二丈，

則每丁壯當兩匹矣。夫調者，猶存古井田調發兵車名耳，此豈直斂人之財者乎！」**自燧人氏逮於三王，皆通輕重之法，**《管子·揆度》：齊桓公問於管子曰：「自燧人以來，其大會可得而聞乎？」管子對曰：「燧人以來，未有不以輕重為天下也。共工之王，水處什之七，陸處什之三，乘天勢以隘制天下。至於黃帝之王，謹逃其爪牙，不利其器，燒山林，破增藪，焚沛澤，逐禽獸，實以益人，然後天下可得而牧也。至於堯舜之王，所以化海內者，北用禺氏之玉，南貴江漢之珠，其勝禽獸之仇，以大夫隨之。」桓公曰：「何謂也？」管子對曰：「今：『諸侯之子將委質者，皆以雙武之皮，卿大夫豹飾，列大夫豹幨。』大夫散其邑粟與其財物以市虎豹之皮，故山林之人刺其猛獸若從親戚之仇。此君冕服於朝，而猛獸勝於外；大夫已散其財物，萬人得受其流。此堯舜之數也。」**以制國用，以抑兼并，致財足而食豐，人安而政洽，誠為邦之所急，理道之所先，豈常才之士而能達也。民者，瞑也，**《春秋繁露·深察民號》篇云：「民者，瞑也。」**可使由之，不可使因之。審其眾寡，量其優劣，饒贍之道，自有其術。歷觀制作之者，固非易遇其人。周之興也得太公，**《漢書·食貨志第四上》：「太公為周立九府圜法：黃金方寸，而重一斤；錢圜函方，輕重以銖；布帛廣二尺二寸為幅，長四丈為匹。故貨寶於金，利於刀，流於泉，布於布，束於帛。太公退，又行之于齊。」師古曰：「周官太府、玉府、內府、外府、泉府、天府、職內、職金、職幣皆掌財幣之官，故云九府。圜謂均而通也。」**齊之霸也得管仲，**《漢書·食貨志第四上》：「至管仲相桓公，通輕重之權，曰：『歲有凶穰，故穀有貴賤；令有緩急，故物有輕重。人君不理，則畜賈游於市，乘民之不給，百倍其本矣。故萬乘之國必有萬金之賈，千乘之國必有千金之賈者，利有所并也。計本量委則足矣，然而民有飢餓者，穀有所臧也。民有餘則輕之，故人君斂之以輕；民不足則重之，故人君散之以重。凡輕重斂散之以時，則準平。守準平，使萬室之邑必有萬鍾之臧，臧繦千萬；千室之邑必有千鍾之臧，臧繦百萬。春以奉耕，夏以奉耘，耒耜器械，種饟糧食，必取澹焉。故大賈畜家不得豪奪吾民矣。』桓公遂用區區之齊合諸侯，顯伯名。」**魏之富也得李悝，**《漢書·食貨志第四上》：「李悝為魏文侯作盡地力之教，……又曰糴甚貴傷民，甚賤傷農；民傷則離散，農傷則國貧。故甚貴與甚賤，其傷一也。善為國者，使民毋傷而農益勸。……是故善平糴者，必謹觀歲有上中下孰。……小飢則發小孰之所斂，中飢則發中孰之所斂，大飢則發大孰之所斂，而糶。故雖遇饑饉水旱，糴不貴而民不散，取有餘以補不足也。行之魏國，國以富彊。」**秦之強也得商鞅，**《漢書·食貨志第四上》引董仲舒云：「至秦則不然，用商鞅之法，改帝王之制，除井田，民得賣買，富者田連仟伯，貧者亡立錐之地。

又顓川澤之利，管山林之饒，荒淫越制，踰侈以相高；邑有人君之尊，里有公侯之富，小民安得不困？又加月為更卒，已，復為正一歲，屯戍一歲，力役三十倍於古；田租口賦，鹽鐵之利，二十倍於古。或耕豪民之田，見稅什五。」**後周有蘇綽，**《周書‧蘇綽》：「太祖方欲革易時政，務弘彊國富民之道，故綽得盡其智能，贊成其事。減官員，置二長，並置屯田以資軍國。又為六條詔書，奏施行之。……其三，盡地利，……其六，均賦役，……太祖甚重之，常置諸座右。又令百司習誦之。其牧守令長，非通六條及計帳者，不得居官。」**隋氏有高熲。**《隋書‧食貨》：「開皇三年……高熲又以人間課輸，雖有定分，年常徵納，除注恒多，長吏肆情，文帳出沒，復無定簿，難以推校，乃為輸籍定樣，請徧下諸州。每年正月五日，縣令巡人，各隨便近，五黨三黨，共為一團，依樣定戶上下。帝從之。自是姦無所容矣。……開皇八年五月，高熲奏諸州無課調處，及課州管戶數少者，官人祿力，乘前已來，恒出隨近之州。但判官本為牧人，役力理出所部。請於所管戶內，計戶徵稅。帝從之。」**此六賢者，上以成王業，興霸圖，次以富國強兵，立事可法。其漢代桑弘羊、耿壽昌之輩，**《漢紀‧孝武皇帝紀四卷第十三》：「桑弘羊，洛陽賈人子，以能心計，年十三，為侍中。言利事皆析秋毫，而始籌緡錢及車船矣。其後弘羊請置大司農部丞數十人，分主郡國，各得往置均輸鹽鐵官，令遠方各以其物商賈所販賣為賦，而相灌輸。置平準官于京師，都受天下委輸。諸物官盡籠天下之貨物，貴則賣之，賤則買之。富商大賈無所侔大利，物皆反其本，而物不得踊貴。故抑天下之物，名曰「平準」。又請令民得以粟補吏，罪人得以贖死，及入粟為吏復各有差，於是民不益賦而國用饒足。」《漢書‧食貨志第四上》：「宣帝即位，用吏多選賢良，百姓安土，歲數豐穰，穀至石五錢，農人少利。時大司農中丞耿壽昌以善為算能商功利得幸於上，五鳳中奏言：『故事，歲漕關東穀四百萬斛以給京師，用卒六萬人。宜糴三輔、弘農、河東、上黨、太原郡穀足供京師，可以省關東漕卒過半。』……漕事果便，壽昌遂白令邊郡皆築倉，以穀賤時增其賈而糴，以利農，穀貴時減賈而糶，名曰常平倉。民便之。上乃下詔，賜壽昌爵關內侯。」**皆起自賈豎，雖本於求利，猶事有成績。自茲以降，雖無代無人，其餘經邦正俗，興利除害，懷濟時之略，輒致理之機者，蓋不可多見矣。農者，有國之本也。先使各安其業，是以隨其受田，稅其所植。焉可徵求貨幣，捨其所有而責其所無者哉！**《通典‧食貨一‧田制上》：「穀者，人之司命也；地者，穀之所生也；人者，君之所治也。有其穀則國用備，辨其地則人食足，察其人則徭役均。知此三者，謂之治政。」**天下農人，皆當糴鬻，豪商富室，乘急賤收，旋致罄竭，更仍貴糴，往復受弊，無有已**

時，欲其安業，不可得也。故晁錯曰：「欲民務農，在於貴粟，貴粟之道，在於使民以粟為賞罰。如此農民有錢，粟有所洩。」語載《漢書‧食貨志第四上》。謂官以法收取之也。誠如是，則天下之田盡闢，天下之倉盡盈。然後行其軌數，度其輕重，化以王道，扇之和風，率循禮義之方，皆登仁壽之域，斯不以難矣。在昔堯湯，水旱作沴，而人無捐瘠，以國有儲蓄。《禮記‧王制》：「國無九年之蓄，曰不足；無六年之蓄，曰急；無三年之蓄，曰國非其國也。三年耕必有一年之食，九年耕必有三年之食。以三十年之通，雖有凶旱水溢，民無菜色，然後天子食日舉以樂。」若賦斂之數重，黎庶之力竭，而公府之積，無經歲之用，不幸有一二千里水旱蟲霜，或一方興師動眾，廢於藝殖，寧免賦闕而用乏，人流而國危者哉！

《選舉》序

　　自昔羲后，因以物命官，《左傳·昭公十七年》：「昔者黃帝氏以雲紀，故為雲師而雲名。炎帝氏以火紀，故為火師而火名。共工氏以水紀，故為水師而水名。大皞氏以龍紀，故為龍師而龍名。我高祖少皞摯之立也。鳳鳥適至，故紀於鳥，為鳥師而鳥名。」杜注：「大皞，伏犧氏，風姓之祖也。有龍瑞，故以龍命官。」事簡人淳，唯以道化，上無求欲於下，下無干進於上，百姓自足，海內乂安，不是賢而非愚，不沽名而尚行，推擇之典，無所聞焉。爰泊唐、虞之官人也，俾乂水土，《尚書·舜典》：「帝曰：『俞！咨禹，汝平水土，惟時懋哉！』」緝熙帝載，敷五教，《尚書·舜典》：「帝曰：『契，百姓不親，五品不遜，汝作司徒，敬敷五教，在寬。』」正義曰：「帝又呼契曰：『往者天下百姓不相親睦，家內尊卑五品不能和順。汝作司徒之官，謹敬布其五常之教，務在於寬，故使五典克從。是汝之功，宜當勉之。』」五教，父子有親，君臣有義，夫婦有別，長幼有敘，朋友有信。**正五刑**，《尚書·舜典》：「象以典刑，流宥五刑，鞭作官刑，扑作教刑，金作贖刑。眚災肆赦，怙終賊刑。欽哉，欽哉，惟刑之恤哉！」正義曰：「又留意於民，詳其罪罰，依法用其常刑，使罪各當，刑不越法。用流放之法寬宥五刑，五刑雖有犯者，或以恩減降，不使身服其罪，所以流放宥之。五刑之外，更有鞭作治官事之刑；有扑作師儒教訓之刑；其有意善功惡，則令出金贖罪之刑；若過誤為害，原情非故者，則緩縱而赦放之；若怙恃姦詐，終行不改者，則賊殺而刑罪之。舜慎刑如此，又設言以誡百官曰：『敬之哉！敬之哉！推此刑罰之事最須憂念之哉！』令勤念刑罰，不使枉濫也。」**播百穀**，《尚書·舜典》：「帝曰：『棄，黎民阻飢，汝后稷，播時百穀。』」正義曰：「帝呼稷曰：『棄，往者洪水之

時，眾民之難難在於飢，汝君為此稷之官，教民布種是百穀以濟活之。」言我知汝功，當勉之。」**典三禮**，《尚書‧堯典》：「帝曰：『咨！四岳。有能典朕三禮？』」《書集傳》：「三禮：祀天神，享人鬼，祭地祇之禮也。」**咨于四嶽，明揚側陋，**《尚書‧堯典》：「帝曰：『咨！四岳，朕在位七十載，汝能庸命巽朕位。』岳曰：『否德，忝帝位。』曰：『明明揚側陋。』師錫帝曰：『有鰥在下，曰虞舜。』」正義曰：「帝以鯀功不成，又已年老，求得授位明聖，代禦天災，故咨嗟：『汝四岳等，我在天子之位七十載矣。』言已年老，不堪在位。『汝等四岳之內，有能用我之命，使之順我帝位之事。』言欲讓位與之也。四岳對帝曰：『我等四岳皆不有用命之德，若使順行帝事，即辱於帝位。』言已不堪也。帝又言曰：『汝當明白舉其明德之人於僻隱鄙陋之處，何必在位之臣乃舉之也。』於是朝廷眾臣乃與帝之明人曰：『有無妻之鰥夫在下民之內，其名曰虞舜。』言側陋之處有此賢人。」**詢事考言，**《尚書‧舜典》：「帝曰：『格！汝舜。詢事考言，乃言底可績，三載。汝陟帝位。』」正義曰：「帝堯乃謂之曰：『來，汝舜，有所謀之事，我考驗汝舜之所言。汝言致可以立功，於今三年，汝功已成，汝可升處帝位。』告以此言欲禪之也。」**故舉無失德。然猶三載考績，三考黜陟幽明，**《尚書‧舜典》：「三載考績，三考，黜陟幽明。庶績咸熙。」正義曰：「言帝命羣官之後，經三載乃考其功績，經三考則九載。黜陟幽明，明者升之，闇者退之。羣官懼黜思升，各敬其事，故得眾功皆廣。」**流四凶族，**《尚書‧舜典》：「流共工于幽州，放驩兜于崇山，竄三苗于三危，殛鯀于羽山，四罪而天下咸服。」**不仁者遠，斯則選賢任能之大略也。三王之代，朴散俗澆，難以道馭，務勤其教，立庠塾於鄉閭，建黌學於都邑，訓公卿大夫之子弟，設俊、造之目而勸勉成之。**《禮記‧王制》：「司徒命鄉論秀士，升之司徒，曰選士。司徒論選士之秀者，而升之學，曰俊士。升於司徒者不征於鄉，升於學者不征於司徒，曰造士。」**自幼年入學，至四十方仕，**《禮記‧曲禮上》：「人生十年曰幼，學；二十曰弱，冠；三十曰壯，有室；四十曰強，而仕。」正義曰：「四十曰強而仕者，三十九以前通曰壯，壯久則強，故四十曰強。強有二義，一則四十不惑，是智慮強；二則氣力強也。」**然後行備業全，事理績茂。秦漢以降，乃異於斯。其行教也不深，其取材也務速，欲人浸漬於五常之道，**《漢書‧董仲舒》：「夫仁誼禮知信五常之道，王者所當脩飭也；五者脩飭，故受天之祐，而享鬼神之靈，德施于方外，延及羣生也。」**皆登仁壽之域，何可及已。夫上材蓋寡，中材則多，有可移之性，敦其教**

方善。《論語・陽貨》:「子曰:『唯上知與下愚不移。』」若不敦其教,欲求多賢,亦不可及已。非今人多不肖,古人多材能,在施政立本,使之然也。而況以言取士,既已失之,考言唯華,失之愈遠。若變茲道,材何遠乎?

《禮》序

　　夫禮必本於太一，原注：「極大曰太，未分曰一。」分而為天地，轉而為陰陽，變而為四時，列而為鬼神。原注：「鬼者，精魄所歸。神者，引物而出。」其降曰令，原注：「聖人象此下之以為教令。」其居人曰義。原注：「《孝經說》曰：義由人出。」夫禮至曰義語出《禮記・禮運》篇。孔子曰：「夫禮，先王以承天之道，以理人之情，失之者死，得之者生。故聖人以禮示之，天下國家可得而正也。」原注：「人知禮則教易。」語出《禮記・禮運》篇。伏羲以儷皮為禮，作瑟以為樂，可為嘉禮；《禮記正義》曰：「案譙周《古史考》云：『有聖人以火德王，造作鑽燧，出火教民熟食，人民大悅，號曰遂人。次有三姓，乃至伏犧，制嫁娶以儷皮為禮，作琴瑟以為樂。』又《帝王世紀》云：『燧人氏沒，包犧氏代之。』以此言之，則嫁娶嘉禮始於伏犧也。」儷，兩也。神農播種，始諸飲食，致敬鬼神，蜡為田祭，可為吉禮；《禮記正義》曰：「案《禮運》云：『夫禮之初，始諸飲食，燔黍捭豚，蕢桴而土鼓。』又《明堂位》云：『土鼓蕢簣，伊耆氏之樂。』又《郊特牲》云：『伊耆氏始為蜡。』蜡即田祭，與種穀相協，土鼓蕢簣又與蕢桴土鼓相當，故熊氏云：伊耆氏即神農也。既云始諸飲食，致敬鬼神，則祭祀吉禮起於神農也。」黃帝與蚩尤戰於涿鹿，可為軍禮；《禮記正義》曰：「《史記》云『黃帝與蚩尤戰於涿鹿』，則有軍禮也。」九牧倡教，可為賓禮；《禮記正義》曰：「《論語撰考》云：『軒知地利，九牧倡教。』既有九州之牧，當有朝聘，是賓禮也。」《易》稱古者葬於中野，可為凶禮。《禮記正義》曰：「《易・繫辭》『黃帝九事』章云『古者葬諸中野』，則有凶禮也。」又，「修贄類帝」則吉禮也，修贄：《尚書・舜典》：「修五禮、五玉、三帛、二生、一死贄。」正義曰：「修五禮：吉、凶、賓、軍、嘉之禮。修五玉：公侯伯子男所執之圭璧也。又修三帛：諸侯世子、

-13-

公之孤、附庸之君所執玄、纁、黃之帛也。又脩二生：卿所執羔、大夫所執鴈也。又脩一死：士所執雉也。自『五玉』至於『一死』，皆蒙上『脩』文揔言所用。玉、帛、生、死皆為贄以見天子也。」類帝：《尚書·舜典》：「肆類于上帝，禋于六宗。望于山川，徧于羣神。」正義曰：「遂行為帝之事，而以告攝事類祭於上帝，祭昊天及五帝也。又禋祭於六宗等尊卑之神，望祭於名山大川、五岳四瀆，而又徧祭於山川、丘陵、墳衍、古之聖賢之羣神。」「釐降嬪虞」則嘉禮也，《尚書·堯典》：「釐降二女于媯汭，嬪于虞。」孔傳：「降，下。嬪，婦也。舜為匹夫，能以義理下帝女之心於所居媯水之汭，使行婦道於虞氏。」「羣后四朝」則賓禮也，《尚書·舜典》：「五載一巡守，羣后四朝。」正義曰：「每五載一巡守，其巡守之年，諸侯羣后四方各朝天子於方岳之下。」「征於有苗」則軍禮也，《尚書·大禹謨》：「帝曰：『咨，禹。惟時有苗弗率，汝徂征。』禹乃會羣后，誓于師曰：……。」正義曰：「史言禹雖攝位，帝尊如故，時有苗國不順，帝曰：『咨嗟！汝禹，惟時有苗之國不循帝，道汝往征之。』禹得帝命，乃會羣臣諸侯，告誓於眾曰。」「遏密八音」則凶禮也。《尚書·舜典》：「二十有八載，帝乃殂落。百姓如喪考妣，三載，四海遏密八音。」正義曰：「舜受終之後，攝天子之事二十有八載，帝堯乃死。百官感德思慕，如喪考妣。三載之內，四海之人，蠻夷戎狄皆絕靜八音而不復作樂。」八音，金、石、絲、竹、匏、土、革、木也。**故自伏羲以來，五禮始彰。堯舜之時，五禮咸備，而直云「典朕三禮」者，據事天事地與人為三耳。其實天地唯吉禮也，其餘四禮並人事兼之。**

夏商二代，散亡多闕。洎周武王既沒，成王幼弱，周公攝政，六年致太平，述文武之德，制《周官》及《儀禮》，以為後王法。《禮記·明堂位》：「武王崩，成王幼弱，周公踐天子之位，以治天下。六年，朝諸侯於明堂，制禮作樂，頒度量，而天下大服。」《禮序》云：「禮也者，體也，履也。統之於心曰體，踐而行之曰履。」《禮記·禮器》：「禮也者，猶體也。」《禮記·祭義》：「禮者，履此者也。」然則《周禮》為體，《儀禮》為履。《禮記正義》：「所以《周禮》為體者，《周禮》是立治之本，統之心體，以齊正於物，故為禮。賀場云：『其體有二，一是物體，言萬物貴賤高下小大文質各有其體；二曰禮體，言聖人制法，體此萬物，使高下貴賤各得其宜也。』其《儀禮》但明體之所行踐履之事，物雖萬體，皆同一履，履無兩義也。」**周衰，諸侯僭忒，自孔子時已不能具。**《漢書·藝文志第十》：「及周之衰，諸侯將踰法度，惡其害己，皆滅去其籍，自孔子時而不具，至秦大壞。」**秦平天下，收其儀禮，歸之咸陽，但採其尊君抑臣，以為時**

用。《史記·禮書》：「至秦有天下，悉內六國禮儀，采擇其善，雖不合聖制，其尊君抑臣，朝廷濟濟，依古以來。」正義：「秦采擇六國禮儀，尊君抑臣，朝廷濟濟，依古以來典法行之。」

漢興，天下草創，未遑制立，羣臣飲醉爭功，高帝患之。《史記·劉敬叔孫通列傳》：「漢五年，已并天下，諸侯共尊漢王為皇帝於定陶，叔孫通就其儀號。高帝悉去秦苛儀法，為簡易。羣臣飲酒爭功，醉或妄呼，拔劍擊柱，高帝患之。」叔孫通草綿蕝原注：「子悅切。」之儀，救擊柱之弊，原注：「蕝謂以茅翦樹地，為纂位習肄處。」《史記·劉敬叔孫通列傳》：「遂與所徵三十人西，及上左右為學者與其弟子百餘人為緜蕝野外。」索隱：「如淳云『翦茅樹地，為纂位尊卑之次』。蘇林音纂。韋昭云『引繩為緜，立表為蕝。音茲會反』。按：賈逵云『束茅以表位為蕝』。又《纂文》云『蕝，今之『纂』字。』」帝說，歎曰：「吾於今日知為天子之貴也。」以通為奉常，遂定儀法，未盡備而通終。高堂生傳《禮》十七篇，《史記·儒林列傳》：「諸學者多言禮，而魯高堂生最本。禮固自孔子時而其經不具，及至秦焚書，書散亡益多，於今獨有士禮，高堂生能言之。」而徐生善為頌。原注：「但能盤辟為禮容。頌讀與容同。」孝文帝時，徐生以頌禮官至大夫，而蕭奮亦以習禮至淮陽太守。《史記·儒林列傳》：「而魯徐生善為容。孝文帝時，徐生以容為禮官大夫。傳子至孫徐延、徐襄。襄，其天姿善為容，不能通禮經；延頗能，未善也。襄以容為漢禮官大夫，至廣陵內史。延及徐氏弟子公戶滿意、桓生、單次，皆嘗為漢禮官大夫。而瑕丘蕭奮以禮為淮陽太守。是後能言禮為容者，由徐氏焉。」

孝武始開獻書之路，《漢書·藝文志》：「漢興，改秦之敗，大收篇籍，廣開獻書之路。迄孝武世，書缺簡脫，禮壞樂崩，聖上喟然而稱曰：『朕甚閔焉！』於是建藏書之策，置寫書之官，下及諸子傳說，皆充祕府。」時有季氏得《周官》五篇，闕《冬官》一篇，河間獻王千金購之，不能得，遂取《考工記》以補其闕，奏之。吳承仕《經典釋文序錄疏證·注解傳述人·周官出處》：「《序錄》引或說：『河間獻王開獻書之路，時有李氏上周官（經）五篇，失《事官》一篇。乃購千金不得，取《考工記》以補之。』其言自有所本，而與鄭義不悉相應。今試辨之，以明其端委。尋鄭《目錄》云：『《司空》之篇亡，漢興，購求千金不得。此前世識其事者記錄以備大數，古《周禮》六篇畢矣。』（《考工記疏》引。）又《六藝論》云：『《周官》，壁中所得六篇。』（《禮記》大題孔《疏》引。）據此，則鄭意蓋謂《考工記》亦先秦故書，（賈《疏》謂《冬官》六國時亡，以《考工記》備其數，即依鄭義為說。）同出於壁中。漢興求《冬官》不得，不待河間獻書時方求之不得也。《序錄》

謂河間王始求書，異一矣；又以為李氏所上，異二矣。陸氏所述與《隋志》同而實非鄭說，一也；《禮記》大題《疏》曰：『《漢書》說河間獻王得《周官》五篇，失其《冬官》一篇，乃購千金不得，取《考工記》以補其闕。』此與《序錄》《隋志》略同，唯不言李氏所上為異，然見行《漢書》實無此文，竟不審其何據？二也；《隋志》及《左傳》孔《疏》以為河間獻王獻《周官》，孫詒讓謂祕府之本即獻王所奏，按：馬傳既無明說，古文出處非一，祕府本上自河間以不，恐難質言，三也；《後漢書·儒林傳》稱『孔安國所獻《禮古經》五十六篇及《周官經》六篇』，其言無據，四也；《禮器》孔《疏》又謂『孝文帝時，求得《周官》，不見《冬官》一篇，乃使博士作《考工記》補之』，尤乖謬不足信，五也。古事難明，傳聞多異，要以馬、鄭所述為近。」**至王莽時，劉歆始置博士，行於代。**孫詒讓《周禮正義·天官》：「荀悅《漢紀·成帝篇》云：『劉歆以《周官經》六篇為周禮，王莽時，歆奏以為禮經，置博士。』《釋文敘錄》亦云：『王莽時，劉歆為國師，始建立《周官經》為周禮。』案：《漢書·王莽傳》，歆為國師，在始建國元年；而居攝三年九月，歆為羲和，與博士諸儒議莽母功顯君服，已云『發得《周禮》，以明殷監』，又引《司服》職文，亦稱《周禮》。然則歆建《周官》以為《周禮》，疑在莽居攝、歆為羲和以前。陸謂在為國師以後，未得其實。通覈諸文，蓋歆在漢奏《七略》時，猶仍《周官》故名，至王莽時，奏立博士，始更其名為《周禮》，殆無疑義。」**杜子春受業於歆，能通其讀，後漢永平初，鄭眾、賈逵皆往受業。其後馬融作《周官傳》，鄭玄為注。**孫詒讓《周禮正義·天官》：「蓋此經自劉歆立博士，至東漢初，而其學大興。《漢藝文志》有《周官傳》四篇，不著撰人，疑即歆所傳也。歆傳杜子春，子春傳鄭興、賈逵，而興傳其子眾，眾又自學於子春。故《釋文敘錄》云：『杜子春受業於歆，還家以教門徒，好學之士鄭興父子等多往師之。』《後漢書·賈逵傳》又云：『父徽，從劉歆兼習《周官》，逵於章帝建初元年，詔令作《周官解詁》。』是劉歆別授賈徽，徽子逵又傳徽之學。然則逵雖受業杜君，亦自受其父學，與鄭仲師同也。鄭君此經之學雖受之張氏，然鄭序不與二鄭、衛、賈、馬諸君並舉，蓋唯有傳授，無訓釋之書。而《後漢書·董鈞傳》又云『鄭眾傳《周官經》，馬融作傳，授鄭玄』，則鄭又別傳馬氏之學。群書援引馬傳佚文，與鄭義往往符合，而今注內絕無揭著馬說者，蓋漢人最重家法，凡稱述師說，不嫌蹈襲，故不復別白也。鄭所述舊說，惟杜子春、鄭少贛、仲師三家最多，自序所謂『二鄭存古字，發疑正讀，亦信多善，今讚而辨之』者也。至賈景伯說見於注者，止鞞人一事。或以賈、馬說解，其時盛行，故不備述；杜、鄭之義，不顯傳於世，故甄采較詳與？又西漢傳注，皆與經別行。《詩·國風·周南》孔《疏》

引馬融《周禮注》云：『欲省學者兩讀，故具載本文。』此蓋亦馬序佚文。據其所說則馬氏《解詁》，始以注附經，鄭君作注，實沿馬例。……馬、鄭之後訓釋《周禮》者，《釋文敘錄》所載，有王肅注十二卷，干寶注十三卷。隋志又有伊說注十二卷，崔靈恩集注二十卷。今亦並佚。馬傳干注，群書閒有徵引，孤文碎義，無關恉要。惟鄭注博綜眾家，孤行百代，周典漢詁，斯其淵楸矣。」初，獻王又得仲尼弟子及後學所記百四十一篇，至劉向考校經籍，纔獲百三十篇，向因第而敘之。而又得《明堂陰陽記》二十二篇，《孔子三朝記》七篇，《王氏史記》二十篇，《樂記》二十三篇，總二百二篇。戴德刪其煩重，合而記之，為八十五篇，謂之《大戴記》；而戴聖又刪大戴之書，為四十七篇，謂之《小戴記》。錢大昕《漢書考異》：「《記》本七十子之徒所作，後之通儒各有損益，河閒獻王得之，大小戴各傳其學，《六藝論》言之當矣。謂大戴刪古《禮》，小戴又刪《大戴禮》，其說始於陳邵，而陸德明引之，《隋志》又附益之，然《漢書》無其事，不足信也。」陳壽祺《左海經辨》：「《後漢書·曹褒傳》：『父充，持《慶氏禮》。褒又傳《禮記》四十九篇，慶氏學遂行於世。』則褒所受於慶普之《禮記》亦四十九篇，二戴、慶氏皆后倉弟子，惡得謂小戴刪大戴之書邪？……竊謂二戴於百三十一篇之《記》各以意斷取，異同參差，不必此之所棄，即彼之所錄也。」馬融亦傳小戴之學，又定《月令》《明堂位》，合四十九篇。鄭玄受業於融，復為之注。今《周官》六篇，《古經》十七篇，《小戴記》四十九篇，凡三種，唯鄭玄注立於學官，餘並散落。時有季氏至餘並散落，語本《隋書·經籍志》。《四庫全書總目·禮記正義》：「《隋書·經籍志》曰：『漢初，河閒獻王得仲尼弟子及後學者所記一百三十一篇獻之，時無傳之者。至劉向考校經籍，檢得一百三十篇，第而敘之。又得《明堂陰陽記》三十三篇、《孔子三朝記》七篇、《王史氏記》二十一篇、《樂記》二十三篇，凡五種，合二百十四篇。戴德刪其煩重，合而記之，為八十五篇，謂之《大戴記》。而戴聖又刪大戴之書為四十六篇，謂之《小戴記》。漢末馬融，遂傳小戴之學。融又益《月令》一篇、《明堂位》一篇、《樂記》一篇，合四十九篇』云云。其說不知所本。今考《後漢書·橋玄傳》云：七世祖仁『著《禮記章句》四十九篇，號曰橋君學』。仁即班固所謂小戴授梁人橋季卿者，成帝時嘗官大鴻臚，其時已稱四十九篇，無四十六篇之說。又孔疏稱：『《別錄》，《禮記》四十九篇，《樂記》第十九。』四十九篇之首，疏皆引鄭《目錄》，鄭《目錄》之末必云此於劉向《別錄》屬某門。《月令》，目錄云：『此於《別錄》屬《明堂陰陽記》。』《明堂位》，《目錄》云：『此於《別錄》屬《明堂陰陽記》。』《樂記》，《目錄》云：『此於《別錄》屬《樂記》。蓋

十一篇。今為一篇。』則三篇皆劉向《別錄》所有，安得以為馬融所增？疏又引玄《六藝論》曰：『戴德傳記八十五篇。則《大戴禮》是也。戴聖傳禮四十九篇。則此《禮記》是也。』玄為馬融弟子，使三篇果融所增，玄不容不知，豈有以四十九篇屬於戴聖之理？況融所傳者乃《周禮》。若小戴之學，一授橋仁，一授楊榮。後傳其學者，有劉祐、高誘、鄭玄、盧植。融絕不預其授受，又何從而增三篇乎？知今四十九篇實戴聖之原書，《隋志》誤也。」

　　魏以王粲、衛覬集創朝儀，《三國志·王衛二劉傳》：「魏國既建，拜侍中。博物多識，問無不對。時舊儀廢弛，興造制度，粲恆典之。」《三國志·王衛二劉傳》注引《魏書》曰：「初，漢朝遷移，臺閣舊事散亂。自都許之後，漸有綱紀，覬以古義多所正定。」**而魚豢、王沈、陳壽、孫盛雖綴時禮，不足相變。吳則丁孚拾遺漢事，**吳丁孚撰《漢儀》一卷，有孫星衍輯平津館叢書本。**蜀則孟光、許慈草建時制。**《三國志·先主傳》：「太傅許靖、安漢將軍麋竺、軍師將軍諸葛亮、太常賴恭、光祿勳黃柱、少府王謀等上言：『……臣等謹與博士許慈、議郎孟光，建立禮儀，擇令辰，上尊號。』」

　　晉初以荀顗、鄭沖典禮，參考今古，更其節文，羊祜、任愷、庾峻、應貞並加刪集，成百六十五篇。後摯虞、傅咸纘續未成，屬中原覆沒，今虞之《決疑注》，是其遺文也。江左刁協、荀崧補緝舊文，蔡謨又踵修綴。《晉書·禮志》：「太康初，尚書僕射朱整奏付尚書郎摯虞討論之。虞表所宜損增曰：『……顗為百六十五篇，篇為一卷，合十五餘萬言，臣猶謂卷多文煩，類皆重出。……今禮儀事同而名異者，輒別為篇，卷煩而不典。皆宜省文通事，隨類合之，事有不同，乃列其異。如此，所減三分之一。』虞討論新禮訖，以元康元年上之。所陳惟明堂五帝、二社六宗及吉凶王公制度，凡十五篇。有詔可其議。後虞與傅咸纘續其事，竟未成功。中原覆沒，虞之《決疑注》，是其遺事也。逮于江左，僕射刁協、太常荀崧補緝舊文，光祿大夫蔡謨又踵修其事云。」**宋初因循前史，並不重述。齊武帝永明二年，詔尚書令王儉制定五禮。**《南齊書·禮志》：「永明二年，太子步兵校尉伏曼容表定禮樂。於是詔尚書令王儉制定新禮，立治禮樂學士及職局，置舊學四人，新學六人，正書令史各一人，幹一人，祕書省差能書弟子二人。因集前代，撰治五禮，吉、凶、賓、軍、嘉也。文多不載。若郊廟庠序之儀，冠婚喪紀之節，事有變革，宜錄時事者，備今志。其輿輅旗常，與往代同異者，更立別篇。」**至梁武帝，命羣儒又裁成焉。吉禮則明山賓，凶禮則嚴植之，軍禮則陸璉，賓禮則賀瑒，嘉禮則司馬褧。原注：「苦迴切。」又命沈約、周捨、徐勉、何**

佟之等原注:「佟音疼」參會其事。《梁書‧武帝本紀》:「天監初,則何佟之、賀
瑒、嚴植之、明山賓等覆述制旨,並撰吉凶軍賓嘉五禮,凡一千餘卷,高祖稱制斷疑。」
事又詳見《梁書‧徐勉傳》載普通六年所上修五禮表。**陳武帝受禪,多准梁舊式,
因行事隨時筆削。**《隋書‧禮儀志》:「陳武克平建業,多準梁舊,仍詔尚書左丞江
德藻、員外散騎常侍沈洙、博士沈文阿、中書舍人劉師知等,或因行事,隨時取捨。」
**後魏道武帝舉其大體,事多闕遺;孝文帝率由舊章,擇其令典,朝儀國
範,煥乎復振。北齊則陽休之、**《北齊書‧王晞傳》:「乾明元年八月,昭帝踐
祚,……因勑尚書陽休之、鴻臚卿崔劼等三人,每日本職務罷,並入東廊,共舉錄歷
代廢禮墜樂、職司廢置、朝饗異同、輿服增損。或道德高僊,久在沉淪;或巧言眩俗,
妖邪害政;爰及田市舟車、徵稅通塞、婚葬儀軌、貴賤齊衰,有不便於時而古今行用
不已者,或自古利用而當今毀棄者:悉令詳思,以漸條奏,未待頓備,遇憶續聞。」
元脩伯、《北齊書‧源彪傳》:「度支尚書元脩伯,魏文成皇帝之後,清素寡欲,明識
理體。少歷顯職,尚書郎、治書侍御史,司徒左長史、數郡太守、光州刺史,所在皆
著聲績。及為度支,屬政荒國蹙,儲藏虛竭,賦役繁興。脩伯憂國如家,恤民之勞,
兼濟時事,詢謀宰相,朝夕孜孜,與錄尚書唐邕迴換取捨,頗有裨益。周朝授儀同大
將軍、載師大夫。其事行史闕,故不列於傳。」**熊安生,**《周書‧熊安生傳》:「熊安
生字植之,長樂阜城人也。少好學,勵精不倦。初從陳達受三傳,又從房虯受《周禮》,
並通大義。後事徐遵明,服膺歷年。東魏天平中,受禮於李寶鼎。遂博通五經。然專
以三禮教授。弟子自遠方至者,千餘人。乃討論圖緯,捃摭異聞,先儒所未悟者,皆
發明之。齊河清中,陽休之特奏為國子博士。」**後周則蘇綽、盧辯、**《周書‧盧辯
傳》:「初,太祖欲行《周官》,命蘇綽專掌其事。未幾而綽卒,乃令辯成之。於是依
《周禮》建六官,置公、卿、大夫、士,並撰次朝儀,車服器用,多依古禮,革漢、
魏之法。事竝施行。」**宇文弼,**《北史‧宇文弼傳》:「宇文弼字公輔,河南洛陽人
也,其先與周同出。……弼慷慨有大節,博學多通。仕周,嘗奉使鄧至國及黑水、龍
涸諸羌,前後降附三十餘部。及還,奉詔修定五禮,書成奏之,賜田二頃、粟百石。」
**並習於儀禮,以通時用。隋文帝命牛弘、辛彥之等采梁及北齊儀注,以
為五禮。**《北史‧辛彥之傳》:「彥之九歲而孤,不交非類。博涉經史,與天水牛弘同
志好學。……隋文帝受禪,除太常少卿,改封任城郡公,進位上開府。歷國子祭酒、
禮部尚書。與祕書監牛弘撰新禮。」

　　**國初草昧,未暇詳定。及太宗踐祚,詔禮官學士修改舊儀,著吉
禮六十一篇,賓禮四篇,軍禮十二篇,嘉禮四十二篇,凶禮六篇,國**

恤五篇，總百三十篇，為百卷。《舊唐書·禮儀志》：「神堯受禪，未遑制作，郊廟宴享，悉用隋代舊儀。太宗皇帝踐祚之初，悉興文教，乃詔中書令房玄齡、祕書監魏徵等禮官學士，修改舊禮。」貞觀七年，始令頒示。高宗初，以《貞觀禮》節文未盡，重加修撰，勒合成百三十卷，至顯慶三年奏上，高宗自為之序。《舊唐書·禮儀志》：「高宗初，議者以《貞觀禮》節文未盡，又詔太尉長孫無忌、中書令杜正倫李義府、中書侍郎李友益、黃門侍郎劉祥道許圉師、太子賓客許敬宗、太常少卿韋琨、太學博士史道玄、符璽郎孔志約、太常博士蕭楚才孫自覺賀紀等重加緝定，勒成一百三十卷。至顯慶三年奏上之，增損舊禮，並與令式參會改定，高宗自為之序。」時許敬宗、李義府用事，其所取舍，多依違希旨，學者不便，異議紛然。上元三年下詔，命依貞觀年禮為定。儀鳳二年，詔並依周禮行事。自是禮司益無憑准，每有大事，輒別制一儀，援古附今，臨時專定，貞觀、顯慶二禮，亦皆施行。武太后時，以禮官不甚詳明，特詔國子司業韋叔夏、率更令祝欽明每加刊定。《舊唐書·韋叔夏傳》：「久視元年，特下制曰：『吉凶禮儀，國家所重，司禮博士，未甚詳明。成均司業韋叔夏、太子率更令祝欽明等，博涉禮經，多所該練，委以參掌，冀弘典式。自今司禮所修儀注，並委叔夏等刊定訖，然後進奏。』」叔夏卒後，給事中唐紹專知禮儀，紹博學，詳練舊事，議者以為稱職。《舊唐書·唐紹傳》：「先天二年冬，今上講武於驪山，紹以修儀注不合旨，坐斬。時今上既怒講武失儀，坐紹於纛下，右金吾將軍李邈遽請宣敕，遂斬之。時人既痛惜紹，而深咎於邈。尋有敕罷邈官，遂擯廢終其身。」開元十四年，通事舍人王嵒上疏，請改撰《禮記》，削去舊文，編以今事。集賢院學士張說奏曰：「《禮記》，漢朝所編，遂為歷代不刊之典，去聖久遠，恐難改易。但今之五禮儀注，已兩度增修，頗有不同，或未折衷。請學士等更討論古今，刪改行用。」制從之。於是令徐堅、李銳、施敬本等檢撰，歷年其功不就。銳卒後，蕭嵩代為集賢院學士，始奏起居舍人王仲丘修之。二十年九月，新禮成，凡百五十卷，是為《大唐開元禮》。《四庫全書總目·大唐開元禮》：「其書卷一至卷三為序例，卷四至七十八為吉禮，卷七十九至八十為賓禮，卷八十一至九十為軍禮，卷九十一至一百三十為嘉禮，卷一百三十一至一百五十為凶禮。凶禮古居第二，而退居第五者，用貞觀、顯慶舊制也。貞元中，詔以其書設科取士，習者先授太常官，以備講討。則唐時已列之學官矣。新舊《唐書》禮志皆取材是書，而所存僅十之三四。杜佑撰《通典》，別載《開元禮纂類》三十五卷，比

唐志差詳，而節目亦多未備。其討論古今，斟酌損益，首末完具，粲然勒一代典制者，終不及原書之賅洽。故周必大《序》稱朝廷有大疑，稽是書而可定。國家有盛舉，即是書而可行。誠考禮者之圭臬也。《新唐書·藝文志》載修開元禮者尚有張烜、陸善經、洪孝昌諸人名。而《通典·纂類》中所載五嶽四瀆名號，及衣服一門，閒有與此書相出入者。蓋傳寫異文，不能畫一。」於戲！百代之損益，三變而著明，酌乎文質，懸諸日月，可謂盛矣。

《通典》之所纂集，或泛存沿革，或博采異同，將以振端末、備顧問者也，烏禮意之能建乎！但前古以來，凡執禮者，必以吉凶軍賓嘉為次；今則以嘉賓次吉，軍凶後賓，庶乎義類相從，終始無黷云爾。按秦蕩滅遺文，自漢興以來，收而存之，朝有典制可酌而求者：漢有叔孫通、高堂生、徐生、賈誼、河間獻王、董仲舒、蕭奮、孟卿、后蒼、聞人通漢、夏侯敬、劉向、戴德、戴聖、慶普、劉歆。後漢有曹充、曹褒、鄭興、鄭眾、賈逵、許慎、杜子春、馬融、鄭玄、衛宏、何休、盧植、蔡邕。魏有王粲、衛覬、高堂隆、蔣濟、王肅、秦靜、劉表、劉紹、盧毓、陳羣、魚豢、王沈。蜀有譙周、蔣琬、孟光、許慈。吳則宋敏、丁孚。晉有鄭沖、荀顗、陳壽、孫盛、羊祜、杜元凱、衛瓘、庾峻、袁準、賀循、任愷、陳銓、孔備、劉逵、摯虞、束晳、傅咸、鄒湛、蔡謨、孔衍、庾亮、范宣、范汪、徐邈、范甯、刁協、荀崧、卞壼、葛洪、王彪之、司馬彪、干寶、徐廣、謝沈、王哀、何琦、虞喜、應貞。宋有徐羨之、傅亮、臧燾、徐廣、裴松之、何承天、顏延之、雷次宗、徐爰、庾蔚之、崔凱、孔智。齊有王儉、何戢、田僧紹、劉獻、王逡。梁有司馬褧、陸璉、沈約、周捨、明山賓、裴子野、徐勉、顧協、朱异、嚴植之、賀瑒、崔靈恩、皇侃、何佟之、陶弘景、司馬憲、丘季彬。陳有謝嶠、孔奐。後魏有高允、高閭、王肅。北齊有熊安生、陽休之、元循伯。後周有蘇綽、盧辯、宇文弼。隋有牛弘、辛彥之、許善心。皇唐有孔穎達、褚亮、虞世南、陸德明、令狐德棻、朱子奢、顏師古、房玄齡、魏徵、許敬宗、楊師道、賈公彥、杜正倫、李義府、李友益、劉祥道、郝處俊、許圉師、韋琨、范履冰、裴守真、陸遵楷、史玄道、孔志約、蕭楚材、孫自覺、王方慶、賀紀、賈大隱、韋萬石、賀敳、韋叔夏、祝欽明、許子儒、沈伯儀、元萬頃、劉承慶、郭山惲、辟閭仁諝、唐紹、張星、王嵒、張說、徐堅、李銳、施敬本、王仲丘、張統師、權無二、孔玄義、賈曾、李行偉、韓抱素、盧履冰、田再思、馮宗、陳貞節、賀知章、元行沖、韋縚等。或歷代傳習，或因時制作，粗舉其名氏，列於此注焉。

《樂》序

　　夫音生於人心，心慘則音哀，心舒則音和。《禮記‧樂記》：「凡音者，生人心者也。情動於中，故形於聲，聲成文，謂之音。」然人心復因音之哀和，亦感而舒慘，則韓娥曼聲哀哭，一里愁悲；曼聲長歌，眾皆喜忭，斯之謂矣。《列子‧湯問》：「昔韓娥東之齊，匱糧，過雍門，鬻歌假食。既去，而餘音繞梁欐，三日不絕，左右以其人弗去。過逆旅，逆旅人辱之。韓娥因曼聲哀哭，一里老幼，悲愁垂涕相對，三日不食，遽而追之。娥還，復為曼聲長歌，一里老幼，善躍抃舞，弗能自禁，忘向之悲也。」是故哀、樂、喜、怒、敬、愛六者，隨物感動，《禮記‧樂記》：「樂者，音之所由生也，其本在人心之感於物也。是故其哀心感者，其聲噍以殺；其樂心感者，其聲嘽以緩；其喜心感者，其聲發以散；其怒心感者，其聲粗以厲；其敬心感者，其聲直以廉；其愛心感者，其聲和以柔。六者非性也，感於物而后動。」播於形氣，叶律呂，諧五聲。舞也者，詠歌不足，故手舞之，足蹈之，動其容，象其事，而謂之為樂。樂也者，聖人之所樂，可以善人心焉。所以古者天子、諸侯、卿大夫無故不徹樂，士無故不去琴瑟，《儀禮注疏‧燕禮》篇「樂人縣」句疏曰：「云國君無故不徹縣者，案《曲禮》唯有『大夫無故不徹縣，士無故不去琴瑟』，不言國君，但大夫無故不徹縣，則國君無故亦不徹縣可知。故謂災患喪病。」以平其心，以暢其志，則和氣不散，邪氣不干。此古先哲后立樂之方也。周衰政失，鄭衛是興。《禮記‧樂記》：「鄭、衛之音，亂世之音也，比於慢矣。桑間、濮上之音，亡國之音也。」正義曰：「比猶同也。鄭音好濫淫志，衛音促速煩志，並是亂世之音。雖亂而未滅亡，故云比於慢。……濮水之上，桑林之間，所得之樂，是亡國之音。」秦漢以還，古樂淪

－23－

缺，代之所存，《韶》《武》而已。《通典・樂一・歷代沿革上》：「舜作《大韶》。韶，繼也。言舜能繼堯之德。《周禮》曰『大磬』。……武王作《大武》。武，以武功定天下也。……夫樂本情性，浹肌膚而藏骨髓，雖經乎千載，其遺風餘烈尚猶不絕。春秋時，陳公子完奔齊。（完，陳厲公子，即敬仲也。莊二十二年遇難奔齊。）陳，舜之後，《韶樂》在焉。故孔子適齊聞《韶》，三月不知肉味，曰：『不圖為樂之至於斯！』美之甚也。周道始衰，怨刺之詩起。王澤既竭，而詩不能作。樂官師瞽，抱其器而奔散於諸侯，益壞缺矣。始皇平天下，六代廟樂惟《韶》《武》存焉。」下不聞振鐸，上不達謳謠，《漢書・食貨志》：「孟春之月，羣居者將散，行人振木鐸徇于路，以采詩，獻之大師，比其音律，以聞於天子。故曰王者不窺牖戶而知天下。」師古曰：「行人，遒人也，主號令之官。鐸，大鈴也，以木為舌，謂之木鐸。徇，巡也。采詩，采取怨刺之詩也。」但更其名，示不相襲，知音復寡，罕能制作。而況古雅莫尚，胡樂荐臻，其聲怨思，其狀促遽，方之鄭衛，又何遠乎！爰自永嘉，戎羯迭亂，事有先兆，其在於茲。聖唐貞觀初作《破陣樂》，《舊唐書・音樂志》：「《破陣樂》，太宗所造也。太宗為秦王之時，征伐四方，人間歌謠《秦王破陣樂》之曲。及即位，使呂才協音律，李百藥、虞世南、褚亮、魏徵等製歌辭。百二十人披甲持戟，甲以銀飾之。發揚蹈厲，聲韻慷慨，享宴奏之，天子避位，坐宴者皆興。」舞有發揚蹈厲之容，原注：「象其威武也。」歌有靁和嘽發之音，原注：「靁謂初用干戈平戎，戎既平，子愛百姓，有和樂之心。嘽謂樂心，發謂喜心，言天下既安，功成而喜樂也。嘽音昌善反。」表興王之盛烈，何謝周之文武，豈近古相習所能關思哉！而人間胡戎之樂，久習未革。古者因樂以著教，其感人深，乃移風俗。《禮記正義・樂記》：「樂也者，聖人之所樂也，而可以善民心。其感人深，其移風易俗，故先王著其教焉。」正義曰：「樂也者，聖人之所樂也者。言樂體者，聖人心所愛樂也。聖人貪愛此樂，以樂身化民。而可以善民心者，言用樂化民，調善民心。其感人深者，言樂本從民心而來，乃成於樂，故感動人深也。其移風易俗者，風謂水土之風，氣謂舒疾剛柔，俗謂君上之情欲，謂好惡趣捨，用樂化之，故使惡風移改，弊俗變易。故先王著其教焉者。著，立也。以其樂功如此，故先王立樂官以樂教化焉。」將欲閑其邪，正其頹，唯樂而已矣。

《兵》序

　　三皇無為，天下以治。五帝行教，兵由是興，所謂「大刑用甲兵，而陳諸原野」，張晏曰：「以六師誅暴亂。」師古曰：「謂征討所殺也。」《漢書·刑法志》：「《書》云『天秩有禮』、『天討有罪』，故聖人因天秩而制五禮，因天討而作五刑。大刑用甲兵，其次用斧鉞；中刑用刀鋸，其次用鑽鑿；薄刑扑鞭扑。大者陳諸原野，小者致諸市朝，其所由來者上矣。」於是有補遂之戰，《戰國策·秦策》：「昔者神農伐補遂。」補遂，國名。阪泉之師。《左傳·僖公二十五年》：「遇黃帝戰于阪泉之兆。」杜注：「黃帝與神農之後姜氏戰于阪泉之野，勝之。」若制得其宜則治安，失其宜則亂危。

　　商周以前，封建五等，兵徧海內，強弱相并。秦氏削平，罷侯置守，《史記·秦始皇本紀》：「廷尉李斯議曰：『周文武所封子弟同姓甚眾，然後屬疏遠，相攻擊如仇讎，諸侯更相誅伐，周天子弗能禁止。今海內賴陛下神靈一統，皆為郡縣，諸子功臣以公賦稅重賞賜之，甚足易制。天下無異意，則安寧之術也。置諸侯不便。』始皇曰：『天下共苦戰鬥不休，以有侯王。賴宗廟，天下初定，又復立國，是樹兵也，而求其寧息，豈不難哉！廷尉議是。』分天下以為三十六郡，郡置守、尉、監。」歷代因襲，委政郡縣。緬尋制度可采，唯有漢氏足徵：重兵悉在京師，四邊但設亭障；《通鑑》胡注：「《說文》：『亭，民所安定也。』道路所舍也。障，堡障也，隔也，塞也，所以隔塞敵人也。」師古曰「部謂塞上要險之處別築為城，因置吏士而為部蔽，以捍寇也。」又移天下豪族，輳居三輔陵邑，《史記·平津侯主父列傳》：「又說上曰：『茂陵初立，天下豪桀并兼之家，亂眾之民，皆可徙茂陵，內實京師，外銷姦猾，此所謂不誅而害除。』上又從其計。」建元二年，初置茂陵邑，茂陵邑屬扶風。《漢書·武帝紀》：「又徙郡國豪傑及訾三百萬以上

—25—

于茂陵。……太始元年……徙郡國吏民豪桀于茂陵、雲陽。」以為強幹弱枝之勢也。或有四夷侵軼，則從中命將，發五營騎士，《漢官儀》：「漢有五營。」六郡良家。《漢書·地理志》：「漢興，六郡良家子選給羽林、期門。」師古曰：「六郡，謂隴西、天水、安定、北地、上郡、西河也。」貳師、《漢書·李廣利傳》：「太初元年，以廣利為貳師將軍，發屬國六千騎及郡國惡少年數萬人以往，期至貳師城取善馬，故號『貳師將軍』。」張晏曰：「貳師，大宛城名。」樓船，《後漢書·光武紀》注引《漢官儀》：「高祖命天下郡國選能引關蹶張，材力武猛者，以為輕車、騎士、材官、樓船，常以立秋後講肆課試，各有員數。平地用車騎，山阻用材官，水泉用樓船。」伏波、《通鑑》卷二十《漢紀》十二胡注引環濟《要略》曰：「伏波將軍者，船涉江海，欲使波濤伏息也。」下瀨，《漢書·武帝紀》：「遣伏波將軍路博德出桂陽，下湟水；樓船將軍楊僕出豫章，下湞水；歸義越侯嚴為戈船將軍，出零陵，下離水；甲為下瀨將軍，下蒼梧。皆將罪人，江淮以南樓船十萬人。」臣瓚曰：「瀨，湍也，吳越謂之瀨，中國謂之磧。《伍子胥書》有下瀨船。」咸因事立稱，畢事則省。《文獻通考·職官考十二·將軍總敘》：「孝武征閩越、東甌，又有伏波、樓船；及伐朝鮮、大宛，復置橫海、度遼、貳師。宣帝增以蒲類、破羌。權時之制，若此非一，亦不常設。」雖衛、霍之勳高績重，身奉朝請，《後漢書·和帝紀》注引《漢律》：「春曰朝，秋曰請。」《晉書·職官志》：「奉朝請者，奉朝會請召而已。」兵皆散歸。斯誠得其宜也。其後若王綱解紐，主權外分，藩翰既崇，眾力自盛，問鼎輕重，無代無之，如東漢之董卓、袁紹，晉之王敦、桓玄，宋謝晦、劉義宣，齊陳達、王敬則，梁侯景，陳華皎，後魏爾朱榮、高歡之類是矣。斯誠失其宜也。

國朝李靖平突厥，《舊唐書·太宗本紀》：「四年春正月乙亥，定襄道行軍總管李靖大破突厥，獲隋皇后蕭氏及煬帝之孫正道，送至京師。……甲辰，李靖又破突厥于陰山，頡利可汗輕騎遠遁。」李勣滅高麗，《舊唐書·李勣傳》：「十八年，太宗將親征高麗，授勣遼東道行軍大總管，攻破蓋牟、遼東、白崖等數城，又從太宗摧殄駐蹕陣，以功封一子為郡公。」侯君集覆高昌，《舊唐書·侯君集傳》：「高昌王麴文泰時遏絕西域商賈，太宗徵文泰入朝，而稱疾不至，詔以君集為交河道行軍大總管討之。……及軍至磧口，而文泰卒，其子智盛襲位。……初，文泰與西突厥欲谷設約，有兵至，共為表裏。及聞君集至，欲谷設懼而西走千餘里，智盛失援，計無所出，遂開門出降。君集分兵略地，遂平其國，俘智盛及其將吏，刻石紀功而還。」蘇定方夷百濟，《舊唐書·蘇定方傳》：「顯慶五年，從幸太原，制授熊津道大總管，率

師討百濟。定方自城山濟海，至熊津江口，賊屯兵據江。定方升東岸，乘山而陣，與之大戰，揚帆蓋海，相續而至。賊師敗績，死者數千人，自餘奔散。遇潮且上，連舳入江，定方於岸上擁陣，水陸齊進，飛楫鼓譟，直趣真都。去城二十許里，賊傾國來拒，大戰破之，殺虜萬餘人，追奔入郭。其王義慈及太子隆奔于北境，定方進圍其城。義慈次子泰自立為王，嫡孫文思曰：『王與太子雖並出城，而身見在；叔總兵馬，即擅為王，假令漢兵退，我父子當不全矣。』遂率其左右投城而下，百姓從之，泰不能止。定方命卒登城建幟，於是泰開門頓顙。其大將禰植又將義慈來降，太子隆並與諸城主皆同送款。百濟悉平，分其地為六州。俘義慈及隆、泰等獻于東都。」**李敬玄、王孝傑、婁師德、劉審禮皆是卿相，率兵禦戎，戎平師還，並無久鎮。其在邊境，唯明烽燧，**《史記·司馬相如列傳》《索隱》引。韋昭曰：「燧，束草置之長木之端，如挈皋，見敵則燒舉之。燧者，積薪，有難則焚之。烽主晝，燧主夜。」**審斥候，**《釋名疏證補·釋船第二十五》：「五百斛以上，還有小屋曰斥候，以視敵進退也。」葉德炯曰：《周禮·遺人》：「市有候館。」注：「候館，樓可以觀望者也。」《史記·李將軍傳》：「然亦遠斥候。」《索隱》引《淮南》許慎注：「斥，度也。候，視也。望也。」按斥候，古望樓。此因船有望樓，故取其義以名之。**立障塞，**《漢書·匈奴傳》：「中國四方皆有關梁障塞，非獨以備塞外也，亦以防中國姦邪放縱，出為寇害，故明法度以專眾心也。」**備不虞而已。實安邊之良算，為國家之永圖。玄宗御極，承平歲久，天下乂安，財殷力盛。開元二十年以後，邀功之將，務恢封略，以甘上心，將欲蕩滅奚、契丹，翦除蠻、吐蕃，喪師者失萬而言一，勝敵者獲一而言萬，寵錫云極，驕矜遂增。哥舒翰統西方二師，**《舊唐書·哥舒翰傳》：「天寶六載，……其冬，玄宗在華清宮，王忠嗣被劾。敕召翰至，與語悅之，遂以為鴻臚卿，兼西平郡太守，攝御史中丞，代忠嗣為隴右節度支度營田副大使，知節度事。……十二載，進封涼國公，食實封三百戶，加河西節度使，尋封西平郡王。」**安祿山統東北三師，**《舊唐書·安祿山傳》：「天寶元年，以平盧為節度，以祿山攝中丞為使。入朝奏事，玄宗益寵之。三載，代裴寬為范陽節度，河北採訪、平盧軍等使如故。……十載入朝，又求為河東節度，因拜之。……兼三道節度，進奏無不允。」**踐更之卒，俱授官名；郡縣之積，罄為祿秩。**原注：「開元初，每歲邊費約用錢二百萬貫，開元末已至一千萬貫，天寶末更加四五百萬矣。按兵部格，破敵戰功各有差等，其授官千纔一二。天寶以後，邊帥怙寵，便請署官，易州遂城府、坊州安臺府別將、果毅之類，每一制則同授千餘人，其餘可知。雖在行間，僅無白身者。關輔及朔方、河、隴四十餘郡，河北三十餘郡，每郡官倉粟

多者百萬石，少不減五十萬石，給充行官祿。暨天寶末，無不罄矣。麋耗天下，若斯之甚。」於是驍將銳士、善馬精金，空於京師，萃於二統。邊陲勢強既如此，朝庭勢弱又如彼，姦人乘便，樂禍覬欲，脅之以害，誘之以利。祿山稱兵內侮，未必素蓄凶謀，是故地逼則勢疑，力侔則亂起，事理不得不然也。

　　昔漢祖分裂土地，封建王侯，吳芮獨卑弱而忠，《漢書·賈誼傳》：「大抵彊者先反。淮陰王楚最彊，則最先反；韓信倚胡，則又反；貫高因趙資，則又反；陳豨兵精，則又反；彭越用梁，則又反；黥布用淮南，則又反；盧綰最弱，最後反。長沙乃在二萬五千戶耳，功少而最完，勢疏而最忠，非獨性異人也，亦形勢然也。」韓、彭皆強大而悖。《史記·高祖本紀》：「徙韓王信太原。七年，匈奴攻韓王信馬邑，信因與謀反太原。……十一年，……夏，梁王彭越謀反，廢遷蜀；復欲反，遂夷三族。」賈誼覩七國之盛，獻書云：「治天下者，令海內之勢，如身之使臂，臂之使指，莫不制從。若憚而不能改作，末大本小，終為禍亂。」文景因循莫革，遂致誅錯之名。《史記·孝景本紀》：「三年正月乙巳，赦天下。長星出西方。天火燔雒陽東宮大殿城室。吳王濞、楚王戊、趙王遂、膠西王卬、濟南王辟光、菑川王賢、膠東王雄渠反，發兵西鄉。天子為誅晁錯，遣袁盎諭告，不止，遂西圍梁。上乃遣大將軍竇嬰、太尉周亞夫將兵誅之。」向使制置得其適宜，諸侯孰不信順？姦謀邪計，銷於胸懷，豈復有干紀作亂之事乎！語曰「朝為伊、周，夕成桀、跖」，伊尹、周公；夏桀、盜跖。形勢驅之而至此矣。又兵法曰：「將者，人之司命，國家安危之主。」語出《孫子兵法·作戰篇》。曹操曰：「將賢則國安也。」固當先之以中和，後之以材器。或未馴其性，苟求其用，授以銛刃，委之專宰，利權一去，物情隨之，噬臍之喻，不其然矣。

　　戎事，有國之大者。自昔智能之士，皆立言作訓。其勝也，或驗之風鳥七曜，《春秋穀梁傳注疏·序》疏曰：「日月五星，皆照天下，故謂之七曜。五星者，即東方歲星、南方熒惑、西方太白、北方辰星、中央鎮星是也。」或參以陰陽日辰；其教陣也，或目以天地五行，或變為龍蛇鳥獸。人之聰穎，方列軒冕，知吉凶冠婚之禮，習慶弔俯仰之容，稍或非精，則乖常度。故仲尼入廟，每事皆問，《論語·八佾》：「子入太廟，每事問。或曰：『孰謂鄹人之子知禮乎？入太廟，每事問。』子聞之，曰：『是禮也。』」是必不免有所失也。矧其萬千介夫，出自閭井，若使心存進退之令，耳聽金鼓之聲，手俟擊

刺之宜，足趨鵝鸛之勢，隨地形而變陣，颷馳電發之疾，因我便而乘敵，勝負頃刻之間，事繁目多，應機循古，得不令眾心繫名數而無暇，安能奮勇銳而爭利哉！以愚管窺，徒有其說，只恐雖教亦難必成。然其訓士也，但使聞鼓而進，聞金而止，坐作舉措，左旋右抽，識旗幟指麾，習器械利便，斯可矣。其撫眾也，有吮癰之恩，《史記‧孫子吳起列傳》：「卒有病疽者，起為吮之。卒母聞而哭之。人曰：『子卒也，而將軍自吮其疽，何哭為。』母曰：『非然也。往年吳公吮其父，其父戰不旋踵，遂死於敵。吳公今又吮其子，妾不知其死所矣。是以哭之。』」投醪之均，《呂氏春秋‧順民》：「越王苦會稽之恥，欲深得民心以致必死於吳。身不安枕席，口不甘厚味，目不視靡曼，耳不聽鐘鼓。三年苦身勞力，焦脣乾肺，內親群臣，下養百姓，以求其心。有甘脆不足分，弗敢食；有酒流之江，與民同之。」高誘注：「投醪同味。」挾纊之感，《左傳‧宣公十二年》：「申公巫臣曰：『師人多寒。王巡三軍，拊而勉之，三軍之士皆如挾纊。』」杜注：「纊，緜也。言說以忘寒也。」行令之必，賞罰之命。斯可矣。此乃用無弱卒，戰無堅敵，而況以直伐曲、以順討逆者乎！若以風鳥可徵，《十一家注孫子‧虛實篇》李筌注曰：「風鳥，貪犲之類也。」則謝艾梟鳴牙旗而克麻秋，《晉書‧張重華傳》：「重華召艾，問以討寇方略。艾曰：『昔耿弇不欲以賊遺君父，黃權願以萬人當寇。乞假臣兵七千，為殿下吞王擢、麻秋等。』重華大悅，以艾為中堅將軍，配步騎五千擊秋。引師出振武，夜有二梟鳴于牙中，艾曰：『梟，邀也，六博得梟者勝。今梟鳴牙中，克敵之兆。』於是進戰，大破之，斬首五千級。」宋武麾折沈水而破盧循；《宋書‧武帝本紀》：「大軍至左里，將戰，公所執麾竿折，折幡沈水，眾並怪懼。公歡笑曰：『往年覆舟之戰，幡竿亦折，今者復然，賊必破矣。』即攻柵而進。循兵雖殊死戰，弗能禁。諸軍乘勝奔之，循單舸走。所殺及投水死，凡萬餘人。」若以日辰可憑，則鄧禹因癸亥克捷，《後漢書‧鄧禹傳》：「建武元年正月，……於是王匡、成丹、劉均等合軍十餘萬，復共擊禹，禹軍不利，樊崇戰死。會日暮，戰罷，軍師韓歆及諸將見兵執已摧，皆勸禹夜去，禹不聽。明日癸亥，匡等以六甲窮日不出，禹因得更理兵勒眾。明旦，匡悉軍出攻禹，禹令軍中無得妄動；既至營下，因傳發諸將鼓而並進，大破之。」後魏乘甲子勝敵：《魏書‧太祖本紀》：「九月，賀麟飢窮，率三萬餘人出寇新市。甲子晦，帝進軍討之，太史令晁崇奏曰：『不吉。』帝曰：『其義云何？』對曰：『昔紂以甲子亡，兵家忌之。』帝曰：『紂以甲子亡，周武不以甲子勝乎？』崇無以對。冬十月丙寅，帝進軍新市，賀麟退阻泒水，依漸洳澤以自固。甲戌，帝臨其營，戰

於義臺塢，大破之，斬首九千餘級。」略舉一二，不其證歟？似昔賢難其道，神其事，令眾心之莫測，俾指顧之皆從。

語有之曰：「天時不如地利，地利不如人和。」誠謂得兵術之要也。以為孫武所著十三篇，旨極斯道，故知往昔行師制勝，誠當皆精其理。《四庫全書總目·孫子》：「《孫子》一卷，周孫武撰。考《史記·孫子列傳》，載武之書十三篇。而《漢書·藝文志》乃載《孫子兵法》八十二篇，圖九卷。故張守節《正義》以十三篇為上卷，又有中、下二卷。杜牧亦謂武書本數十萬言，皆曹操削其繁剩，筆其精粹，以成此書。然《史記》稱十三篇，在漢志之前，不得以後來附益者為本書。牧之言固未可以為據也。此書注本極夥。《隋書·經籍志》所載，自曹操外，有王淩、張子尚、賈詡、孟氏、沈友諸家。唐志益以李荃、杜牧、陳皞、賈林、孫鎬諸家。馬端臨《經籍考》又有紀燮、梅堯臣、王晳、何氏諸家。歐陽修謂：『兵以不窮為奇，宜其說者之多。』其言最為有理。然至今傳者寥寥。」今輒捃摭與孫武書之義相協，并頗相類者纂之，庶披卷足見成敗在斯矣。原注：「凡兵以奇勝，皆因機而發，但取事頗相類，不必一二皆同，覽之者幸察焉。其與《孫子》義正相叶者，即朱書其目；頗相類者，即與墨書。其法制可適於今之用者，亦附之於本目之末。」

《刑法》序

　　前志曰：「夫人，有生萬物之最靈者也。《偽古文尚書・泰誓》：「惟天地萬物父母，惟人萬物之靈。」然而爪牙不足供其欲，趨走不足避其害，無毛羽以禦寒暑，必役物以為養，任智而不恃力者也。故不仁愛則不能羣，不能羣則不能勝物。羣而聚之，是為君矣；歸而往之，是為王矣。」師古曰：「言爭往而歸之也。」人既羣居，不能無喜怒交爭之情，乃有刑罰輕重之理興矣。刑於百度，其最遠乎！又曰：「聖人因天討而作五刑。大刑用甲兵，張晏曰：「以六師誅暴亂。」次用斧鉞；韋昭曰：「斬刑也。」中刑用刀鋸，韋昭曰：「刀，割刑。鋸，刖刑也。」次用鑽鑿；韋昭曰：「鑽，髕刑也。鑿，黥刑也。」師古曰：「鑽，鑽去其髕骨也。鑽音子端反。髕音頻忍反。」薄刑用鞭扑。師古曰：「扑，杖也，音普木反。」大者陳諸原野，師古曰：「謂征討所殺也。」小者致之市朝。」應劭曰：「大夫以上尸諸朝，士以下尸諸市。」又曰：「鞭扑無弛於家，師古曰：「弛，放也，音式爾反。」刑罰無廢於國，征伐無偃於天下；但用之有本末，行之有次第爾。」以上語本《漢書・刑法志》

　　歷觀前躅，躅，迹也。善用則治，不善用則亂。《通典・刑法三・刑制下》：「原夫先王之制刑也，本於愛人求理，非徒害人作威。往古樸淳，事簡刑省。唐、虞及於三代刑制，其略可知。令王則輕，虐后遂重。於善也，則云『罰不及嗣』；其不善也，乃云『罪人以族』。斯則前賢臧否之辨歟？秦法苛峻，天下潰叛。漢祖躪除，約定三章，大辟之罪猶誅三族。孝文雖罷肉刑，新垣亦殲斯酷。其後顏異陷反唇棄市，楊惲坐諷議腰斬。洎乎曹、馬經綸之際，忤者三族皆夷。後魏有門房之誅。歷代蓋治時少，罕遇輕刑；亂時久，多遭刑重。國家子育萬姓，輕簡刑章，徵之前代，未有其比。所以幽陵之盜西軼，犬戎之寇東侵，京師傾陷，皇輿巡狩，億兆殲

力，大憝旋殲。自海內興戎，今以累紀，征繕未減，杼軸屢空，蒸庶無離怨心者，寔由刑輕之故。或曰：『荀卿有言，代治則刑重，代亂則刑輕。（所以治者，乃刑重。所以亂者，乃刑輕。）欲求于治，必用重典。』斯乃一端偏見，諒非適時通論也。夫刑之輕重利害，已粗言之矣。夫『刑者，成也。一成而不可變，故君子盡心焉』。謂之『君子』，則曰賢人；欲求賢人，固不易得。矧天下數百千郡縣，豈得眾多君子乎？佑以為條章嚴繁，雖決斷必中，似不及條章輕簡，而決斷時漏。故老氏云：『其政悶悶，其人淳淳；（政教寬大悶昧，似若不明，則人淳淳然而質朴。）其政察察，其人缺缺。』（政教苛察，人則應之缺缺然而凋弊。）又語曰：『寧失不經。』仁惻之旨也。」在乎無私絕濫，不在乎寬之與峻。又病剨酌以意，變更屢作。今捃摭經史，該貫年代，若前賢有誤，雖後學敢言，亦庶幾成一家之書爾。前代搢紳之徒，多設三皇之言，又不載其刑法，故以五帝為首云。

《通典‧刑法一‧刑制上》：「黃帝以兵定天下，此刑之大者。陶唐以前，未聞其制。」

《州郡》序

　　天下之立國宰物，尚矣。其畫野分疆之制，自五帝始焉。《通典‧州郡一‧序目上》：「昔黃帝方制天下，立為萬國，《易》稱『首出庶物，萬國咸寧』。（蓋舉其大數。）及少皞氏之衰，其後制度無聞矣。若顓頊之所建，帝嚳受之，創制九州，統領萬國。（雍、荊、荊河、梁、徐、冀、青、兗、揚。）至堯遭洪水，而天下分絕，使禹平水土，還為九州，如舊制也。舜攝帝位，分為十二州，（雍、荊、荊河、梁、冀、幽、并、青、營、徐、兗、揚。）故《虞書》云『肇十有二州』，是也。」道德遠覃，四夷從化，即人為治，不求其欲，斯蓋羈縻而已，《史記‧司馬相如列傳》《索隱》案：「羈，馬絡頭也。縻，牛韁也。《漢官儀》『馬云羈，牛云縻』。言制四夷如牛馬之受羈縻也。」寧論封域之廣狹乎！堯舜地不過數千里，東漸于海，西被流沙，朔南暨聲教，《尚書‧禹貢》：「東漸于海，西被于流沙，朔南暨聲教。」正義曰：「言五服之外，又東漸入于海西，被及于流沙，其北與南，雖在服外，皆與聞天子威聲文教，時來朝見。」五帝之至德也。武丁、成王東則江南，西氐羌，南荊蠻，北朔方，三代之大仁也。秦氏削平六國，南取百越，北卻匈奴，《史記‧秦始皇本紀》：「南取百越之地，以為桂林、象郡，百越之君俛首繫頸，委命下吏。乃使蒙恬北築長城而守藩籬，卻匈奴七百餘里，胡人不敢南下而牧馬，士不敢彎弓而報怨。……然後斬華為城，因河為津，據億丈之城，臨不測之谿以為固。」築塞河外，地廣而亡，逮戰國之酷暴也。

　　漢武滅朝鮮、《漢書‧武帝本紀》：「朝鮮王攻殺遼東都尉，乃募天下死罪擊朝鮮。……遣樓船將軍楊僕、左將軍荀彘將應募罪人擊朝鮮。……朝鮮斬其王右渠降，以其地為樂浪、臨屯、玄菟、真番郡。」閩越，《漢書‧武帝本紀》：「閩越王郢攻南

越。遣大行王恢將兵出豫章，大司農韓安國出會稽，擊之。未至，越人殺郢降，兵還。」
開西南夷，《漢書‧武帝本紀》：「馳義侯遺兵未及下，上便令征西南夷，平之。遂定
越地，以為南海、蒼梧、鬱林、合浦、交阯、九真、日南、珠厓、儋耳郡。定西南夷，
以為武都、牂柯、越嶲、沈黎、文山郡。……又遣將軍郭昌、中郎將衛廣發巴蜀兵平
西南夷未服者，以為益州郡。」**通西域，逐北狄，天下騷然，人不聊生，追
悔前失，引咎自責，下詔哀痛，息戍輪臺，**詔書載《漢書‧西域傳》。**既危
復安，幸能覺悟也。隋煬逐吐谷渾，**《隋書‧西域列傳‧吐谷渾》：「煬帝即位，
伏允遣其子順來朝。時鐵勒犯塞，帝遣將軍馮孝慈出敦煌以禦之，孝慈戰不利。鐵勒
遣使謝罪，請降，帝遣黃門侍郎裴矩慰撫之，諷令擊吐谷渾以自効。鐵勒許諾，即勒
兵襲吐谷渾，大敗之。伏允東走，保西平境。帝復令觀王雄出澆河、許公宇文述出西
平以掩之，大破其眾。」**開通西域，**《隋書‧食貨志》：「於西域之地，置西海、鄯善、
且末等郡。謫天下罪人，配為戍卒，大開屯田，發西方諸郡運糧以給之。道里懸遠，
兼遇寇抄，死亡相續。」**招來突厥，**《隋書‧北狄列傳‧突厥》：「大業三年四月，煬
帝幸榆林，啟民及義成公主來朝行宮，前後獻馬三千匹。帝大悅，賜物萬二千段。……
明年，朝於東都，禮賜益厚。是歲，疾終，上為之廢朝三日，立其子咄吉世，是為始
畢可汗。表請尚公主，詔從其俗。十一年，來朝於東都。其年，車駕避暑汾陽宮，八
月，始畢率其種落入寇，圍帝於雁門。詔諸郡發兵赴行在所，援軍方至，始畢引去。
由是朝貢遂絕。」**征伐高麗，**《隋書‧東夷列傳‧高麗》：「大業七年，帝將討元之罪，
車駕渡遼水，上營於遼東城，分道出師，各頓兵於其城下。……是行也，唯於遼水西
拔賊武厲邏，置遼東郡及通定鎮而還。九年，帝復親征之，乃勅諸軍以便宜從事。諸
將分道攻城，賊勢日蹙。會楊玄感作亂，反書至，帝大懼，即日六軍並還。兵部侍郎
斛斯政亡入高麗，高麗具知事實，悉銳來追，殿軍多敗。十年，又發天下兵，會盜賊
蜂起，人多流亡，所在阻絕，軍多失期。至遼水，高麗亦困弊，遣使乞降，囚送斛斯
政以贖罪。帝許之，頓於懷遠鎮，受其降款。」**身弒祀絕，近代殷鑒也。**

　　夫天生烝人，烝，眾也。**樹君司牧，是以一人治天下，非以天下奉一
人，**《左傳》襄公十四年：「天之愛民甚矣，豈其使一人肆於民上，以從其淫，而棄
天地之性？必不然矣。」許富宏《慎子集校集注‧威德》：「古者，立天子而貴之者，
非以利一人也。曰：天下無一貴，則理無由通，通理以為天下也。故立天子以為天
下，非立天下以為天子也；立國君以為國，非立國以為君也；立官長以為官，非立
官以為官長也。」李康《運命論》：「故古之王者，蓋以一人治天下，不以天下奉一
人也。」**患在德不廣，不患地不廣。秦漢之後，以重斂為國富，卒眾為**

兵強，拓境為業大，遠貢為德盛，爭城殺人盈城，爭地殺人滿野，《孟子·離婁上》：「爭地以戰，殺人盈野；爭城以戰，殺人盈城：此所謂率土地而食人肉，罪不容於死。」用生人膏血，易不殖土田。小則天下怨咨，羣盜蜂起；大則殞命殲族，遺惡萬代，不亦謬哉！則五帝三王可以師範。三王，夏禹、商湯、周文王、武王。

凡言地理者多矣，在辨區域，徵因革，知要害，察風土，纖介畢書，樹石無漏，動盈百軸，豈所謂撮機要者乎！如誕而不經，徧記雜說，何暇編舉，原注：「謂辛氏《三秦記》、常璩《華陽國志》、羅含《湘中記》、盛弘之《荊州記》之類，皆自述鄉國靈怪，人賢物盛。參以他書，則多紕謬，既非通論，不暇取之矣。」《史通·雜述第三十四》：「若盛宏之《荊州記》、常璩《華陽國志》、辛氏《三秦》、羅含《湘中》，此之謂地理書者也。」程千帆《史通箋記·雜述第三十四》：「『謂辛氏《三秦記》、常璩《華陽國志》、羅含《湘中記》、盛宏之《荊州記》之類，皆自述鄉國靈怪，人賢物盛，參以他書，則多紕繆。既非通論，不暇取之矣。』其論蓋即據子玄此之所言而發。」或覽之者，不責其略焉。

《通志》總序

百川異趨，必會于海，然後九州無浸淫之患；萬國殊途，必通諸夏，然後八荒無壅滯之憂。《漢書・項籍》：「並吞八荒之心。」師古曰：「八荒，八方荒忽極遠之地也。」會通之義大矣哉！張舜徽《通志總序平議》：「鄭氏志在『集天下之書為一書』，通貫古今，纂述通史。名曰《通志》，志即古史之異名也。故總序開端，即揭櫫會通之義。觀其《上宰相書》有曰：『水不會於海，則為溢水；途不通於夏，則為窮途。』又謂『天下之理，不可以不會；古今之道，不可以不通。史家據一代之史，不能通前代之史；本一書而修，不能會天下之書。散落人間，靡所底定，安得為成書？』取彼證此，益足以明會通二字施之著述之意。」

自書契以來，《漢書・古今人表第八》：「自書契之作。」師古曰：「契謂刻木以記事。」立言者雖多，惟仲尼以天縱之聖，《論語・子罕》：「大宰問于子貢曰：夫子聖者與？何其多能也！子貢曰：固天縱之將聖，又多能也。」故總詩書禮樂而會于一手，然後能同天下之文；貫二帝三王而通為一家，《文選・揚雄・羽獵賦》：「昔在二帝三王。」李善注：「應劭曰：『堯、舜、夏、殷、周也。』」然後能極古今之變。是以其道光明百世之上，百世之下不能及。張舜徽《通志總序平議》：「此乃沿孔子刪《詩》《書》，訂《禮》《樂》之舊說，而歸其功於一人也。不悟仲尼未生，已有《詩》《書》《禮》《樂》，仲尼自道，但云述而不作。後人必謂經籍出于聖手，是猶言八卦者，必推本於伏羲；言本草者，必溯原於神農；皆荒遠不稽之辭耳。鄭氏大張會通之義，必上援古人以自重，故不得不引仲尼之事以佐證說。此與《上宰相書》所云：『仲尼之為書也，凡《典》《謨》《訓》《誥》《誓》《命》之書，散在天下。仲尼會其書而為一。舉而推之，上通於堯、舜，旁通於秦、魯，使天下無遺書，三代無絕緒，然後為成書。』可知其推尊仲尼，意固有在。所以明己之

編述通史，乃上承聖緒，不得已而作。」

仲尼既沒，百家諸子興焉，各效《論語》，以空言著書，原註：《論語》，門徒集仲尼語。至於歷代實蹟，無所紀繫。《史記·太史公自序第七十》：上大夫壺遂曰：「昔孔子何為而作春秋哉？」太史公：「余聞董生曰：『周道衰廢，孔子為魯司寇，諸侯害之，大夫壅之。孔子知言之不用，道之不行也，是非二百四十二年之中，以為天下儀表，貶天子，退諸侯，討大夫，以達王事而已矣。』子曰：『我欲載之空言，不如見之於行事之深切著明也。』夫春秋，上明三王之道，下辨人事之紀，別嫌疑，明是非，定猶豫，善善惡惡，賢賢賤不肖，存亡國，繼絕世，補敝起廢，王道之大者也。」張舜徽《通志總序平議》：「仲尼未生，已有立言之書。百家之興，非在其後。其效《論語》以空言著書者，惟儒家思、孟之流耳。其他諸子之書，多由後人輯述，非取法《論語》者也。周末列國分爭，各有其史以紀實迹。迨秦焚書，明令非《秦紀》皆燒之，則六國之史俱燼，可知列國非無紀實之書，特不傳於後耳。」

迨漢建元、元封之後，司馬氏父子出焉。司馬氏世司典籍，工於制作，《史記·太史公自序第七十》：太史公執遷手而泣曰：「余先周室之太史也。自上世嘗顯功名於虞夏，典天官事。後世中衰，絕於予乎？汝復為太史，則續吾祖矣。」故能上稽仲尼之意，會《詩》、《書》、《左傳》、《國語》、《世本》、《戰國策》、《楚漢春秋》之言，通黃帝、堯、舜至于秦漢之世，勒成一書，分為五體：本紀紀年，世家傳代，表以正曆，書以類事，傳以著人。《史記·太史公自序第七十》：「罔羅天下放失舊聞，王迹所興，原始察終，見盛觀衰，論考之行事，略推三代，錄秦漢，上記軒轅，下至于茲，著十二本紀，既科條之矣。並時異世，年差不明，作十表。禮樂損益，律曆改易，兵權山川鬼神，天人之際，承敝通變，作八書。二十八宿環北辰，三十輻共一轂，運行無窮，輔拂股肱之臣配焉，忠信行道，以奉主上，作三十世家。扶義俶儻，不令己失時，立功名於天下，作七十列傳。凡百三十篇，五十二萬六千五百字，為《太史公書》。」使百代而下，史官不能易其法，學者不能舍其書。六經之後，惟有此作。故謂周公五百歲而有孔子，孔子五百歲而在斯乎！《史記·太史公自序第七十》：太史公曰：「先人有言：『自周公卒五百歲而有孔子。孔子卒後至於今五百歲，有能紹明世，正《易傳》，繼《春秋》，本《詩》《書》《禮》《樂》之際？』意在斯乎！意在斯乎！小子何敢讓焉。」是其所以自待者已不淺。張舜徽《通志總序平議》：「《太史公》百三十篇，開紀傳史體之先。將漢武帝以前社會變化及自然變化，皆總結以成一書，遂為通史之前驅。鄭氏編述之業，實規傚之，故推尊此書甚至。揆之情實，無溢美也。王

鳴盛嘗謂：『司馬遷創立本紀、表、書、世家、列傳體例，後之作史者，遞相祖述，莫能出其範圍。』（見《十七史商榷》卷一）即鄭氏所云『百代而下，史官不能易其法』也。然自班固以降，斷代為書，具體而微。未有能繼司馬氏之志以續修通史者。千載之下，惟鄭氏私淑龍門，引為已任。故於史公之書，服膺尤至。」

然大著述者，必深於博雅，而盡見天下之書，然後無遺恨。當遷之時，挾書之律初除，《漢書·惠帝紀第二》：「（五年）三月甲子，皇帝冠，赦天下。省法令妨吏民者；除挾書律。長樂宮鴻臺災。宜陽雨血。」應劭曰：「挾，藏也。」張晏曰：「秦律敢有挾書者族。」**得書之路未廣，亘三千年之史籍，而跼蹐於七八種書，**《漢書·司馬遷傳第三十二》：「自古書契之作而有史官，其載籍博矣。至孔氏纂之，上斷唐堯，下訖秦繆。唐虞以前雖有遺文，其語不經，故言黃帝、顓頊之事未可明也。及孔子因魯史記而作《春秋》，而左丘明論輯其本事以為之傳，又纂異同為《國語》。又有《世本》，錄黃帝以來至春秋時帝王公侯卿大夫祖世所出。春秋之後，七國並爭，秦兼諸侯，有《戰國策》。漢興伐秦定天下，有《楚漢春秋》。故司馬遷據《左氏》《國語》，采《世本》《戰國策》，述《楚漢春秋》，接其後事，訖于天漢。其言秦漢，詳矣。至於采經摭傳，分散數家之事，甚多疏略，或有抵梧。亦其涉獵者廣博，貫穿經傳，馳騁古今，上下數千載間，斯以勤矣。」**所可為遷恨者，博不足也。**張舜徽《通志總序平議》：「劉歆《讓太常博士書》，已謂文帝時『使掌故鼂錯從伏生受《尚書》。天下眾書往往頗出，皆諸子傳說，廣立學官，為置博士』。而《七略》亦稱：『武帝敕丞相公孫弘廣開獻書之路，百年之間，書積如山。』（見《文選注》引）可知漢初崇文，圖書大備。史遷著書之時，所可馮依者為不少矣。遷亦自謂：『天下遺聞古事，靡不畢集太史公。』（《太史公自序》）又謂：「網羅天下放失舊聞，考之行事，稽其成敗興壞之理。」（《報任安書》）可知其見書之廣，搜采之勤，又非常人比矣。鄭氏承班彪、班固父子遺論（見《漢書·司馬遷傳贊》及《後漢書·班彪傳》），謂史遷跼蹐於七八種書，此乃輕率之辭，非其實也。今觀太史公書中所引若《諜記》《歷術》《甲子篇》《禹本紀》《秦紀》之屬，叢雜猥多，其未稱引者尤夥。至於游覽四方，實地考察，得之於耳聞目見者，又非書本所能限矣。鄭氏乃謂史公取材，未足言博，夫豈其然！」

凡著書者，雖采前人之書，必自成一家言。左氏，楚人也，所見多矣，而其書盡楚人之辭；《朱子語類》卷第八十三：「或云左氏是楚左史倚相之後，故載楚史較詳。」**公羊，齊人也，**《漢書·藝文志》：「《公羊傳》十一卷。公羊子，齊人。」師古曰：「名高。」王應麟《困學紀聞》卷七《公羊》：「公羊子，齊

人，其傳《春秋》多齊言。登來、化我、樵之、潊浣，筍將、踊為、詐戰，往黨、往殆、于諸、累、忱、如、肪、桮、脤之類，是也。」**所聞多矣，而其書皆齊人之語。**《通志二十略‧藝文略第一‧春秋》：「《春秋》之經，則魯史記也。初無同異之文，亦無彼此之說，良由三家所傳之書有異同，故是非從此起。臣作《春秋考》所以是正經文，以凡有異同者皆是訛誤。古者簡編艱繁，學者希見親書，惟以口相授。左氏世為楚史，親見官書，其訛差少，然有所訛從文起。公、穀，漢之經生，惟是口傳，其訛差多，然有所訛從音起。以此辨之，了無滯礙。又有《春秋傳》十二卷，以明經之旨，備見周之憲章。」**今遷書全用舊文，間以俚語，良由采摭未備，筆削不遑，故曰「予不敢墮先人之言，乃述故事，整齊其傳，非所謂作也」。**語出《史記‧太史公自序第七十》。**劉知幾亦譏其多聚舊記，**劉知幾原注：「謂採《國語》《世本》《國策》等。」**時插雜言。**語見《史通‧六家第一》。**所可為遷恨者，雅不足也。**《後漢書‧班彪》：「若遷之著作，採獲古今，貫穿經傳，至廣博也。一人之精，文重思煩，故其書刊落不盡，尚有盈辭，多不齊一。」張舜徽《通志總序平議》：「《太史公自序》已云：『成一家之言。』嘗操此以衡其書，實亦能副所言。蓋從其全書之結構言，有完整周密之體系；從編述內容言，有冪裁鎔鑄之能力；從寫作形式言，有推陳出新之筆調。使來自不同時間與不同空間之材料，一變而為用漢代語言文字撰成之新書。此乃司馬遷絕大本領，亦即所謂『成一家之言』也。所貴乎有編述之業者以此耳。《漢書‧藝文志》論《尚書》有曰：『古文讀應《爾雅》，故解古今語而可知。』《爾雅》者，故訓也。蓋惟古文《尚書》多古字古言，必貫通故訓，以今語解古語，而後能通其意。《太史公》所采《尚書》，率以訓詁代經文，猶今日之翻譯。在當時固盡人能知，至今日猶淺明易了，為功於天下後世甚大。今觀《太史公》所采《尚書》文字，如《五帝本紀》之用《堯典》，《夏本紀》之用《禹貢》《咎繇謨》，《殷本紀》之用《湯誓》《高宗肜日》《錢耆》，《周本紀》之用《牧誓》《甫刑》，《周公世家》之用《金縢》《毋逸》《多士》《肸誓》，《燕世家》之用《君奭》，《衛康叔世家》之用《康誥》，《微子世家》之用《微子之命》《洪範》，《晉世家》之用《文侯之命》，莫不代奇辭以淺語，易古文為今字。其於《左傳》《國語》《禮記》《論語》之屬，靡不皆然。盡取前人之書，施以冪裁鎔鑄，並翻譯為淺明易懂之文字，其不可沒之功在是也。至於取材之際，亦復慎於別擇，於荒遠無稽之事，去取尤嚴。所謂『百家言黃帝，其言不雅馴，搢紳先生難言之。』（《五帝本紀贊》）則其於俚俗傳言，多所屏棄矣。遷作《刺客列傳》，如『天雨粟，馬生角』之說，及『荊軻傷秦王』之事，皆以為太過或不符於實而不之取（見《刺客傳贊》）。則其筆削之功，亦豈可泯！鄭氏謂

史公著書，未足言雅，亦失之輕率矣。」

大抵開基之人，不免草創，全屬繼志之士，為之彌縫。晋之《乘》、楚之《檮杌》、魯之《春秋》，其實一也。《孟子・離婁下》：孟子曰：「王者之迹熄而《詩》亡，《詩》亡然後《春秋》作。晋之《乘》、楚之《檮杌》、魯之《春秋》一也。其事則齊桓、晋文，其文則史。孔子曰：『其義則丘竊取之矣。』」趙注：「此三大國史記之名異。《乘》者，興於田賦乘馬之事，因以為名。《檮杌》者，囂凶之類，興於記惡之戒，因以為名。《春秋》，以二始舉四時，記萬事之名。」《乘》、《檮杌》無善後之人，故其書不行。《春秋》得仲尼挽之於前，左氏推之於後，故其書與日月并傳，不然，則一卷事目安能行於世！《四庫全書總目・春秋原經》：「經文簡質，非傳難明。即如『鄭伯克段於鄢』一條，設無傳文，則段於鄭為何人，鄭伯克之為何故，經文既未明言，但據此六字之文，抱遺經而究終始，雖聖人復生，沈思畢世，無由知其為鄭伯之弟，以武姜內應作亂也。是開卷數行，已窒礙不行，無論其餘矣。」自《春秋》之後，惟《史記》擅制作之規模，不幸班固非其人，遂失會通之旨，司馬氏之門戶自此衰矣。張舜徽《通志總序平議》：「《史記》會通古今，故最為鄭氏所推重。班氏斷代為書，不見會通之義，故鄭氏貶抑之無所不至。有所立必有所破，亦各言其志耳。下文醜詆班固之辭，有為而發，皆未足視為定評。」

班固者，浮華之士也，全無學術，專事剽竊。肅宗問以制禮作樂之事，固對以在京諸儒必能知之。儻臣鄰皆如此，則顧問何取焉？及諸儒各有所陳，固惟竊叔孫通十二篇之儀以塞白而已。《後漢書・曹襃》：「詔召玄武司馬班固，問改定禮制之宜。固曰：『京師諸儒，多能說禮，宜廣招集，共議得失。』帝曰：『諺言作舍道邊，三年不成。會禮之家，名為聚訟，互生疑異，筆不得下。昔堯作《大章》，一夔足矣。』章和元年正月，乃召襃詣嘉德門，令小黃門持班固所上叔孫通《漢儀》十二篇，勅襃曰：「此制散略，多不合經，今宜依禮條正，使可施行。於南宮、東觀盡心集作。」襃既受命，乃次序禮事，依準舊典，雜以《五經》讖記之文，撰次天子至於庶人冠婚吉凶終始制度，以為百五十篇，寫以二尺四寸簡。其年十二月奏上。帝以眾論難一，故但納之，不復令有司平奏。會帝崩，和帝即位，襃乃為作章句，帝遂以《新禮》二篇冠。」儻臣鄰皆如此，則奏議何取焉？肅宗知其淺陋，故語竇憲曰：「公愛班固而忽崔駰，此葉公之好龍也。」《後漢書・崔駰》：「元和中，肅宗始修古禮，巡狩方岳。駰上四巡頌以稱漢德，辭甚典美，文多故不載。帝雅好文章，自見駰頌後，常嗟歎之，謂侍中竇憲

曰：『卿寧知崔駰乎？』對曰：『班固數為臣說之，然未見也。』帝曰：『公愛班固而忽崔駰，此葉公之好龍也。試請見之。』」劉向《新序》：「子張見魯哀公，七日，哀公不禮焉而去，曰：『君之好士，有似葉公子高好龍。天龍聞而降之，窺頭於牖，拖尾於堂，葉公見之，失其魂魄，五色無主。是葉公非好龍也，好夫似龍而非龍者。』」

固於當時已有定價，如此人材，將何著述？張舜徽《通志總序平議》：「班固家世淵源，學有根柢。《後漢書》本傳稱其『博貫載籍，九流百家之言，無不窮究』。而承制作《白虎通義》，撰集眾師經說，是豈浮華無學之人所能為？肅宗問改定制禮之宜，固但曰：『京師諸儒，多能說禮，宜廣招集，共議得失。』（事見《後漢書・曹褒傳》）亦博采羣言、集思廣益之意。夫豈不能對答而為此推卸之辭哉？至於重崔駰而輕班固，乃人主一時愛憎之言（事見《後漢書・崔駰傳》），抑亦非當時之公論也。」

《史記》一書，功在十表，猶衣裳之有冠冕，木水之有本原。《史通・雜說》：「觀太史公之創表也，於帝王則敘其子孫，於公侯則紀其年月，列行縈紆以相屬，編字戢香而相排。雖燕、越萬里，而於徑寸之內犬牙可接；雖昭穆九代，而於方尺之中雁行有敘。使讀者閱文便睹，舉目可詳，此其所以為快也。如班氏之《古今人表》者，唯以品藻賢愚，激揚善惡為務爾。既非國家遞襲，祿位相承，而亦複界重行，狹書細字，比於他表，殆非其類歟！」**班固不通，旁行邪上，以古今人物彊立差等。**《漢書・古今人表第八》：「自書契之作，先民可得而聞者，經傳所稱，唐虞以上，帝王有號諡，輔佐不可得而稱矣，而諸子頗言之，雖不考虖孔氏，然猶著在篇籍，歸乎顯善昭惡，勸戒後人，故博采焉。孔子曰：『若聖與仁，則吾豈敢？』又曰：『何事於仁，必也聖乎！』『未知，焉得仁？』『生而知之者，上也；學而知之者，次也；困而學之，又其次也；困而不學，民斯為下矣。』又曰：『中人以上，可以語上也。』『唯上智與下愚不移。』傳曰：譬如堯舜，禹、稷、卨與之為善則行，鮌、讙兜欲與之為惡則誅。可與為善，不可與為惡，是謂上智。桀紂，龍逢、比干欲與之為善則誅，于莘、崇侯與之為惡則行。可與為惡，不可與為善，是謂下愚。齊桓公，管仲相之則霸，豎貂輔之則亂。可與為善，可與為惡，是謂中人。因茲以列九等之序，究極經傳，繼世相次，總備古今之略要云。」**且謂漢紹堯運，自當繼堯，非遷作《史記》厠於秦、項，**《後漢書・班固》：「固以為漢紹堯運，以建帝業，至於六世，史臣乃追述功德，私作本紀，編於百王之末，廁於秦、項之列，太初以後，闕而不錄，故探撰前記，綴集所聞，以為《漢書》。起元高祖，終于孝平王莽之誅，十有二世，二百三十年，綜其行事，傍貫《五經》，上下洽通，為《春秋》考紀、表、志、傳凡百篇。固自永平中始受詔，潛精積思二十餘年，至建初中乃成。當世甚重其書，學者莫不諷

誦焉。」李賢注：「六代謂武帝，史臣謂司馬遷也。《史記》起自黃帝，漢最居其末也。高、惠、呂后、文、景、武、昭、宣、元、成、哀、平十二代也。并王莽合二百三十年。紀十二，表八，志十，列傳七十，合百篇。《前書音義》曰：『《春秋》考紀謂帝紀也。言考覈時事，具四時以立言，如《春秋》之經。』」**此則無稽之談也。**張舜徽《通志總序平議》：「《漢書》斷代為史，而有《古今人表》，宜為後世所譏。如張晏、劉知幾、呂祖謙、羅泌、楊慎之流，皆糾彈之。知幾嘗謂『《人表》上有庖犧，下窮嬴氏，不言漢事而編入《漢書》』（《史通‧表歷》）。以為斷限不明，自亂其例。與鄭氏所指責者，足以相發也。然而如顏師古、黃履翁、何焯、錢大昕、章學誠、梁玉繩諸家，則又稱許其體。學誠嘗謂『固以斷代為書，承遷有作。凡遷史所闕門類，固則補之。非如紀傳事蹟，但畫西京為界也。向令其去九等高下之名，而以貴賤尊卑區分品地，或以都分國別異其標題，且明著其說，取補遷書，作《列傳》之稽檢。則其立例，當為後世通史一定科律』（《亳州志‧掌故例議上》）。章說甚通，足解諸家之惑。惟鄭氏所訾『疆立差等』，實中其病，故學誠亦謂宜『去其九等高下之名』耳。班氏自尊本朝，據載籍以祖帝堯。故《漢書敘傳》曰：『漢紹堯運，以建帝業，至於六世，史臣乃追述功德，私作《本紀》，編於百王之末，廁於秦、項之列。』此乃承其父彪《王命論》『劉氏承堯之祚，唐據火德而漢紹之』之餘論耳。不悟《史記》通古今為一書，唐堯之後，累世相承，以至於秦，項羽起於秦末，誅項以定天下者為漢高，統緒相因，自應如此。誠如班氏之論，將置百王秦、項不載，直以漢承唐耶？斯則鄭氏之所以斥班者不為過。」

由其斷漢為書，是致周秦不相因，古今成閒隔。自高祖至武帝凡六世之前，盡竊遷書，不以為慚；自昭帝至平帝凡六世，資於賈逵、劉歆，復不以為恥；況又有曹大家終篇，《後漢書‧曹世叔妻》：「扶風曹世叔妻者，同郡班彪之女也，名昭，字惠班，一名姬。博學高才。世叔早卒，有節行法度。兄固著《漢書》，其八表及《天文志》未及竟而卒，和帝詔昭就東觀臧書閣踵而成之。帝數召入宮，令皇后諸貴人師事焉，號曰大家。每有貢獻異物，輒詔大家作賦頌。及鄧太后臨朝，與聞政事。以出入之勤，特封子成關內侯，官至齊相。時《漢書》始出，多未能通者，同郡馬融伏於閣下，從昭受讀，後又詔融兄續繼昭成之。」則固之自為書也幾希。往往出固之胸中者，《古今人表》耳，他人無此謬也。劉知幾《史通‧表歷》：「異哉，班氏之《人表》也！區別九品，網羅千載，論世則異時，語姓則他族。自可方以類聚，物以群分，使善惡相從，先後為次，何藉而為表乎？且其書上自庖犧，下窮嬴氏，不言漢事，而編入《漢書》，鳩居鵲巢，蔦施松上，附生

疣贅，不知剪截，何斷而為限乎？」張舜徽《通志總序平議》：「《史通·正史篇》曰：『《史記》一書，年止漢武，太初已後，闕而不錄。其後劉向、向子歆，及諸好事者若馮商、衛衡、揚雄、史岑、梁審、肆仁、晉馮、段肅、金丹、馮衍、韋融、蕭奮、劉恂等，相次撰續，迄於哀、平間，猶名《史記》。至建武中，司徒掾班彪作《後傳》六十五篇。其子固以父所撰未盡一家，乃起元高皇，終乎王莽，十有二世，二百三十年，綜其行事，上下通洽，為《漢書》紀、表、志、傳百篇。經二十餘載，至章帝建初中乃成。固後坐竇氏事，卒於洛陽獄。書頗散亂，莫能綜理。其妹曹大家博學能屬文，奉詔校敘。又選高才郎馬融等十人，從大家受讀。其《八表》及《天文志》等，猶未克成，多是待詔東觀馬續所作。』則《漢書》之成，多資眾力。王充《論衡·別通篇》又謂：『蘭臺之史，班固、賈逵、楊終、傅毅之徒，名香文美，委積不絕。』然則大儒賈逵，亦嘗躬與其事。鄭氏所言『資於賈逵、劉歆』者不誣也。鄭氏詆譏班固『自高祖至武帝，凡六世之前盡竊遷書』。其言非也。蓋編述之業，重在義例，本不以因襲前文為病。前乎班《書》者，若《太史公》百三十篇所采，自《六經》外，旁逮《世本》《國語》《戰國策》《楚漢春秋》之類，至為繁夥。盡取前人之書，施以翦載鎔鑄，成一家言。良以編述之書，與立言垂訓者殊途，苟義例精善，原不嫌於因襲。鄭氏徒責班固多竊遷書，而不知太史公之取《尚書》以撰五帝三王本紀，取《左傳》以撰列國《世家》，取《論語》以撰《孔子世家》及《仲尼弟子列傳》，得謂之非因襲舊文，可乎？下觀鄭氏所為《通志》，紀傳多用諸史，禮制半遵杜氏，必如其說，將亦何以自解乎。」

後世眾手修書，道傍築室，《後漢書·曹褒》：「諺言『作舍道邊，三年不成』。」掠人之文，竊鍾掩耳，皆固之作俑也。固之事業如此，後來史家奔走班固之不暇，何能測其淺深？遷之於固，如龍之於豬，奈何諸史棄遷而用固，劉知幾之徒尊班而抑馬？張舜徽《通志總序平議》：「自唐以後，設館修史，率於開國之初，撰集前朝之事。既斷代為書，勢不得不沿班例。歷代相因，遂成定式。劉知幾意主斷代，故論及《漢書》，謂其『究西都之首末，窮劉氏之廢興，包舉一代，撰成一書。言皆精練，事甚該密。故學者尋討，易為其功』（《史通·六家》）。與鄭氏所主不同，宜其持論異也。」

且善學司馬遷者，莫如班彪。彪續遷書，自孝武至于後漢，欲令後人之續己，如己之續遷，既無衍文，又無絕緒，世世相承，如出一手，善乎其繼志也。《後漢書·班彪》：「彪既才高而好述作，遂專心史籍之閒。武帝時，司馬遷著《史記》，自太初以後，闕而不錄，後好事者頗或綴集時事，然多鄙俗，不

足以踵繼其書。彪乃繼採前史遺事，傍貫異聞，作《後傳》數十篇，因斟酌前史而譏正得失。」其書不可得而見，所可見者，元、成二帝贊耳，《四庫全書總目·漢書》：「又有竊據父書之謗，然韋賢、翟方進、元后三傳俱稱司徒掾班彪曰，顏師古注發例於《韋賢傳》曰：『《漢書》諸贊，皆固所為。其有叔皮先論述者，固亦顯以示後人。而或者謂固竊盜父名，觀此可以免矣。」**皆於本紀之外，別記所聞，可謂深入太史公之閫奧矣。**張舜徽《通志總序平議》：「《後漢書·班彪傳》曰：『彪乃繼採前史遺事，傍貫異聞，作《後傳》數十篇。』而《論衡·超奇篇》稱『班叔皮續《太史公書》百篇以上』；《史通·正史篇》復稱『司徒掾班彪作《後傳》六十五篇』；雖所言篇數不同，要以《史通》之說近是。其大部固存於今《漢書》中，惟不易區辨耳。鄭氏謂所可見者，惟元、成二帝《贊》，蓋以《贊》中所云『臣外祖兄弟』『臣之姑』，皆班彪自稱之辭耳。其實此外尚有韋賢、翟方進、元后三《傳》，其文皆有『司徒掾班彪曰』六字，視元、成二帝《贊》尤為昭顯。顧三《傳》之《贊》，未能於本傳之外，『別記所聞』，故鄭氏不之及耳。」

　　凡《左氏》之有「君子曰」者，皆經之新意；《史記》之有「太史公曰」者，皆史之外事，不為褒貶也。劉知幾《史通·論贊》：「史之有論也，蓋欲事無重出，文省可知。如太史公曰：觀張良貌如美婦人；項羽重瞳，豈舜苗裔？此則別加他語，以補書中，所謂事無重出者也。」**閒有及褒貶者，褚先生之徒雜之耳。且紀傳之中，既載善惡，足為鑑戒，何必於紀傳之後，更加褒貶？此乃諸生決科之文，安可施於著述，殆非遷、彪之意。況謂為贊，豈有貶辭？後之史家，或謂之論，或謂之序，或謂之銓，或謂之評，**劉知幾《史通·論贊》：「《春秋左氏傳》每有發論，假『君子』以稱之。二《傳》云『公羊子』、『穀梁子』，《史記》云『太史公』。既而班固曰『贊』，荀悅曰『論』，《東觀》曰『序』，謝承曰『詮』，陳壽曰『評』，王隱曰『議』，何法盛曰『述』，揚雄曰『撰』，劉昞曰『奏』，袁宏、裴子野自顯姓名，皇甫謐、葛洪列其所號。史官所撰，通稱史臣。其名萬殊，其義一揆。必取便於時者，則總歸論贊焉。」**皆效班固，臣不得不劇論固也。**張舜徽《通志總序平議》：「《左傳》之稱『君子曰』，未必皆經之新意；《史記》之有『太史公曰』，未必盡史之外事；要不可一概論也。至於『太史公曰』而寓褒貶者，悉目為褚少孫所加，尤嫌武斷矣。《史通·論贊篇》謂篇有一論，自司馬遷始。雖理有非要，猶強生其文。是皆私徇筆端，苟衒文彩，不知史書之大體。鄭氏之論，蓋本於劉而暢發之。惟寬於史遷，而劇論班固，不免以好惡定是非矣。雖然，史學重在事實，不尚以空言立論，則固不易之理也。」

司馬談有其書，而司馬遷能成其父志；班彪有其業，而班固不能讀父之書。固為彪之子，既不能保其身，又不能傳其業，又不能教其子，《後漢書・班固》：「固不教學諸子，諸子多不遵法度，吏人苦之。初，洛陽令種兢嘗行，固奴干其車騎，吏椎呼之，奴醉罵，兢大怒，畏憲不敢發，心銜之。及竇氏賓客皆逮考，兢因此捕繫固，遂死獄中。時年六十一。」為人如此，安在乎言為天下法！范曄、陳壽之徒繼踵，率皆輕薄無行，以速罪辜，安在乎筆削而為信史也！張舜徽《通志總序平議》：「鄭氏才高氣盛，論人論事，每好騁議論以抑揚之，故評騭多失其準。班固事竇憲，為中護軍。及憲敗，固坐免官，死獄中。范曄作《後漢書》，宋元嘉時，以謀反誅（陳澧有《申范》一篇，事得昭雪）。斯並禍非由己，何損撰述。必如鄭氏所論，則司馬遷下蠶室，受腐刑，罪辱已甚，又安得謂為『《六經》之後，惟有此作』耶？至於班固諸子不遵法度，為吏所苦；陳壽居父喪，有疾使婢和藥，為時所譏；此又家規未肅、飭行不謹之所致。古今類此者多，何獨班、陳為然。若必因此而輕其書，則天壤間寧復有可傳之作耶？」

孔子曰：「殷因於夏禮，所損益，可知也；周因於殷禮，所損益，可知也。」皇侃《論語義疏・為政第二》：「孔子舉前三代禮法相因及所損益，以為後代可知之證也。言殷代夏立，而因用夏禮及損益夏禮，事事可得而知也。又周代殷立，亦有因殷禮及有所損益者，亦事事可知也。」此言相因也。自班固以斷代為史，無復相因之義，雖有仲尼之聖，亦莫知其損益，會通之道，自此失矣。語其同也，則紀而復紀，一帝而有數紀，傳而復傳，一人而有數傳。趙翼《廿二史箚記・一人二史各傳》：「一人而傳於兩史，如後漢之董卓、公孫瓚、陶謙、袁紹、劉表、袁術、呂布等，當陳壽撰《三國志》時，以諸人皆與曹操並立，且事多與操相涉，故必立傳於魏志，而敘事始明。劉焉乃劉璋之父，其地則昭烈所因也，欲紀昭烈，必先傳璋，欲傳璋必先傳焉，故亦立其傳於蜀志之首。及范蔚宗修《後漢書》，則董卓等皆漢末之臣，荀彧雖為操畫策，而心猶為漢，皆不得因《三國志》有傳，遂從刪削，所以一人而兩史各有傳也。……至李延壽作南、北史，係一手編纂，則南人歸北，北人歸南者，自可各就其立功最多之處傳之，而其先仕於某國則附見傳內，不必再立一傳於某國也。乃毛修之自宋流轉入魏，後卒於魏，則但立傳《北史》可矣，而《南史》又傳之。朱脩之自宋入魏，後又逃歸，以功封南昌縣侯，則但立傳《南史》可矣，而《北史》又傳之。以及薛安都、裴叔業等，莫不皆然，何其漫無裁制也。又裴矩在隋朝事蹟甚多，且《隋書》矩傳內已敘其入唐仕宦之處，則《唐書》不必再傳矣，而又傳之，亦贅。」天文者，千古不

易之象，而世世作《天文志》；劉知幾《史通‧書志第八》：「夫兩曜百星，麗於玄象，非如九州萬國，廢置無恒。故海田可變，而景緯無易。古之天猶今之天也，今之天即古之天也，必欲刊之國史，施於何代不可也？」《洪範五行》者，一家之書，《漢書‧劉向》：「成帝即位，顯等伏辜，更生乃復進用，更名向。向以故九卿召拜為中郎，使領護三輔都水。數奏封事，遷光祿大夫。是時帝元舅陽平侯王鳳為大將軍秉政，倚太后，專國權，兄弟七人皆封為列侯。時數有大異，向以為外戚貴盛，鳳兄弟用事之咎。而上方精於《詩》《書》，觀古文，詔向領校中五經祕書。向見《尚書‧洪範》，箕子為武王陳五行陰陽休咎之應。向乃集合上古以來歷春秋六國至秦漢符瑞災異之記，推迹行事，連傳禍福，著其占驗，比類相從，各有條目，凡十一篇，號曰《洪範五行傳論》，奏之。天子心知向忠精，故為鳳兄弟起此論也，然終不能奪王氏權。」而世世序《五行傳》。如此之類，豈勝繁文！語其同也，則前王不列於後王，後事不接於前事。郡縣各為區域，而昧遷革之源；禮樂自為更張，遂成殊俗之政。如此之類，豈勝斷綆！曹魏指吳蜀為寇，北朝指東晉為僭；南謂北為索虜，北謂南為島夷。《北史‧李大師》：「大師少有著述之志，常以宋、齊、梁、陳、魏、齊、周、隋南北分隔，南書謂北為索虜，北書指南為島夷。又各以其本國周悉，書別國並不能備，亦往往失實。常欲改正，將擬《吳越春秋》，編年以備南北。」《資治通鑑》胡三省注：「索虜者，以北人辮髮，謂之索頭也。島夷者，以東南際海，土地卑下，謂之島中也。」《齊史》稱梁軍為義軍，謀人之國，可以為義乎？《南齊書‧東昏侯》：「（永元二年）十二月，雍州刺史梁王起義兵於襄陽。」《隋書》稱唐兵為義兵，伐人之君，可以為義乎？《隋書‧煬帝》：「（大業十三年）五月辛酉，夜有流星如甕，墜於江都。甲子，唐公起義師於太原。」房玄齡董史冊，故房彥謙擅美名；《舊唐書‧令狐德棻》：「貞觀三年，太宗復敕修撰，乃令德棻與祕書郎岑文本修周史，中書舍人李百藥修齊史，著作郎姚思廉修梁、陳史，祕書監魏徵修隋史，與尚書左僕射房玄齡總監諸代史。」虞世南預修書，故虞荔、虞寄有嘉傳。趙翼《廿二史劄記‧蕭子顯姚思廉皆為父作傳入正史》：「司馬遷、班固、沈約作史，皆以其父入自序中，未嘗另立父傳，列於正史也。惟蕭子顯作《齊書》，為其父豫章王嶷立傳，姚思廉修《陳書》，為其父吏部尚書察立傳，凡生平行事，及朝廷之優禮，名流之褒獎，無一不纖屑敘入，故嶷傳至七千餘字，察傳亦至三千餘字，為人子者得藉國史以表彰其父，此亦人之至幸也。」甚者桀犬吠堯，吠非其主。《晉史》黨晉而不有魏，凡忠于魏者目為叛臣，王凌、諸葛誕、母丘儉之徒抱屈黃壤。王

應麟《困學紀聞‧考史》:「魏以不仁得國,而司馬氏父子世執其柄。然節義之臣,鬱巨姦之鋩,若王凌以壽春欲誅懿而不克,文欽、毌丘儉以淮南欲誅師而不遂,諸葛誕又以壽春欲誅昭而不成,千載猶有生氣,魏為有臣矣。」**《齊史》黨齊而不有宋,凡忠於宋者目為逆黨,袁粲、劉秉、沈攸之之徒舍冤九原。噫!天日在上,安可如斯?**《史通‧曲筆》:「漢末董承、耿紀,晉初之諸葛、毌丘,齊興而有劉秉、袁粲,周滅而有王謙、尉迥,斯皆破家殉國,視死猶生。而歷代諸史,皆書之曰逆,將何以激揚名教,以勸事君者乎?古之書事也,令亂臣賊子懼;今之書事也,使忠臣義士羞。若使南、董有靈,必切齒於九泉之下矣。」**似此之類,歷世有之,傷風敗義,莫大乎此。**張舜徽《通志總序平議》:「鄭氏大張相因之義,力主會通古今以成一史。故於斷代為書之弊,概括數端:紀傳重複,一也;前後隔絕,二也;異則相攻,三也;同則相與,四也。甚至是非顛倒,莫辨賢奸。奴為主言,無足怪者。誠欲振救其弊,惟通史足以矯之。故章學誠曰:『通史之修,其便有六:一曰免重複,二曰均類例,三曰便銓配,四曰平是非,五曰去牴牾,六曰詳鄰事。其長有二:一曰具翦裁,二曰立家法。』(《文史通義‧釋通》)六便之中,以免重複為最要。故章氏又曰:『何謂免重複?夫鼎革之際,人物事實,同出並見。勝國無徵,新王興瑞,即一事也;前朝草竊,新主前驅,即一人也。董卓、呂布,范、陳各為立傳;禪位冊詔,梁、陳並載全文;所謂復也。《通志》總合為書,事可互見,文無重出,不亦善乎!』(同上)章氏斯論,實亦由鄭氏『豈勝繁文』之恉引申而出。」

遷法既失,固弊日深,自東都至江左,無一人能覺其非。惟梁武帝為此慨然,乃命吳均作《通史》,上自太初,下終齊室,書未成而均卒。《梁書‧吳均》:「吳均字叔庠,吳興故鄣人也。家世寒賤,至均好學有俊才,沈約嘗見均文,頗相稱賞。天監初,柳惲為吳興,召補主簿,日引與賦詩。均文體清拔有古氣,好事者或斆之,謂為『吳均體』。建安王偉為揚州,引兼記室,掌文翰。王遷江州,補國侍郎,兼府城局。還除奉朝請。先是,均表求撰《齊春秋》,書成奏之,高祖以其書不實,使中書舍人劉之遴詰問數條,竟支離無對,敕付省焚之,坐免職。尋有敕召見,使撰《通史》,起三皇,訖齊代,均草本紀、世家功已畢,唯列傳未就。普通元年,卒,時年五十二。」**隋楊素又奏令陸從典續《史記》,訖于隋,書未成而免官。**《南史‧陸從典》:「從典篤好學業,博涉羣書,位太子洗馬、司徒左西掾。陳亡入隋,位著作佐郎。尚書右僕射楊素奏從典續司馬遷《史記》迄于隋,其書未就,坐弟受漢王諒職免。後卒於南陽縣主簿。」《陳書‧陸從典》:「右僕射楊素奏從典續司馬遷《史記》迄于隋,其書未就。值隋末喪亂,寓居南陽郡,以疾卒,時

年五十七。」豈天之靳斯文而不傳與？抑非其人而不祐之與？張舜徽《通志總序平議》：「《文史通義‧釋通篇》曰：『梁武帝以遷、固而下，斷代為書，於是上起三皇，下訖梁代，撰為《通史》一編，欲以包羅眾史。史籍標通，此濫觴也。』蓋自梁武帝時，吾國學術史上，始有『通史』之名。武帝嘗謂蕭子顯曰：『我造通史。此書若成，眾史可廢。』（《梁書‧蕭子顯傳》）可知『通史』二字，實武帝所命名也。考《梁書‧吳均傳》：『有敕召見，使撰《通史》，起三皇，迄齊代。均草本紀、世家功畢，惟列傳未就，普通元年卒。』又《武帝紀》：『太清二年《通史》成，躬製《贊》《序》，凡六百卷。』據此，則均奉敕撰述之書雖未完成，然續其事者，竟於均卒後二十八年，終畢其役。故《隋書‧經籍志》題曰梁武帝撰也。《史通‧六家篇》稱：『其書自秦以上，皆以《史記》為本，而別采他說以廣異聞。至兩漢以還，則全錄當時紀傳。而上下通達，臭味相依。又吳、蜀二主，皆入世家；五胡及拓跋氏，列於《夷狄傳》。大抵其體皆如《史記》，其所為異者，唯無表而已。』至其卷數，《梁書》作六百卷，《史通》云六百二十卷，《隋志》則云四百八十卷。徒以卷帙浩繁，傳寫不易，其時蓋惟館閣僅有其書，外間不得而見。遭值變亂，書遂散亡。故隋楊素又奏令陸從典續《史記》，訖於隋，書竟未成。事載《陳書‧陸瓊傳》《南史‧陸繕傳》。良以茲事體大，不易為力耳。」

自唐之後，又莫覺其非，凡秉史筆者，皆準《春秋》，專事褒貶。夫《春秋》以約文見義，若無傳釋，則善惡難明；史冊以詳文該事，善惡已彰，無待美刺。讀蕭、曹之行事，豈不知其忠良；見莽、卓之所為，豈不知其兇逆。夫史者國之大典也，而當職之人不知留意於憲章，徒相尚於言語，正猶當家之婦不事饔飧，專鼓唇舌，縱然得勝，豈能肥家？王鳴盛《十七史商榷‧歐法春秋》：「歐不但學《史記》，並往往自負法《春秋》，建安陳師錫序云：『五代距今百餘年，故老垂絕，無能道說者。史官秉筆之士，文采不足以耀無窮，道學不足以繼述作，使五十餘年間廢興存亡之迹、奸臣賊子之罪、忠臣義士之節，不傳於後世，來者無所考焉。惟廬陵歐陽公慨然以自任，潛心累年而後成。其事迹實錄詳於舊記，而褒貶義例仰師《春秋》，由遷、固而來未之有也。』《文集》附《四朝國史本傳》亦稱其法嚴詞約，多取《春秋》遺旨，殆與《史》《漢》相上下。愚謂歐公手筆誠高，學《春秋》卻正是一病。《春秋》出聖人手，義例精深，後人去聖久遠，莫能窺測，豈可妄效？且意主褒貶，將事實壹意刪削，若非舊史復出，幾嘆無徵。師錫反謂舊史使事迹不傳，來者無考，而推歐史為詳於舊，語太偏曲，又何足信哉？」此臣之所深恥也。張舜徽《通志總序平議》：「此所指斥者，乃歐陽修《五

代史記》也。李方叔《師友談記》謂修學《春秋》於胡瑗、孫復，故褒貶謹嚴（《文獻通考》百九十二引）。修亦自言：『昔孔子作《春秋》，因亂世而立法；余為《本紀》，以治法而正亂君。』（《直齋書錄解題》引）以其處處模倣《春秋》義法，以一字寓褒貶。有時模倣太過，甚至文理有不通處。錢大昕云：『歐陽公《五代史》，自謂竊取《春秋》之義，然其病正在乎學《春秋》。如唐《廢帝紀》，清泰三年十一月丁酉，契丹立晉。案《春秋》衛人立晉，晉者，公子晉也；立者，立其人也。此紀石敬瑭事，當云：契丹立石敬瑭為晉帝，方合史例。今乃襲用立晉之文，此《史通》所譏貌同而心異者也。』（《十駕齋養新錄》卷六）此種指責，切中其病痛。歐陽修撰《五代史》，復與宋祁修《唐書》列傳相似，喜用散文改造唐代駢文。有時用字造句，至晦澀而不可通。亦即鄭氏所云『徒相尚於言語』之過也。後于鄭氏而以《春秋》書法寓褒貶之意修史者，則有朱熹之《通鑑綱目》。鄭雖不及見之，而已逆覩其弊矣。大抵文章之士，理學之儒，皆不能與修史之役。歐陽雖以文章名于北宋，而道學意味甚濃，敘述五代史實，慨歎世情，纏綿反覆，幾乎每篇皆用『嗚呼』二字發端，尤人所厭苦也。」

江淹有言：「修史之難，無出於志。」誠以志者憲章之所繫，非老於典故者不能為也，不比紀傳，紀則以年包事，傳則以事繫人，儒學之士皆能為之，惟有志難。其次莫如表，所以范曄、陳壽之徒能為紀傳，而不敢作表、志。《日知錄‧作史不立表志》載朱鶴齡之說曰：「太史公《史記》，帝紀之後即有十表、八書。表以紀治亂興亡之大略，書以紀制度沿革之大端。班固改書為志，而年表視史記加詳焉。蓋表所由立，昉於周之譜牒，與紀、傳相為出入。凡列侯、將相、三公、九卿，其功名表著者，既繫之以傳；此外大臣，無積勞亦無顯過，傳之既不可勝書，而姓名、爵里、存歿、盛衰之迹，要不容以遽泯，則於表乎載之。又其功罪事實，傳中有未悉備者，亦於表乎載之。年經月緯，一覽瞭如。作史體裁，莫大於是，而范書缺焉。使後之學者無以考鏡二百年用人行政之節目，良可歎也。其失始於陳壽《三國志》，而范曄踵之。其後作者又援范書為例，年表皆在所略。（原注：姚思廉梁陳二書、李百藥《北齊書》、令狐德棻《周書》、李延壽《南北史》皆無表志。）不知作史無表，則立傳不得不多。傳愈多，文愈繁，而事迹或反遺漏而不舉。歐陽公知之，故其譔《唐書》，有《宰相表》，有《方鎮表》，有《宗室世系表》《宰相世系表》，始復馬、班之舊云。」張舜徽《通志總序平議》：「非特作表、志難，讀表、志亦難。良以志之為書，事必稽古，辭必數典，非可以空言立論。表之為體，旁行斜上，非經緯分明，無以見意。是以《後漢書》《三國志》《梁書》《陳書》《北齊書》《周書》《南北史》，皆但有紀、傳而無表、志；《宋書》《南齊書》《魏書》《隋書》、新舊《五代史》，

則但有志而無表；宜鄭氏言之有餘慨也。讀史者亦貪紀、傳易於理解，而畏表、志難於爬梳。故每讀一史，紀、傳幾可成誦，而表、志多未寓目。甚者徒歆慕紀、傳文辭之美，流於為學文而讀史，離乎史學固已遠矣。」

　　志之大原起於《爾雅》，章學誠《文史通義・永清縣志六書例議》：「鄭樵嘗謂書志之原，出於《爾雅》。彼固特著《六書》《七音》《昆蟲草木》之屬，欲使經史相為經緯，此則自成一家之言可也。若論制作，備乎官《禮》，則其所謂《六書》《七音》，名物訓詁，皆本司徒之屬，所謂師氏保氏之官，是其職矣。而大經大法，所以綱紀天人而敷張王道者，《爾雅》之義，何足以盡之？官《禮》之義，大則書志，不得繫之《爾雅》，其理易見者也。」**司馬遷曰書，班固曰志，蔡邕曰意，華嶠曰典，張勃曰錄，何法盛曰說，餘史并承班固，謂之志**，劉知幾《史通・書志》：「原夫司馬遷曰書，班固曰志，蔡邕曰意，華嶠曰典，張勃曰錄，何法盛曰說。名目雖異，體統不殊。亦猶楚謂之《檮杌》，晉謂之《乘》，魯謂之《春秋》，其義一也。於其編目，則有前曰《平准》，後云《食貨》；古號《河渠》，今稱《溝洫》；析《郊祀》為《宗廟》，分《禮樂》為《威儀》；《懸象》出於《天文》，《郡國》生於《地理》。如斯變革，不可勝計，或名非而物是，或小異而大同。但作者愛奇，恥於仍舊，必尋源討本，其歸一揆也。」**皆詳於浮言，略於事實**，《通志二十略・藝文略第三》：「臣按，《隋志》極有倫類，而本末兼明，惟《晉志》可以無憾，遷、固以來，皆不及也。正為班、馬只事虛言，不求典故實迹，所以三代紀綱，至遷八書，固十志，幾於絕緒，雖其文彩灑然可喜，求其實用則無有也。」**不足以盡《爾雅》之義**。張舜徽《通志總序平議》：「《爾雅》之為書，首三篇專釋故訓。自《釋親》以下十六篇，則備詳六親九族之禮，多識鳥獸草木之名，遠而天地山川，近而宮室器用，庶物畢載，人事悉顯。總括萬殊，而皆以類相從，因物為號，蓋類書之始也。鄭氏謂志之大原起於《爾雅》，是已。劉知幾謂『刑法禮樂，風土山川，求諸文籍，出於《三禮》』(《史通・書志》)。章學誠亦言『書、志之原，蓋出官禮』(《亳州志・掌故例議上》)。揆之其實，皆不然也。《三禮》之為書，《周禮》為官名總簿，《儀禮》乃繁文綜錄，《禮記》則論說之文耳。史部書、志，究何所承乎？故知鄭言為不可廢。」

　　臣今總天下之大學術，而條其綱目，名之曰「略」。《通志二十略・氏族略第一》：「諸史通謂之志。然志者古史之名，今改曰略，略者舉其大綱云。」**凡二十略，百代之憲章，學者之能事，盡於此矣。其五略，漢唐諸儒所得而聞；其十五略，漢唐諸儒所不得而聞也。**《四庫全書總目・通志二百卷》：「其平生之精力，全帙之菁華，惟在二十略而已。一曰氏族，二曰六書，三曰七音、

四曰天文，五曰地理，六曰都邑，七曰禮，八曰諡，九曰器服，十曰樂，十一曰職官，十二曰選舉，十三曰刑法，十四曰食貨，十五曰藝文，十六曰校讎，十七曰圖譜，十八曰金石，十九曰災祥，二十曰草本昆蟲。其《氏族》《六書》《七音》《都邑》《草木昆蟲》五略，為舊史之所無。案《史通·書志篇》曰：『可以為志者，其道有三：一曰都邑志，二曰氏族志，三曰方物志。』樵增《氏族》《都邑》《草木昆蟲》三略，蓋竊據是文。至於《六書》《七音》，乃小學之支流，非史家之本義，矜奇炫博，泛濫及之，此於例為無所取矣。餘十五略雖皆舊史所有，然《諡》與《器服》乃禮之子目，《校讎》《圖譜》《金石》乃藝文之子目，析為別類，不亦冗且碎乎。且《氏族略》多挂漏，《六書略》多穿鑿，《天文略》祇載丹元子《步天歌》，《地理略》則全鈔杜佑《通典·州郡總序》一篇，前雖列水道數行，僅雜取《漢書·地理志》及《水經注》數十則，即《禹貢》山川亦未能一一詳載。《諡略》則別立數門，而沈約、扈琛諸家之諡法悉刪不錄，即《唐會要》所載『杲』字諸諡亦並漏之。《器服略》，器則所載尊彝爵觶之制，制既不詳，又與《金石略》複出；服則全鈔杜佑《通典》之《嘉禮》。其《禮》《樂》《職官》《食貨》《選舉》《刑法》六略，亦但刪錄《通典》，無所辨證。至《職官略》中以《通典》註所引之典故，悉改為案語大書，更為草率矣。《藝文略》則分門太繁，又韓愈《論語解》，《論語》類前後兩出，張弧《素履子》，儒家道家兩出，劉安《淮南子》，道家雜家兩出，荊浩《筆法記》乃論畫之語，而列於法書類，《吳興人物志》《河西人物志》乃傳記之流，而列於名家類，段成式之《玉格》乃《酉陽雜俎》之一篇，而列於寶器類，尤為荒謬。《金石略》則鐘鼎碑碣，核以《博古》《考古》二圖，《集古》《金石》二錄，脫略至十之七八。《災祥略》則悉鈔諸史《五行志》。《草木昆蟲略》則并《詩經》《爾雅》之註疏亦未能詳核。蓋宋人以義理相高，於考證之學罕能留意，樵恃其該洽，睥睨一世，諒無人起而難之，故高視闊步，不復詳檢，遂不能一一精密，致後人多所譏彈也。特其採摭既已浩博，議論亦多警闢，雖純駁互見，而瑕不掩瑜，究非游談無根者可及，至今資為考鏡，與杜佑、馬端臨書並稱『三通』，亦有以焉。」

生民之本在於姓氏，帝王之制各有區分。男子稱氏，所以別貴賤；女子稱姓，所以別婚姻，不相紊濫。秦并六國，姓氏混而為一，錢大昕《十駕齋養新錄附餘錄·姓氏》：「三代以前有天下者，皆先聖之後，封爵相承，遠有代序，眾皆知其得姓受氏之由。虞姚、夏姒、殷子、周姬，百世而婚姻不通。小史奠繫世，序昭穆，實掌其事，不可紊也。戰國分爭，氏族之學久廢不講。秦滅六雄，廢封建，雖公族亦無議貴之律。匹夫編戶知有氏不知有姓久矣。漢高帝起於布

衣，太公以上名字且無可考，況能知其族姓所出耶？故項伯、婁敬，賜姓劉氏。娥姁為皇后，亦不言何姓。以氏為姓，遂為一代之制，而後世莫能改焉。」**自漢至唐，歷世有其書，而皆不能明姓氏。**《通志二十略・氏族略第一・氏族序》：「姓氏之學，最盛於唐，而國姓無定論。林寶作《元和姓纂》，而自姓不知所由來。漢有《鄧氏官譜》，應劭有《氏族篇》，又有潁川太守聊氏《萬姓譜》。魏立九品，置中正，州大中正主簿，郡中正功曹，各有簿狀，以備選舉。晉、宋、齊、梁因之。故晉散騎常侍賈弼、太保王弘、齊衛將軍王儉、梁北中郎諮議參軍知撰譜事王僧孺之徒，各有《百家譜》，徐勉又有《百官譜》。宋何承天撰《姓苑》，與後魏《河南官氏志》，此二書尤為姓氏家所宗。唐太宗命諸儒撰《氏族志》一百卷，柳沖撰《大唐姓系錄》二百卷，路淳有《衣冠譜》，韋述有《開元譜》，柳芳有《永泰譜》，柳璨有《韻略》，張九齡有《韻譜》，林寶有《姓纂》，邵思有《姓解》。」**原此一家之學，倡於左氏，因生賜姓，胙土命氏，又以字、以諡、以官、以邑命氏，邑亦土也，左氏所言，惟茲五者。**《左傳・隱公八年》：「無駭卒，羽父請諡與族。公問族於眾仲。眾仲對曰：『天子建德，因生以賜姓，胙之土而命之氏。諸侯以字為諡，因以為族。官有世功，則有官族。邑亦如之。』公命以字為展氏。」杜注：「立有德以為諸侯。因其所由生以賜姓，謂若舜由媯汭，故陳為媯姓。報之以土而命氏曰陳。諸侯位卑不得賜姓，故其臣因氏其王父字。或使即先人之諡稱以為族。則有官族，邑亦如之，謂取其舊官舊邑之稱以為族，皆稟之時君。諸侯之子為公子，公子之子為公孫，公孫之子以王父字為氏。無駭，公子展之孫，故為展氏。」**臣今所推，有三十二類，左氏不得而聞，故作《氏族略》。**張舜徽《通志總序平議》：「鄭氏推尋氏族演變之迹，歸納為三十二類。……依類以求，綜錄頗備，前此所未有也。然上溯之漢人書中，如《風俗通・氏姓篇》，已言「或氏於號，或氏於諡，或氏於爵，或氏於國，或氏於官，或氏於字，或氏於居，或氏於事，或氏於職」（《太平御覽》卷三六二引）。則於左氏所言五者之外，早有補充，鄭氏特沿舊說而益推廣之耳。」

　　書契之本，見於文字，獨體為文，合體為字。文有子母，主類為母，從類為子。《通志二十略・六書略第五・論子母所自》：「或曰：作文之始，其實一也，何以成母？何以成子？曰：顯成母，隱成子。近成母，遠成子。約成母，滋成子。同成母，獨成子。用成母，不用成子。得勢成母，不得勢成子。」**凡為字書者皆不識子母，文字之本出於六書：象形、指事，文也；會意、諧聲、轉注，字也；假借者，文與字也。原此一家之學，亦倡於左氏。然止戈為**

武，語出《春秋左傳會箋·宣公十二年》。箋曰：「獨體為文，合體為字。獨體於六書為指事，為象形。合體於六書為會意，會意者合二體而為一字，即因字生義者也，故《說文》斷武字為會意。其《自敘》云：『會意者比類合誼，以見指撝，武信是也。』獨舉武信二字以見例，則從戈亡聲之說非古也。止與戈皆象形，合二象形為一會意。在異部則如日月為明之類，在同部則如戈甲為戎，人持戈為戍之類。止戈而不用，武之至者也，故曰定功戢兵。」**不識諧聲，反正為乏**，語出《春秋左傳正義·宣公十五年》。正義曰：「許慎《說文序》云：『蒼頡之初作書，蓋依類象形，謂之文，其後形聲相益，謂之字。文者物象之本，字者孳乳而生。』是文謂之字也，制字之體。『文反正為乏』，服虔云：『言人反正者，皆乏絕之道也。人反德則妖災生，妖災生則國滅亡，是乏絕之道也。』」**又昧象形，左氏既不別其源，後人何能別其流？是致小學一家，皆成鹵莽。經旨不明，穿鑿蠭起，盡由於此。臣於是驅天下文字，盡歸六書，軍律既明，士乃用命，故作《六書略》。** 張舜徽《通志總序平議》：「鄭氏解說六書，不必盡是。而辨析獨體為文，合體為字，與夫象形、指事之別，則甚明白。《六書略》中如謂形可象者曰象形，非形不可象者，指其事曰指事。又分象形為十種：有天地之形，有山川之形，有井邑之形，有艸木之形，有人物之形，有鳥獸之形，有蟲魚之形，有鬼物之形，有器用之形，有服飾之形。即此分別門類，已足啟示後人研究文字之法。王筠《說文釋例》與《文字蒙求》，分析象形、指事最為清晰，實多得之鄭氏。」

　　天籟之本，自成經緯，縱有四聲以成經，橫有七音以成緯。《通志二十略·藝文略·音韻》：「中華之韻，只彈四聲，然有聲有音，聲為經，音為緯。平、上、去、入者，四聲也，其體縱，故為經。宮、商、角、徵、羽、半徵、半商，七音也，其體橫，故為緯。經緯錯綜，然後成文。」**皇頡制字**，許慎《說文解字敘》：「黃帝之史倉頡，見鳥獸蹄迒之迹，知分理之可相別異也，初造書契。」**深達此機，江左四聲，反沒其旨。**《南齊書·陸厥傳》：「永明末，盛為文章。吳興沈約、陳郡謝朓、琅邪王融以氣類相推轂。汝南周顒善識聲韻。約等文皆用宮商，以平上去入為四聲，以此制韻，不可增減，世呼為『永明體』。」**凡為韻書者，皆有經無緯。字書眼學，韻書耳學，眼學以母為主，耳學以子為主，母主形，子主聲，二家俱失所主。**《通志二十略·六書略第五·論子母》：「母主形，子主聲。《說文》眼學，眼見之則成類，耳聽之則不成類。廣韻耳學，耳聽之則成類，眼見之則不成類。故《說文》主母而役子，《廣韻》主子而率母。《說文》形也，禮也，《廣韻》聲也，樂也。《說文》以母統子，《廣韻》以子該母。臣舊作象類書，總三

百三十母，為形之主，八百七十子，為聲之主，合千二百文而成無窮之字。許氏作《說文》，定五百四十類為字之母。然母能生而子不能生，今《說文》誤以子為母者二百十類。」今欲明七音之本，擴六合之情，然後能宣仲尼之教，以及人間之俗，使裔夷之俘皆知禮義，故作《七音略》。張舜徽《通志總序平議》：「四聲，謂平上去入；七音，謂宮（喉音）商（齒頭、正齒）角（牙音）徵（舌頭、舌上）羽（重脣、輕脣）半徵（半舌）半商（半齒）也。四聲者，疊韻之事；七音者，雙聲之事。聲韻合而成音，所謂天籟之本，自成經緯也。有疊韻而後人因有二百六部，有雙聲而後人因有三十六母。雙聲之理，關繫于造字用字之理為尤弘。故鄭氏於《六書略》之後，繼之以《七音略》。」

天文之家，在於圖象，民事必本于時，時序必本于天。為《天文志》者，有義無象，莫能知天。《通志·圖譜略·明用》：「人生覆載之間，而不知天文、地里，此學者之大患也。在天成象，在地成形，星辰之次舍，日月之往來，非圖無以見天之象。山川之紀，夷夏之分，非圖無以見地之形。天官有書，書不可以仰觀，地里有志，志不可以俯察，故曰天文地里，無圖有書，不可用也。」臣今取隋丹元子《步天歌》，《清史稿·天文志》：「隋丹元子作《步天歌》，敘三垣二十八宿，共一千四百六十七星，為觀象之津梁。」句中有圖，言下成象，靈臺所用，可以仰觀，不取《甘石》本經惑人以妖妄，錢大昕《潛研堂文集·跋星經》：「甘、石書不見於班史，阮孝緒《七錄》云：『甘公有《天文星占》八卷，石申有《天文》八卷。』今皆不可見矣。世所傳《星經》乃後人偽託，采晉、隋二志之文成之，詞意淺近，非先秦書也。予嘗謂史公《天官書》古奧，自成一種文字，此必出於甘、石之傳，非龍門所能自造。後之言天象者，舍《史》《漢》而別求甘、石之經，是棄周鼎而求康瓠矣。明人刻《漢魏叢書》，題云漢甘公、石申撰，尤為謬妄。史公稱齊有甘公，魏有石申，皆在戰國時，非漢人也。」速人於罪累，故作《天文略》。張舜徽《通志總序平議》：「舊傳丹元子《步天歌》，依三垣、二十八宿躔次位列，綴成七字為句之歌括。學者默誦歌辭，即可仰觀天象。誠如鄭氏所云：『長誦一句，凝目一星。不三數夜，一天星斗，盡在胸中。』（《天文略序》）故昔人重之，非偶然也（《史記·天官書》）。多用甘、石《星經》。阮孝緒《七錄》云：『甘公，楚人，作《天文星占》八卷；石申，魏人，作《天文》八卷。』（《史記正義》引）然不見于《漢志》，故論者疑世所傳《星經》，乃後人偽託晉隋二《志》之文成之。辭旨淺近，非先秦書（錢大昕有此說）。鄭氏棄而不取，可謂有識。」

地理之家，在於封圻，而封圻之要，在於山川。《禹貢》九州皆以

山川定其經界，《書集傳·禹貢》：「禹敷土，隨山刊木，奠高山大川。」蔡沈曰：
「敷，分也。分別土地以為九州也。奠，定也。定高山大川以別州境也。若究之濟、
河，青之海岱，揚之淮海，雍之黑水、西河，荊之荊、衡，徐之岱、淮，豫之荊、河，
梁之華陽、黑水是也。方洪水橫流，不辨區域。禹分九州之地，隨山之勢，相其便宜，
斬木通道以治之。又定其山之高者，與其川之大者，以為之紀綱。」**九州有時而移，
山川千古不易，是故《禹貢》之圖，至今可別。班固《地理》主於郡國，
無所底止，雖有其書，不如無也。後之史氏正以方隅郡國併遷，方隅顛
錯，皆因司馬遷無《地理書》，班固為之創始，致此一家俱成謬舉。臣
今準《禹貢》之書而理川源，本《開元十道圖》以續今古，**《通志二十略·
地里略·開元十道圖》：「唐《開元十道圖》，其山川之所分，貢賦之所出，得《禹貢》
別州任土之制，遠不畔古，近不違令，載之《六典》，為可書也。」**故作《地理略》。**
張舜徽《通志總序平議》：「鄭氏言地理，主於山川。以為『州縣之設，有時而更；山
川之形，千古不易。所以《禹貢》分州，必以山川定經界。使兗州可移，而濟河之兗
不能移。使梁州可遷，而華陽黑水之梁不能遷。是故《禹貢》為萬世不易之書』（《地
理略序》）。其說是也。《漢書·地理志》雖以郡國為主，然其『考迹《詩》《書》，推
表山川』（《地理志》中語）；『略表山川，彰其剖判』（《敘傳》中語）；亦何嘗專言郡
國？鄭氏蓋以後世志地理者，專言郡國，列出於班，故不得不劇論固耳。」

　　都邑之本，金湯之業，《漢書·蒯通》：「皆為金城湯池，不可攻也。」師古
曰：「金以喻堅，湯喻沸熱不可近。」**史氏不書，黃圖難考。**亦稱《三輔黃圖》。
《隋書·經籍志》：「《黃圖》一卷，記三輔宮觀、陵廟、明堂、辟雍、郊畤等事。」
《四庫全書總目》：「其書皆記長安古蹟，間及周代靈臺、靈囿諸事。然以漢為主，
亦間及河間曰華宮、梁曜華宮諸事，而以京師為主，故稱《三輔黃圖》。三輔者，顏
師古《漢書註》謂長安以東為京兆，以北為左馮翊，渭城以西為右扶風也。」**臣上
稽三皇五帝之形勢，遠探四夷八蠻之巢穴，仍以梁汴者四朝舊都，**指後
晉、後漢、後周與北宋。**為痛定之戒，南陽者疑若可為中原之新宅，**《新唐
書·朱朴》載議遷都曰：「古王者不常厥居，皆觀天地興衰，隨時制事。關中，隋家
所都，我實因之，凡三百藏，文物資貨，奢侈僭偽皆極焉；廣明巨盜陷覆宮闕，局
署帑藏，里閈井肆，所存十二，比幸石門、華陰，十二之中又亡八九，高祖、太宗
之制蕩然矣。夫襄、鄧之西，夷漫數百里，其東，漢興、鳳林為之關，南，菊潭環屈
而流屬於漢，西有上洛重山之險，北有白崖聯絡，乃形勝之地，沃衍之墟。若廣浚
漕渠，運天下之財，可使大集。自古中興之君，去已衰之衰，就未王而王。今南陽，

漢光武雖起而未王也。臣視山河壯麗處多，故都已盛而衰，難可興已；江南土薄水淺，人心囂浮輕巧，不可以都；河北土厚水深，人心彊愎狠戾，不可以都。惟襄、鄧實惟中原，人心質良，去秦咫尺，而有上洛為之限，永無夷狄侵軼之虞，此建都之極選也。」**故作《都邑略》。**張舜徽《通志總序平議》：「《史通·書志篇》謂正史之中，都邑可以為志。此議創始於劉，而鄭氏因之作《都邑略》。蓋歷代建都之地，為政治文化中心，苟有專篇紀之，自可覘一時之盛衰，考百王之因革。古無今有，亦其宜也。」

諡法一家，國之大典，史氏無其書，奉常失其旨。《漢書·百官公卿表第七上》：「奉常，秦官，掌宗廟禮儀，有丞。景帝中六年更名太常。屬官有太樂、太祝、太宰、太史、太卜、太醫六令丞，又均官、都水兩長丞，又諸廟寢園食官令長丞，有雍太宰、太祝令丞，五時各一尉。又博士及諸陵縣皆屬焉。」應劭曰：「常，典也，掌典三禮也。」師古曰：「太常，王者旌旗也，畫日月焉，王有大事則建以行，禮官主奉持之，故曰奉常也。後改曰太常，尊大之義也。」**周人以諱事神，諡法之所由起也。**《通志二十略·諡略·諡上》：「以諱事神者，周道也。周人卒哭而諱，將葬而諡，有諱則有諡，無諱則諡不立。蓋名不可名已，則後王之語前王，後代之及前代，所以為昭穆之次者，將何以別哉。生有名，死有諡，名乃生者之辨，諡乃死者之辨，初不為善惡也。以諡易名，名尚不敢稱，況可加之以惡乎？非臣子之所安也。」**古之帝王存亡皆用名，自堯、舜、禹、湯至于桀紂，皆名也。**《通志二十略·諡略·諡上》：「古無諡，諡起於周人。羲皇之前，名是，氏亦是，號亦是。至神農氏，則有炎帝之號；軒轅氏，則有黃帝之號，二帝之號雖殊，名氏則一焉。堯曰陶唐，舜曰有虞，禹曰夏后，湯曰殷商，則氏已異於名。堯曰放勳，舜曰重華，禹曰文命，湯曰武王，則號已異於氏。然是時有名號之別者，不過開基之祖耳。夏自啟，商自太甲，皆一名而生死通稱，若其曰祖曰宗，為中為高，則又不可常也。」**周公制禮，不忍名其先君。武王受命之後，乃追諡太王、王季、文王，此諡法所由立也。本無其書，後世偽作《周公諡法》，**《通志二十略·諡略·序論第五》：「諡法行而其說紛紛，其書見於世者，有《周公諡法》，有《春秋諡法》，有《廣諡》，有《今文尚書》，有《大戴記》，有《世本》，有《獨斷》，有劉熙之書，有來奧之書，有沈約之書，有賀琛之書，有王彥威之書，有蘇冕之書，有扈蒙之書，有蘇洵之書。其實皆由漢魏以來儒生取古人之諡而釋以己說，集而為法也。故蘇氏曰：『周公之法，反取賀琛之新法而載之書，是知世之諡法其名尤古者，益非古法也。』今考周公之書所用後人之語甚多，是皆為諡法者展轉相因，言文雜

揉，無足取也。」欲以生前之善惡，為死後之勸懲。且周公之意，既不忍稱其名，豈忍稱其惡？如是，則《春秋》為尊者諱，為親者諱，不可行乎周公矣。此不道之言也。《通志二十略‧謚略‧謚上》：「若曰臣子可以議君父之得失，使有德則謚善，無德則謚惡，大行受大名，細行受細名，行生於己，名生於人，此真不可行之道也。自非伐無道，誅有罪，收其鯨鯢，以為京觀，則安得有惡謚之稱乎！臣以為立謚之意本為昭穆，命謚之義取於尊隆。且生有惡，死無惡者，人之情也。生可簡，死不可簡者，禮之事也。生雖侯伯，死必稱公，生不踰等，死必加等，先王之通制也。豈有稱生之號有隆，而命死之名有虧乎？謚亦有惡，惡謚非所以加君父也。子曰：『父在觀其志，父沒觀其行，三年無改於父之道，可謂孝矣。』不若是，是不當於人心。子議父，臣議君，秦人之所厭而削之也，今先儒之所為謚者，正秦人之論耳，不合乎古道。」幽、厲、桓、靈之字，本無兇義，《謚法》欲名其惡，則引辭以遷就其意。何為皇頡制字，使字與義合，而周公作法，使字與義離？《通志二十略‧謚略‧謚上》：「按謚法，惡謚莫如『桀』、『紂』，其次莫如『桓』、『靈』，其次莫如『幽』、『厲』，此古今之所聞也。以臣所見皆不然，桀、紂是名耳，非謚也。名者，生之所命而非死之所加也。當夏之季，當殷之興，則未有謚，桀非謚也。當殷之季，當周之興，雖有謚法，然得謚為榮，不得謚為辱，名之以紂，辱莫大焉。桀之所名者取於木，猶高柴、公孫枝之所取云耳，豈有賤人多殺之名而可以為名乎？紂之所名者取於絲，猶臧紇、南宮縚之所取云耳，豈有殘義損善之名而可以為名乎？是名也，非己之所更，即父兄之所命也，安得有是義乎？『桓』於經典並無惡義。如『公執桓圭』，桓乃珪璋之首稱；如『桓桓武王』，桓乃果毅之盛德。齊之桓公，用能霸業，周之桓王，元無累行，安得『桓』為惡名乎？『靈』者神聖之異名。周之東也，王綱不振，四方解體，迨夫靈王，周道始昌，諸侯服從。故傳曰：『惟有髭王，甚神聖。』以其生有神聖之德，死則謚之以『靈』，是為名實允當。其曰『請為靈若厲』者，荊蠻不根之論也，安得『靈』為惡名乎？『幽』者隱之並名也。周幽王喪於犬戎之禍，魯隱公卒於羽父之難，皆臣子所不忍言，故以『幽』、『隱』命之，痛惻之甚也，豈有擁遏不通之義乎？語曰：『子溫而厲，威而不猛，恭而安。』『厲』與安並德，故於厲言『而』，猛則異於是，故於猛言『不』。『厲』非惡也，豈有暴虐無親之義乎？厲王過矣，使厲王而有暴虐無親之名，則宣王不得為孝子。幽王過矣，使幽王而受擁遏不通之責，則晉文侯、鄭武公不得為良臣。成周之法，初無惡謚，謚之有惡者，後人之所立也，由有美刺之說行，然後人立惡謚。」臣今所纂，并以一字見義，削去引辭而除其曲說，《通志二十略‧

謚略・後論第一》：「凡蘇氏所取一百六十八謚，三百十一條。臣今只即一文以見義，即文可以見文，不必曰『施而中理曰文』，『經緯天地曰文』。即武可以見武，不必曰『克定禍亂曰武』，『保大定功曰武』。即孝可以見孝，不必曰『慈惠愛親曰孝』，『能養能恭曰孝』。即忠可以見忠，不必曰『盛衰純固曰忠』，『臨患不忘曰忠』。且即文以見義，則文簡而義顯，舍文而從說，則說多而義惑。蘇氏所削為多矣，臣今復削去三百十一條之說，只從百六十八謚而增損焉。實得二百十謚，分而為三，上謚百三十，用於君親，用於君子；下謚六十五，用於殲夷，用於非君子；中謚十四，用於閔傷，用於無後者。」故作《謚略》。張舜徽《通志總序平議》：「古書之言謚法者，莫早於《逸周書・謚法解》。其文有曰：『惟三月既生魄，周公旦、太師望相嗣王發，既賦憲，受臚於牧之野。將葬，乃制作謚。謚者，行之迹也。大行受大名，細行受細名。行出於己，名生於人。』（《逸周書》第五十四）鄭氏言後世偽作周公《謚法》，殆即指此。如其中所謂『壅遏不通曰幽，殺戮無辜曰厲，辟土服遠曰桓，亂而不損曰靈』，即鄭氏所云『幽、厲、桓、靈之字，本無凶義。《謚法》欲名其惡，則引辭以遷就其意』者也。言謚之書，至北宋時，蘇洵撰《皇祐謚法》而集其大成。鄭氏原就蘇書增損，得二百十謚以著於篇。並以一字見義，削去引辭而除其曲說。如《謚法》所謂『施而中理曰文，經緯天地曰文』，鄭則削去引辭，但錄『文』字；所謂『克定禍亂曰武，保大定功曰武』，鄭則削去引辭，但錄『武』字。如此之類，明白易曉，亦條舉大綱之意。」

　　祭器者，古人飲食之器也。今之祭器，出於禮圖，徒務說義，不思適用，形制既乖，豈便歆享。《通志二十略・器服略第一・尊彝爵觶之制》：「臣舊嘗觀釋奠之儀，而見祭器焉，可以觀翫，可以說義，而不可以適用也。夫祭器者，古人適用之器，若內圓而外方，內方而外圓，若之何飲食？若臺而安器，若器而安臺，或盛多而受少，或質輕而任重，若之何持執？以此事神，其不得於古之道明矣。原其制作，蓋本於禮圖。禮圖者，初不見形器，但聚先儒之說而為之，是器也，姑可以說義云耳。」夫制器尚象者，古之道也。《周易注疏・周易繫辭上》：「以制器者尚其象。」正義：「以制器者尚其象者，謂造制形器，法其爻卦之象。若造弧矢，法睽之象；若造杵臼，法小過之象也。」器之大者莫如罍，故取諸雲山；其次莫如尊，故取諸牛象；其次莫如彝，故取諸雞鳳；最小者莫如爵，故取諸雀。其制皆象其形，鑿項及背，以出內酒。《通志二十略・器服略第一・尊彝爵觶之制》：「古人不徒為器也，而皆有所取象，故曰制器尚象。器之大者莫如罍，物之大者莫如山，故象山以制罍，或為大器而刻雲雷之象焉。其次莫如尊，又其次莫如

彝，最小莫如爵，故受升為爵，受二斗為彝，受五斗為尊，受一石為罍。按獸之大者莫如牛象，其次莫如虎蜼，禽之大者則有雞鳳，小則有雀，故制爵象雀，制彝象雞鳳，差大則象虎蜼，制尊象牛，極大則象象。尊罍以盛酒醴，彝以盛明水鬱鬯，爵以為飲器，皆量其器所盛之多寡，而象禽獸賦形之大小焉。」**惟劉杳能知此義，故引魯郡地中所得齊子尾送女器有犧尊，及齊景公冢中所得牛尊、象尊以為證。**《通志二十略·器服略第一·尊彝爵斝之制》：「臣謹按沈約與劉杳論宗廟犧尊，約云：『鄭康成荅張逸，謂為畫鳳凰尾婆娑然，今無復此器，則不依古。』杳曰：『此言未必可按。古者尊彝皆刻木為鳥獸，鑿頂及背以出內酒。魏時，魯郡地中得齊大夫子尾送女器，有犧尊作犧牛形。又晉永嘉中，曹嶷於青州發齊景公冢，得二尊，形亦為牛象。』此古之尊彝為可據也。又按王肅注禮，以犧象二尊並全刻牛象之形，鑿背為尊，其說益可據也。」**其義甚明，世莫能用，故作《器服略》。**張舜徽《通志總序平議》：「古者罍彝尊爵之類，用之生人，為飲食之器；用之死者，則為祭器。祭器敝，則薶之；亦有用為明器以陪葬者；故祭器出土於地下者為最廣。劉杳事，見《梁書·文學傳》。……劉杳依據出土實物，竟駁倒漢代經師之臆說曲解，可謂有識，故鄭氏亟稱道之。惟此《略》亦兼及冠冕、首飾、服章、車輅、旌旗、鹵簿之屬，故總名《器服》，而所該甚廣。此序但言祭器，不及其他，殊嫌疏略耳。」

　　樂以詩為本，詩以聲為用，《通志二十略·樂略第一·祀饗正聲序論》：「仲尼所以為樂者，在詩而已。漢儒不知聲歌之所在，而以義理求詩，別撰樂詩以合樂，殊不知樂以詩為本，詩以雅頌為正。仲尼識雅頌之旨，然後取三百篇以正樂，樂為聲也，不為義也。漢儒謂雅樂之聲世在太樂，樂工能紀其鏗鏘鼓舞，而不能言其義。以臣所見，正不然。有聲斯有義，與其達義不達聲，無寧達聲不達義。若為樂工者，不識鏗鏘鼓舞，但能言其義，可乎？譚河安能止渴，畫餅豈可充飢，無用之言，聖人所不取。」**風土之音曰風，朝廷之音曰雅，宗廟之音曰頌。**《宋元學案補遺·夾漈詩說》：「六義之序，後先次第，聖人初無加損也。風者出于風土，大概小夫賤隸婦人女子之言，其意雖遠，其言淺近重複，故謂之風。雅出于朝廷士大夫，其言純厚典則，其體抑揚頓挫，非復小夫賤隸婦人女子能道者，故曰雅。頌者初無諷誦，惟以鋪張勳德而已，其辭嚴，其聲有節，以示有所尊，故曰頌。」**仲尼編《詩》，為正樂也，以風、雅、頌之歌為燕享、祭祀之樂。**《史記·孔子世家》：「三百五篇，孔子皆弦歌之，以求合《韶》《武》《雅》《頌》之音。禮樂自此可得而述，以備王道，成六藝。」**工歌《鹿鳴》之三，笙吹《南陔》之三，歌間《魚麗》之三，笙間《崇丘》之三：此大合樂之道也。**《儀禮·燕禮》：「工歌《鹿鳴》

《四牡》《皇皇者華》。……笙入，立于縣中，奏《南陔》《白華》《華黍》。……乃閒歌《魚麗》，笙《由庚》，歌《南有嘉魚》，笙《崇丘》，歌《南山有臺》，笙《由儀》。遂歌鄉樂：《周南·關雎》《葛覃》《卷耳》，《召南·鵲巢》《採蘩》《采蘋》。」古者絲竹有譜無辭，所以六笙但存其名，序《詩》之人不知此理，謂之有其義而亡其辭，《通志·樂略》：「《南陔》《白華》《華黍》《崇邱》《由庚》《由儀》，凡六笙之名，當時皆無辭。故簡籍不傳，惟師工以譜奏相授耳。」良由漢立齊、魯、韓、毛四家博士，各以義言詩，遂使聲歌之道日微。《漢書·藝文志》：「《書》曰：『詩言志，歌詠言。』故哀樂之心感，而歌詠之聲發。誦其言謂之詩，詠其聲謂之歌。故古有采詩之官，王者所以觀風俗，知得失，自考正也。孔子純取周詩，上采殷，下取魯，凡三百五篇，遭秦而全者，以其諷誦，不獨在竹帛故也。漢興，魯申公為詩訓故，而齊轅固、燕韓生皆為之傳。或取《春秋》，采雜說，咸非其本義。與不得已，魯最為近之。三家皆列於學官。又有毛公之學，自謂子夏所傳，而河間獻王好之，未得立。」至後漢之末，《詩》三百僅能傳《鹿鳴》《騶虞》《伐檀》《文王》四篇之聲而已。太和末，又失其三。《晉書·樂志》：「杜夔傳舊雅樂四曲，一曰《鹿鳴》，二曰《騶虞》，三曰《伐檀》，四曰《文王》，皆古聲辭。及太和中，左延年改變《騶虞》《伐檀》《文王》三曲，更自作聲節，其名雖存，而聲實異。唯因變《鹿鳴》，全不改易。每正旦大會，太尉奉璧，羣后行禮，東廂雅樂常作者是也。」至于晉室，《鹿鳴》一篇又無傳。《晉書·樂志》：「及晉初，食舉亦用《鹿鳴》。至泰始五年，尚書奏，使太僕傅玄、中書監荀勖、黃門侍郎張華各造正旦行禮及王公上壽酒、食舉樂歌詩。荀勖云：『魏氏行禮、食舉，再取周詩《鹿鳴》以為樂章。又《鹿鳴》以宴嘉賓，無取於朝，考之舊聞，未知所應。』勖乃除《鹿鳴》舊歌，更作行禮詩四篇，先陳三朝朝宗之義。又為正旦大會、王公上壽歌詩並食舉樂歌詩，合十三篇。」自《鹿鳴》不傳，後世不復聞《詩》。然詩者人心之樂也，不以世之興衰而存亡。繼風雅之作者，樂府也。《漢書·禮樂志》：「至武帝定郊祀之禮，祠太一於甘泉，就乾位也；祭后土於汾陰，澤中方丘也。乃立樂府，采詩夜誦，有趙、代、秦、楚之謳。」王士禎《池北偶談》卷十一：「愚謂風雅之後有樂府，如唐詩之後有詞曲，聲聽之變，有所必趨，情辭之遷，有所必至，古樂之不可復久矣。後人之不能漢魏，猶漢魏之不能風雅，勢使然也。」史家不明仲尼之意，棄樂府不收，乃取工伎之作以為志。臣舊作《系聲樂府》，以集漢魏之辭，正為此也。今取篇目以為次，曰《樂府正聲》者，所以明《風》、《雅》；曰《祀享正聲》者，所以明《頌》；又以《琴操》明絲竹，以《遺

聲》準逸詩。《語》曰：「《韶》，盡美矣，又盡善也；《武》，盡美矣，未盡善也。」此仲尼所以正舞也。《韶》即文舞，《武》即武舞，古樂甚希，而文武二舞猶傳於後世，良由有節而無辭，不為義說家所惑，故得全仲尼之意。《通志・樂略・文武舞序論》：「古有六舞，後世所用者，韶、武二舞而已。後世之舞，亦隨代皆有制作，每室各有形容，然究其所常用，及其制作之宜，不離是文、武二舞也。臣疑三代之前，雖有六舞之名，往往其事所用者亦無非是文、武二舞，故孔子謂：『《韶》盡美矣，又盡善也。《武》盡美矣，未盡善也。』不及其他。誠以舞者聲音之形容也，形容之所感發，惟二端而已。自古制治不同，而治具亦不離文、武之事也。然《雲門》《大咸》《大韶》《大夏》《大濩》《大武》，凡六舞之名，《南陔》《白華》《華黍》《崇邱》《由庚》《由儀》，凡六笙之名，當時皆無辭。故簡籍不傳，惟師工以譜奏相授耳。古之樂惟歌詩則有辭，笙舞皆無辭，故《大武之舞》，秦始皇改曰《五行之舞》。《大韶之舞》，漢高帝改曰《文始之舞》。魏文帝復《文始》曰《大韶舞》，《五行舞》曰《大武舞》，並有譜無辭，雖東平王蒼有《武德舞》之歌，未必用之。大抵漢魏之世，舞詩無聞。至晉武帝泰始九年，荀勖曾典樂，更文舞曰《正德》，武舞曰《大豫》，使郭夏、宋識為其舞節，而張華為之樂章。自此以來，舞始有辭，舞而有辭，失古道矣。」**五聲八音十二律者，樂之制也，故作《樂略》。**張舜徽《通志總序平議》：「《墨子・公孟篇》曰：『誦詩三百，弦詩三百，歌詩三百，舞詩三百。』《史記・孔子世家》曰：『三百五篇，孔子皆弦歌之，以合韶武雅頌之音。』而《漢書・食貨志》亦稱：『行人振木鐸徇于路以采詩，獻之太師，比其音律。』然則古詩無不入樂者矣。此即鄭氏之說所本也。顧《禮記・王制》曰：『順先王《詩》《書》《禮》《樂》以造士。春秋教以《禮》《樂》，冬夏教以《詩》《書》。』《經解》曰：『溫柔敦厚，詩教也；廣博易良，樂教也。』是詩之與樂，仍有不同者在。蓋以聲音干戚教人，是樂教也；若以詩辭美刺諷諭教人，是詩教也（義本《禮記・經解》孔《疏》）。觀於孔子言《詩》，既曰：『不學《詩》，無以言』；又曰：『《詩三百》，一言以蔽之曰思無邪』；又曰：『《詩》，可以興，可以觀，可以羣，可以怨』；皆言其義也。故以義言《詩》，不自漢立齊、魯、韓、毛四家博士始矣。故漢興，制氏以雅樂聲律，世在樂官，頗能紀其鏗鏘鼓舞而不能言其義，史則著以為異（詳《漢書・藝文志》）。世在樂官而不能言其義者，即《荀子》所謂『不知其義，謹守其數，父子相傳，以侍王公』者也。降至漢末，即謹守其數者亦已不多。《晉書・樂志》曰：『漢自東京大亂，絕無金石之樂。樂章亡缺，不可復知。及魏武平荊州獲漢雅樂郎河南杜夔，能識舊法，以為軍謀祭酒，使創定雅樂。杜夔傳舊雅樂四曲，一曰《鹿鳴》，二曰《騶虞》，三曰《伐

檀》，四曰《文王》，皆古聲辭。及太和中，左延年改變《騶虞》《伐檀》《文王》三曲，更自作聲節。其名雖存，而聲實異。惟因變《鹿鳴》，全不改易。」迨晉泰始五年，中書監荀勖，又除《鹿鳴》舊歌，更作行禮詩四篇，古樂始亡。並見《晉志》，即鄭氏所本。」

學術之苟且，由源流之不分；《通志二十略·校讎略·編次必謹類例論》：「類例既分，學術自明，以其先後本末具在。觀圖譜者可以知圖譜之所始，觀名數者可以知名數之相承。讖緯之學盛於東都，音韻之書傳於江左，傳注起於漢、魏，義疏成於隋、唐，覿其書可以知其學之源流。或舊無其書而有其學者，是為新出之學，非古道也。」**書籍之散亡，由編次之無紀。**《通志二十略·校讎略·編次必謹類例論》：「學之不專者，為書之不明也。書之不明者，為類例之不分也。有專門之書則有專門之學，有專門之學則有世守之能。人守其學，學守其書，書守其類，人有存沒而學不息，世有變故而書不亡。以今之書校古之書，百無一存，其故何哉？士卒之亡者，由部伍之法不明也。書籍之亡者，由類例之法不分也。類例分則百家九流各有條理，雖亡而不能亡也。巫醫之學亦經存沒而學不息，釋老之書亦經變故而書常存。觀漢之《易》書甚多，今不傳，惟卜筮之《易》傳。法家之書亦多，今不傳，惟釋老之書傳。彼異端之學能全其書者，專之謂矣。」**《易》雖一書，而有十六種學：有傳學，有注學，有章句學，有圖學，有數學，有讖緯學，安得總言《易》類乎？《詩》雖一書，而有十二種學：有詁訓學，有傳學，有注學，有圖學，有譜學，有名物學，安得總言《詩》類乎？道家則有道書，有道經，有科儀，有符籙，有吐納內丹，有爐火外丹，凡二十五種皆道家，而渾為一家可乎？醫方則有脈經，有灸經，有本草，有方書，有炮炙，有病源，有婦人，有小兒，凡二十六種皆醫家，而渾為一家可乎？**《通志二十略·校讎略·編次必謹類例論》：「《易》本一類也，以數不可合於圖，圖不可合於音，讖緯不可合於傳注，故分為十六種。《詩》本一類也，以圖不可合於音，音不可合於譜，名物不可合於詁訓，故分為十二種。《禮》雖一類而有七種，以《儀禮》雜於《周官》可乎？《春秋》雖一類而有五家，以啖、趙雜於《公》《穀》可乎？樂雖主於音聲，而歌曲與管絃異事。小學雖主於文字，而字書與韻書背馳。編年一家而有先後，文集一家而有合離。日月星辰豈可與風雲氣候同為天文之學？三命元辰豈可與九宮太一同為五行之書？以此觀之，《七略》所分，自為苟簡，四庫所部，無乃荒唐。」**故作《藝文略》。**張舜徽《通志總序平議》：「《隋書·經籍志·簿錄類論》曰：『古者史官既司典籍，蓋有目錄以為綱紀，體制堙滅，

不可復知。孔子刪《書》，別為之序，各陳作者所由，韓、毛二《詩》亦皆相類。漢時劉向《別錄》、劉歆《七略》，剖析條流，各有其部。推尋事迹，疑則古之制也。自是之後，不能辨其流別，但記書名而已。」此言簿錄羣書，必賴有序釋而後可考鏡得失也。然書目之體，亦有三途。自向、歆《錄》《略》，下逮荀勖、王堯臣等，皆因校書而敍目錄，此朝廷官簿也。班氏刪《七略》以入《漢書》，為《藝文志》，歷代史志因之，此史家著錄也。若晁、陳之總錄家藏，各歸部類，則私家之書目耳。三者義例雖近，而為用殊。班氏修《藝文志》時，所以毅然刪去《七略》解題而不顧者，誠以史之為書，包羅甚廣，《藝文》特其一篇，勢不得不翦汰煩辭，但記書名而已（《漢志》著錄之書，多於《七略》，而為書祇一卷。《隋志》載《七略》單本，為書七卷。可知其書名之下，皆有簡略解題以釋之）。若夫朝廷官簿與私家目錄，意在條別源流，考正得失。其所營為，既為專門之事；其所論述，則成專門之書。考釋務致其詳，亦勢所能為。劉、班二家編目之職志既有不同，則體制亦無由強合。鄭氏深明修史之不同於他書，故獨遵班例，不為序釋，其識已卓。論者或援《隋志》之言以詆斥之，非也。」

　　冊府之藏，不患無書，校讎之司，《文選·魏都賦》李善注引劉向《別錄》：「讎校：一人讀書，校其上下，得謬誤為校。一人持本，一人讀書，若怨家相對為讎。」**未聞其法，欲三館無素餐之人，**三館曰昭文館、史館、集賢院。**四庫無蠹魚之簡，千章萬卷，日見流通，故作《校讎略》。**張舜徽《通志總序平議》：「校讎之名，雖昉於劉向校書之時。而其成為專門之學，則實始鄭氏。鄭氏此《略》雖簡，舉凡儒學之興廢，編次之類例，書籍之存亡，求書之方法，則言之甚悉。雖然，前賢造端，亦僅發凡而已。至於揚榷利弊，剖析以窮根原，固仍有待於後人之補苴也。」

　　河出圖，天地有自然之象，圖譜之學由此而興；洛出書，天地有自然之文，書籍之學由此而出。圖成經，書成緯，一經一緯，錯綜而成文。古之學者，左圖右書，不可偏廢。劉氏作《七略》，《漢書·藝文志第十》：「漢興，改秦之敗，大收篇籍，廣開獻書之路。迄孝武世，書缺簡脫，禮壞樂崩，聖上喟然而稱曰：『朕甚閔焉！』於是建藏書之策，置寫書之官，下及諸子傳說，皆充祕府。至成帝時，以書頗散亡，使謁者陳農求遺書於天下。詔光祿大夫劉向校經傳諸子詩賦，步兵校尉任宏校兵書，太史令尹咸校數術，侍醫李柱國校方技。每一書已，向輒條其篇目，撮其指意，錄而奏之。會向卒，哀帝復使向子侍中奉車都尉歆卒父業。歆於是總羣書而奏其《七略》，故有《輯略》，有《六藝略》，有《諸子略》，有《詩賦略》，有《兵書略》，有《術數略》，有《方技略》。今刪其要，以備篇籍。」**收書不**

收圖，班固即其書為《藝文志》，《通志二十略·圖譜略》：「漢初典籍無紀，劉氏創意，總括群書，分為七略，只收書，不收圖，藝文之目，遞相因習，故天祿、蘭臺，三館四庫，內外之藏，但聞有書而已。蕭何之圖，自此委地。後之人將慕劉班之不暇，故圖消而書日盛。惟任宏校兵書，一類分為四種，有書五十三家，有圖四十三卷，載在《七略》，獨異於他。」自此以還，圖譜日亡，書籍日冗，所以困後學而隳良材者，皆由於此，何哉？即圖而求易，即書而求難，舍易從難，成功者少。《通志二十略·圖譜略》：「圖至約也，書至博也，即圖而求易，即書而求難。古之學者為學有要，置圖於左，置書於右，索象於圖，索理於書，故人亦易為學，學亦易為功，舉而措之，如執左契。後之學者離圖即書，尚辭務說，故人亦難為學，學亦難為功，雖平日胸中有千章萬卷，及真之行事之間，則茫茫然不知所向。秦人雖棄儒學，亦未嘗棄圖書，誠以為國之具，不可一日無也。蕭何知取天下易，守天下難，當眾人爭取之時，何則入咸陽先取秦圖書以為守計。一旦干戈既定，文物悉張，故蕭何定律令而刑罰清，韓信申軍法而號令明，張蒼定章程而典故有倫，叔孫通制禮儀而名分有別。且高祖以馬上得之，一時間武夫役徒，知《詩》《書》為何物？而此數公又非老師宿儒博通古今者，若非圖書有在，指掌可明見，則一代之典未易舉也。然是時挾書之律未除，屋壁之藏不啟，所謂書者有幾？無非按圖之效也。後世書籍既多，儒生接武，及乎議一典禮，有如聚訟，玩歲愒日，紛紛紜紜，縱有所獲，披一斛而得一粒，所得不償勞矣。」臣乃立為二記：一曰記有，記今之所有者，不可不聚；二曰記無，記今之所無者，不可不求。故作《圖譜略》。張舜徽《通志總序平議》：「圖書二字連稱，則圖與書宜並重。鄭氏亟言圖之為用甚弘，其識甚卓。《圖譜略·明用篇》有曰：『今總天下之書，古今之學術，而條其所以為圖譜之用者十有六：一曰天文，二曰地理，三曰宮室，四曰器用，五曰車旂，六曰衣裳，七曰壇兆，八曰都邑，九曰城築，十曰田里，十一曰會計，十二曰法制，十三曰班爵，十四曰古今，十五曰名物，十六曰書。凡此十六類，有書無圖，不可用也。』此言可謂概括得要矣。後世治水道者，為《水經注圖》；治禮經者，為《羣經宮室圖》；治器物者，為《考工記圖》；而《本草綱目》尤以圖多取勝，皆鄭氏此論有以啟之。」

　　方冊者，古人之言語；款識者，古人之面貌。《漢書·郊祀志》：「汾陰巫錦為民祠魏脽后土營旁，見地如鈎狀，掊視得鼎。鼎大異於眾鼎，文鏤無款識。」韋昭曰：「款，刻也。」師古曰：「識，記也。」方冊所載，經數千萬傳，款識所勒，猶存其舊。蓋金石之功，寒暑不變，以茲稽古，庶不失真。今藝文有志，而金石無紀，臣於是采三皇五帝之泉幣，三王之鼎彝，秦人石

鼓，《通志二十略・金石略》：「石鼓文。秦。鳳翔府。宣和間移置東宮。臣有《石鼓辨》，明為秦篆。」**漢魏豐碑，上自蒼頡石室之文，**《通志二十略・金石略》：「蒼頡《石室記》有二十八字，在蒼頡北海墓中，土人呼為藏書室。周時自無人識，逮秦李斯始識八字，曰『上天作命皇辟迭王』。漢叔孫通識十二字。」**下逮唐人之書，各列其人而名其地，故作《金石略》。**張舜徽《通志總序平議》：「金石考證，雖歐陽修《集古錄》、趙明誠《金石錄》已發其端，而綜錄歷代金石之目，列入史志，與藝文並重，則固自鄭氏始也。徒以此《略》僅史志之一篇，不可過長以豐卷帙，故但錄其目，而不可一一為之考釋。此又與《藝文略》之但錄書名，為例正同。清乾嘉時，王昶推廣其體，纂成《金石萃編》一百六十卷。綜錄歷代金石文字，臨摹原物，考釋詳明。其所營為，既屬專門之事；其所論述，則成專門之書。考釋不厭其詳，亦勢所能為。固未可執後起詳贍之編，以上議鄭氏《金石略》之簡也。」

《洪範五行傳》者，巫瞽之學也，歷代史官皆本之以作《五行志》。天地之閒，災祥萬種，人閒禍福，冥不可知，若之何一蟲之妖，一物之戾，皆繩之以五行？陳慶年《漢五行志書後》：「《五行志》推往占來，後儒所指為附會牽就者，是誠有之。然其以災異為陳善閉邪之用，立省災勤德之防，雖聖人無以易之也。董仲舒之言曰：『國家將有失道之敗，天乃先出災害以譴告之，以此見天心之仁愛人君，欲止其亂也。』其言可謂深切，而其意亦可謂大醇者矣。後儒議其說之鑿，而不思其意之純；祇其學之妖，而不思其功之大。班氏乃能廣記備言，以存其說，閎識博懷，於斯可見。吾於是志而知天之陰陽，國之治亂吉凶之朕兆，經說之家法，皆於是乎在。默存而心歷之，郁郁之文，其可睹也；淵淵之藏，莫能罄也。如劉知幾、鄭夾漈皆掇其小尤，忘其閎美，慶年不敢附和矣。」**又若之何晉厲公一視之遠，周單子一言之徐，而能關於五行之沴乎？晉申生一衣之偏，而能關於五行之沴乎？董仲舒以陰陽之學倡為此說，本於《春秋》，牽合附會。**《漢書・五行志第七上》：「漢興，承秦滅學之後，景、武之世，董仲舒治《公羊春秋》，始推陰陽，為儒者宗。」**歷世史官自愚其心目，俛首以受籠罩而欺天下，臣故削去五行而作《災祥略》。**張舜徽《通志總序平議》：「鄭氏直詆《洪範五行傳》為巫瞽之學，又指斥五行之謬妄，可謂有識！《漢書・五行志》曰：『凡草木之類謂之妖。妖猶夭胎，言尚微。蟲豸之類謂之孽。孽則牙孽矣。氣相傷謂之沴。沴，言臨莅不如意也。』鄭氏所云『一蟲之妖，一物之戾』，即《志》中所謂妖孽兩類。鄭氏因摘舉漢儒說《春秋》災異之無當以深斥之。若《春秋》昭公二十五年書鸜鵒來巢，《志》以為木沴金。僖公三十三年，十二月李梅實，

《志》以為金沴木。皆其事也。至於晉厲公視遠步高，單襄公謂晉將有亂，見成公十六年《左傳》；單子視下言徐，叔向謂其將死，見昭公十一年《左傳》；晉獻公使太子申生帥師，衣之偏衣，狐突諸人謂尨涼冬殺，命可知也，見閔公二年《左傳》；鄭子臧好聚鷸冠，鄭文公惡之，使盜殺之，見僖公二十四年《左傳》。《志》則以為貌之不恭，時則有服妖，唯金沴水。此皆牽合附會，以欺天下，鄭氏以作俑之罪，歸諸董仲舒，可謂擒賊得其王矣。自王充、應劭不信五行，至劉知幾抨擊尤烈，皆昔人之不受籠罩者。鄭氏益大聲疾呼以攻其謬妄，有裨於明學正俗尤大也。」

語言之理易推，名物之狀難識，鄭樵《寄方禮部書》：「凡書所言者，人情事理可即己意而求，董遇所謂讀百遍理自見也。乃若天文、地理、車輿、器服、草木、蟲魚、鳥獸之名，不學問，雖讀千迴萬復，亦無由識也。奈何後之淺鮮家只務說人情物理，至於學之所不識者，反沒其真。遇天文則曰此星名；遇地理則曰此地名、此山名、此水名；遇草木則曰此草名、此木名；遇蟲魚則曰此蟲名、此魚名；遇鳥獸則曰此鳥名、此獸名。更不言是何狀星、何地、何山、何水、何草、何木、何蟲、何魚、何鳥、何獸也。縱有言者，亦不過引《爾雅》以為據耳，其實未曾識也。」農圃之人識田野之物而不達詩書之旨，儒生達詩書之旨而不識田野之物。五方之名本殊，萬物之形不一，必廣覽動植，洞見幽潛，通鳥獸之情狀，察草木之精神，然後參之載籍，明其品彙，故作《昆蟲草木略》。張舜徽《通志總序平議》：「《昆蟲草木略》云：『臣結茅夾漈山中，不問飛潛動植，皆欲究其情性。已得鳥獸草木之真，然後傳《詩》。已得詩人之興，然後釋《爾雅》。今作《昆蟲草木略》，為之會同。』又云：『物之難明，為名之難明。名之難明，謂五方之名既已不同，而古今之言亦自差別，是以此書尤詳其名焉。』此種實際考察研究之精神，信非死守書本之儒生所能及。其以昆蟲草木錄入史志，又前此所未有也。」

凡十五略，出臣胸臆，不涉漢唐諸儒議論。《禮略》所以敘五禮，《職官略》所以秩百官，《選舉略》言掄材之方，《刑法略》言用刑之術，《食貨略》言財貨之源流。凡茲五略雖本前人之典，亦非諸史之文也。馬端臨《文獻通考》卷二百一：「按鄭氏此書，名之曰《通志》，其該括甚大。卷首序論譏詆前人，高自稱許，蓋自以為無復遺憾矣。然夷考其書，則《氏族》《六書》《七音》等略，考訂詳明，議論精到，所謂出臣胸臆，非諸儒所得聞者，誠是也。至於《天文》《地理》《器服》，則失之太簡，如古人器服之制度至詳，今止籕壘一二，而謂之《器服略》可乎？若《禮》及《職官》《選舉》《刑罰》《食貨》五者，則古今經制甚繁，沿革不一，故杜岐公《通典》之書五者居十之八。然杜公生貞元間，故其所記述

止於唐天寶。今《通志》既自為一書，則天寶而後，宋中興以前，皆合陸續銓次，如班固《漢書》續《史記》武帝以後可也。今《通志》此五略，天寶以前則盡寫《通典》全文，略無增損，天寶以後則竟不復陸續。又以《通典》細注稱為己意，附其旁，而亦無所發明。（《通志》此五略中所謂『臣按』云云，低一字寫者，皆《通典》細注耳。）疏略如此，乃自謂『雖本前人之典，而亦非諸史之文』，不亦誣乎！夾漈譏司馬子長全用舊文，間以里俗，采摭未備，筆削不遑。又譏班孟堅全無學識，專事剽竊，自高祖至武帝七世，盡竊遷書，不以為慚。至其所自為書則不堪檢點如此，然則著述豈易言哉！」張舜徽《通志總序平議》：「《禮》《職官》《選舉》《刑法》《食貨》五略，前文皆未序及之。至謂『雖本前人之典，亦非諸史之文』，則有不盡然者。馬端臨嘗論之曰：『《禮》及《職官》、《選舉》、《刑法》、《食貨》五者，……不亦誣乎！』（《文獻通考》二百一）馬氏此評，信非誣罔。即使鄭氏復起，亦必無以自解。蓋鄭氏編述之初，本欲就前人之書施以翦裁鎔鑄，成為己作。未及致力於此，即已病困不起。故倉卒鈔輯以充篇幅，遂遺後人之譏耳。」

古者記事之史謂之志。《書大傳》曰：「天子有問無以對，責之疑；有志而不志，責之丞。」皮錫瑞《尚書大傳疏證·皋陶謨》：「古者天子必有四鄰：前曰疑，後曰丞，左曰輔，右曰弼。天子有問無以對，責之疑。可志而不志，責之丞。可正而不正，責之輔。可揚而不揚，責之弼。其爵視卿，其祿視次國之君也。」是以宋、鄭之史皆謂之志，太史公更志為記。今謂之志，本其舊也。張舜徽《通志總序平議》：「《周禮·春官》：『小史，掌邦國之志。』鄭司農曰：『《春秋傳》所謂《周志》，《國語》所謂《鄭書》之屬。』又：『外史掌四方之志。』鄭《注》云：『若魯之《春秋》、晉《乘》、楚《檮杌》。』可知『志』乃古史之通稱也。《禮記·禮運》：『丘未之逮也，而有志焉。』鄭《注》云：『志，謂識古文。』劉台拱曰：『志，識記之書。』是『志』與『識』同，故凡著之竹帛，有所記識，皆得謂之志矣。志既為古史舊名，鄭氏名其書曰《通志》，猶云通史耳。」

桓君山曰：「太史公三代世表，旁行邪上，竝效周譜。」王利器《太史公書體裁探原》：「是史公作表，本之周譜，漢人已言之。今考史公自言其取用之所資者：《三代世表序》云：『余讀諜記，黃帝以來，皆有年數，稽其歷譜諜，終始五德之傳，古文咸不同，乖異。夫子之弗論次其年月，豈虛哉！於是以五帝繫諜，尚書集世紀黃帝以來訖共和，為世表。』《十二諸侯年表序》云：『太史公讀春秋歷譜諜。』又曰：『漢相張蒼歷譜五德。』又曰：『譜諜獨記世諡，其辭略，欲一觀諸要，難。』《太史公自序》云：『維三代尚矣，年紀不可考，蓋取之譜諜，舊聞本於茲，於是略推，作

《三代世表》，第一。』又云：『幽、厲之後，周室衰微，諸侯專政。春秋有所不紀。
而譜諜經略，五霸更盛衰，欲睹周世相先後之意，作《十二諸侯年表》，第二。』凡此，
亦可以考見其材料之來源及體制之因襲者也。」古者紀年別繫之書謂之譜，太
史公改而為表。今復表為譜，率從舊也。然西周經幽王之亂，紀載無傳，
故《春秋》編年，以東周為始。自皇甫謐作《帝王世紀》及《年歷》，上
極三皇。王應麟《玉海・藝文・晉帝王世紀》：「《書目》：晉正始初，安定皇甫謐撰。
以《漢紀》殘缺，始博案經傳，旁觀百家，著《帝王世紀》并《年歷》，合十二篇。起
太昊帝，迄漢獻帝。」譙周、陶弘景之徒皆有其書，學者疑之，而以太史公
編年為正，故其年始於共和。《史記・十二諸侯年表》：「太史公曰：儒者斷其義，
馳說者騁其辭，不務綜其終始；歷人取其年月，數家隆於神運，譜諜獨記世諡，其辭
略，欲一觀諸要難。於是譜十二諸侯，自共和訖孔子，表見《春秋》《國語》學者所譏
盛衰大指著于篇，為成學治古文者要刪焉。」然共和之名已不可據，況其年乎？
仲尼著書，斷自唐虞，而紀年始於魯隱，以西周之年無所考也。今之所
譜，自春秋之前稱世，謂之《世譜》，春秋之後稱年，謂之《年譜》。太
史公紀年以六甲，後之紀年者以六十甲，或不用六十甲而用歲陽歲陰之
名。錢大昕《十駕齋養新錄・十二諸侯年表》：「《史記》諸年表皆不記干支。注干支
出於徐廣。《六國表》周元王元年『徐廣曰乙丑』《秦楚之際月表》秦二世元年『徐廣
曰壬辰』，是也。《十二諸侯年表》共和元年亦當有『徐廣曰庚申』字，今刊本乃於最
上添一格書干支，而刪去徐廣注，讀者遂疑為史公本文，曾不檢照後二篇，亦太疏矣。
考徐注之例，唯於每王之元年記干支。此表每十年輒書『甲戌』『甲申』『甲午』『甲辰』
『甲寅』『甲子』字，不特非史公正文，并非徐氏之例，其為後人羼入鑿鑿可據。且史
公以太陰紀年，故命太初之元為閼逢攝提格，依此上推共和必不值庚申，則庚申為徐
注又何疑焉？」今之所譜即太史公法，既簡且明，循環無滯。《禮》言臨文
不諱，謂私諱不可施之於公也，若廟諱則無所不避。自漢至唐，史官皆
避諱，惟《新唐書》無所避。臣今所修，準舊史例，間有不得而避者如
諡法之類，改易本字，則其義不行，故亦準唐舊。原註：漢景帝名啟，改啟
為開。安帝名慶，改慶為賀。唐太祖名虎，改虎為武。高祖名淵，改淵為水。若章懷
太子注《後漢書》則「濯龍淵」不得而諱，杜佑作《通典》則虎賁不得而諱。張舜徽
《通志總序平議》：「此言改表為譜，以及紀年、避諱諸端，乃鄭氏自道其著書之例所
不同於前人者。」

　　夫學術超詣，本乎心識。如人入海，一入一深。臣之二十略，皆臣

自有所得，不用舊史之文。紀傳者，編年紀事之實蹟，自有成規，不為智而增，不為愚而減，故於紀傳即其舊文，從而損益。若紀有制詔之辭，傳有書疏之章，入之正書，則據實事，置之別錄，則見類例。《唐書》《五代史》皆本朝大臣所修，王應麟《玉海藝文校證·嘉祐新唐書》：「國史志：慶曆五年，詔王堯臣、張方平、宋祁等刊修，久而未就。至和初，乃命歐陽修撰紀、表、志，宋祁撰列傳，范鎮、王疇、宋敏求、呂夏卿、劉羲叟同編修。凡十有七年，至嘉祐五年而成，提舉曾公亮上之。紀十、志五十、表十五、列傳百五十。凡廢舊傳六十一，增新傳三百三十一，又增三志、四表，凡二百二十五卷，錄一卷。」王應麟《玉海藝文校證·五代史記》：「書目：又七十四卷，歐陽修撰，徐無黨注。紀十二，傳四十五，考三，世家及年譜十，四夷附錄三，總七十四卷。修沒後，熙寧五年八月十一日。詔其家上之。」微臣所不敢議，故紀傳訖隋。若禮樂政刑，務存因革，故引而至唐云。張舜徽《通志總序平議》：「此言《通志》之為書，有獨得於己、不用舊文者，有整齊故事、宜用舊文者，以及全書起訖之例。顧鄭氏為書，既以貫通古今為職志，則敘事應及當代，訖於北宋之末。非特紀傳宜爾，即禮樂政刑，亦必詳今略古。斯乃司馬之規模，通史之義例。鄭氏窮老盡氣，藉曰力不逮此，有志莫遂，斯固可見諒於天下後世者也。乃謂唐五代事，為本朝大臣所修，非微臣所敢議。以此塞責，轉成自飾之遁辭矣。」

嗚呼！酒醴之末，自然澆漓，學術之末，自然淺近。九流設教，至末皆弊。然他教之弊，微有典刑，惟儒家一家，去本太遠。此理何由？班固有言：「自武帝立五經博士，開弟子員，設科射策，勸以官祿。訖于元始，百有餘年，傳業者寖盛，枝葉繁滋，一經說至百餘萬言，大師眾至千餘人。蓋祿利之路然也。」語出《漢書·儒林傳第五十八》。師古曰：「寖，漸也。滋，益也。言為經學者則受爵祿而獲其利，所以益勸。」且百年之間，其患至此，千載之後，弊將若何？況祿利之路，必由科目；科目之設，必由乎文辭。三百篇之《詩》盡在聲歌，自置《詩》博士以來，學者不聞一篇之《詩》。六十四卦之《易》該於象數，自置《易》博士以來，學者不見一卦之《易》。皇頡制字，盡由六書，漢立小學，《漢書·藝文志》：「古者八歲入小學，故周官保氏掌養國子，教之六書，謂象形、象事、象意、象聲、轉注、假借，造字之本也。漢興，蕭何草律，亦著其法，曰：『太史試學童，能諷書九千字以上，乃得為史。又以六體試之，課最者以為尚書御史史書令史。吏民上書，字或不正，輒舉劾。』」六體者，古文、奇字、篆書、隸書、繆篆、蟲書，皆所以通知

古今文字，摹印章，書幡信也。」凡文字之家不明一字之宗。伶倫制律，《漢書·律曆志》：「黃帝使泠綸，自大夏之西，昆侖之陰，取竹之解谷生，其竅厚均者，斷兩節間而吹之，以為黃鐘之宮。制十二筩以聽鳳之鳴，其雄鳴為六，雌鳴亦六，比黃鐘之宮，而皆可以生之，是為律本。至治之世，天地之氣合以生風；天地之風氣正，十二律定。」盡本七音，江左置聲韻，凡音律之家，不達一音之旨。經既苟且，史又荒唐，如此流離，何時返本？道之汙隆存乎時，時之通塞存乎數，儒學之弊，至此而極。寒極則暑至，否極則泰來，此自然之道也。臣蒲柳之質，《世說新語·言語第二》：「顧悅與簡文同年，而髮蚤白。簡文曰：『卿何以先白？』對曰：『蒲柳之姿，望秋而落；松柏之質，經霜彌茂。』」無復餘齡，葵藿之心，《三國志·陳思王植》：「若葵藿之傾葉，太陽雖不為之回光，然向之者誠也。竊自比於葵藿，若降天地之施，垂三光之明者，實在陛下。」惟期盛世。謹序。張舜徽《通志總序平議》：「文尾慨歎儒學末流弊病。以振興儒術、期諸本朝為結。鄭氏之志量，信弘遠矣！其所規為，則自司馬遷後一人而已矣！觀其考訂名物，疏證山川，稽撰禮樂，觀察象緯；論述校讎，搜錄圖譜，山居之時，皆有述造。自謂三十年著書，十年搜訪圖籍。竹頭木屑之積，將一旦而用之。蓋其一生，於百家皆討其原，而將大湊於修史。此志此事，曠千載而罕儔。雖稟命不融，齎志以沒，然而修書義例俱在，足以啟牖後人途徑者至遼闊矣！徒以茲事體大，非學問淵博、識斷精審、而又濟之以雄才毅力者，則固無以任此。近人柳詒徵嘗曰：『自鄭漁仲而後，罕有議修全史者。作述相沿，不外數事：踵修一朝之史，一也；改造某朝之史，二也；補綴志、表，三也；校注考證，四也；賡續編年，五也；綜析紀事，六也。史才之降，于茲可覩矣。』（《通史敘例序》）柳氏斯言，足以概近數百年間史學式微之狀而無遺。仰視鄭氏弘識孤懷，如在天際，今安得有其人哉！」

《年譜》序

　　為天下者不可以無書，為書者不可以無圖譜。《通志·圖譜略·索象》：「河出圖，天地有自然之象。洛出書，天地有自然之理。天地出此二物以示聖人，使百代憲章必本於此而不可偏廢者也。圖，經也。書，緯也。一經一緯，相錯而成文。圖，植物也。書，動物也。一動一植，相須而成變化。見書不見圖，聞其聲不見其形；見圖不見書，見其人不聞其語。圖至約也，書至博也，即圖而求易，即書而求難。古之學者為學有要，置圖於左，置書於右，索象於圖，索理於書，故人亦易為學，學亦易為功，舉而措之，如執左契。後之學者離圖即書，尚辭務說，故人亦難為學，學亦難為功，雖平日胸中有千章萬卷，及真之行事之間，則茫茫然不知所向。」**圖載象，譜載系。**胡渭《易圖明辨·題辭》：「古者有書必有圖，圖以佐書之所不能盡也。凡天文地理，鳥獸草木，宮室車旗，服飾器用，世系位著之類，非圖則無以示隱賾之形，明古今之制，故《詩》《書》《禮》《樂》《春秋》皆不可以無圖。」**為圖所以周知遠近，為譜所以洞察古今。故古者紀年謂之譜，桓君山曰：「太史公《三代世表》旁行邪上，並效周譜。」**王利器《太史公書體裁探原》：「是史公作表，本之周譜，漢人已言之。今考史公自言其取用之所資者。《三代世表序》云：『余讀諜記，黃帝以來，皆有年數，稽其歷譜諜，終始五德之傳，古文咸不同，乖異。夫子之弗論次其年月，豈虛哉！於是以五帝繫諜，尚書集世紀黃帝以來訖共和，為世表。』《十二諸侯年表序》云：『太史公讀春秋歷譜諜。』又曰：『漢相張蒼歷譜五德。』又曰：『譜諜獨記世諡，其辭略，欲一觀諸要，難。』《太史公自序》云：『維三代尚矣，年紀不可考，蓋取之譜諜，舊聞本於茲，於是略推，作《三代世表》，第一。』又云：『幽、厲之後，周室衰微，諸侯專政。春秋有所不紀。而譜諜經略，五霸更盛衰，欲睹周世相先後之意，作《十二諸侯年表》，第二。』」凡此，亦可以考見其材料之來源

及體製之因襲者也。」則知成周紀年之籍，謂之譜也。太史公改譜為表，何法盛改表為注，《隋書·經籍志》：「《晉中興書》七十八卷，起東晉。宋湘東太守何法盛撰。」《南史·郗紹傳》：「時有高平郗紹亦作《晉中興書》，數以示何法盛。法盛有意圖之，謂紹曰：『卿名位貴達，不復俟此延譽。我寒士，無聞於時，如袁宏、干寶之徒，賴有著述，流聲於後。宜以為惠。』紹不與。至書成，在齋內廚中，法盛詣紹，紹不在，直入竊書。紹還失之，無復兼本，於是遂行何書。」皆遠於義，不若遵周典也。臣謹按皇甫謐作《帝王世紀》以及《年歷》，上極三皇，下逮漢魏，王應麟《玉海·藝文·晉帝王世紀》：「《書目》：『晉正始初，安定皇甫謐撰。以《漢紀》殘缺，始博案經傳，旁觀百家，著《帝王世紀》并《年歷》，合十二篇。起太昊帝，迄漢獻帝。」其所以編次為甚詳，譙周、陶弘景之徒皆有其書。而歷數之家，所傳尤謹，然不可以訓。惟太史公紀年以甲，始於共和，後學之所共承也。《史記·十二諸侯年表》：「太史公曰：儒者斷其義，馳說者騁其辭，不務綜其終始；歷人取其年月，數家隆於神運，譜諜獨記世諡，其辭略，欲一觀諸要難。於是譜十二諸侯，自共和訖孔子，表見《春秋》《國語》學者所譏盛衰大指著于篇，為成學治古文者要刪焉。」然為共和之說者，已不可信，況其年乎。既曰周召二公共行政，又曰共國之伯名和行天子政，何也？仲尼周人也，著書斷自唐虞，《尚書》。而紀年始於魯隱者，《春秋》。為幽王遭西戎之禍，典籍湮淪，西周之年無所考據，故本東周。《毛詩正義·詩譜序》：「夷、厲已上，歲數不明。大史《年表》自共和始，歷宣、幽、平王而得春秋次第，以立斯譜。」正義曰：「《本紀》夷王已上多不記在位之年，是『歲數不明』。《周本紀》云：『厲王三十四年，王益嚴。又三年，王出奔于彘，召公周公二相行政，號曰共和。』《十二諸侯年表》起自共和元年，是歲，魯真公之十四年，齊武公之十年，晉靖侯之十八年，秦仲之四年，宋釐公之十八年，衛僖侯之十四年，陳幽公之十四年，蔡武公之二十四年，曹夷伯之二十四年，鄭則于時未封。是『太史年表自共和始也』。又案《本紀》『共和十四年，厲王死於彘。宣王即位，四十六年崩。子幽王立，十一年為犬戎所殺。子平王立，四十九年，當魯隱公元年』。計共和元年距春秋之初一百一十九年，春秋之時，年歲分明，故云『歷宣、幽、平王而得春秋次第，以立斯譜』。」遷則漢人，而欲貫年於西周，可乎？凡記年者，自東周以還可信，東周以前不可信也。今之所譜者，自春秋以來始稱年，春秋之前皆稱世，周末與秦，關於上代，故亦足以世云。

　　夫紀者襲編年之遺風，傳者記一身之行事。《史通·列傳》：「紀者，編

年也。傳者，列事也。編年者，歷帝王之歲月，猶《春秋》之經；列事者，錄人臣之行狀，猶《春秋》之傳。」**修史之家，莫易於紀傳，莫難於表志。**顧炎武《救文格論》：「作史莫難乎志。紀、傳一人之始末，表、志一代之始末，非閎覽博物者不能為。其考訂之功，亦非積以歲月不能徧。自東京以後，典冊既闕，人趨苟且。陳壽《三國志》始不立志，姚思廉梁陳二史、李百藥《北齊書》、令狐德棻《周書》、李延壽《南北史》並因之不立志。其他諸史雖立志而紕謬特多。夫無志不得為完史；有志而不淹貫，不得為良史矣。」**太史公括囊一書，盡在十表。班固不達其旨，後史因失其傳，使十表遂為荒唐之學。表者，一書之要也，不可記繁文。表者，一書之本也，不可記末節。自班氏以來，末節多矣，復不識統理。甚者如《新唐書》專記人家譜諜，豈可以私家昌榮之書而為信史乎？**鄭樵《滎陽譜序》：「司馬遷以帝王三代綿邈，歷十二國以來，年代紛紜。秦楚之際，日月差忒，並諸侯興廢、遠近、始末難明，此作《表》之意也。始班固，除模仿司馬遷外，惟《古今人物表》出已意，籲，可笑也哉！後來史家既不達表之意，亦不能作表，惟今《唐書》有焉。其《宰相》《方鎮》表，蓋模《史記·功臣諸侯》及《將相名臣表》。惟《宰相世系》實出已意。夫《宰相世系》何所取乎？取諸家圖譜而為之，且歐陽文忠公言信史矣，奈何取人家譜以實史典乎？且人之墓誌，皆隱惡暴美；人之家譜，皆剔削寒微，附會貴顯，此何足信？夫人家譜者，私記也；史冊者，公籍也。奈何取私家無憑之書，以為公家定著之籍乎？」**其書雖與《唐書》共帙而為廢典。太史公之表，紀年不過六甲，而省其五十四，**錢大昕《十駕齋養新錄·十二諸侯年表》：「《史記》諸年表皆不記干支。注干支出於徐廣。《六國表》周元王元年『徐廣曰乙丑』《秦楚之際月表》秦二世元年『徐廣曰壬辰』，是也。《十二諸侯年表》共和元年亦當有『徐廣曰庚申』字，今刊本乃於最上添一格書干支，而刪去徐廣注，讀者遂疑為史公本文，曾不檢照後二篇，亦太疏矣。考徐注之例，唯於每王之元年記干支。此表每十年輒書『甲戌』『甲申』『甲午』『甲辰』『甲寅』『甲子』字，不特非史公正文，并非徐氏之例，其為後人羼入鑿鑿可據。且史公以太陰紀年，故命太初之元為閼逢攝提格，依此上推共和必不值庚申，則庚申為徐注又何疑焉？」**紀事不過十餘言，而為事之目，所謂綱舉而目張也。近代之為表者，小字旁行，盡載所述。且蕃書旁行，華書縱行，華人故不便於旁行，又豈能衡目而泛觀小字乎？《史記》於六十甲子之統而提其六，近代作編年者，盡用六十，已為繁矣。而復有甚焉，乃用歲陽歲陰之名，甲曰閼逢，乙曰旃蒙，寅曰攝提格，卯曰單閼，此皆陰陽之命，**

而不可以紀甲。《爾雅註疏‧釋天》:「大歲在甲曰閼逢,在乙曰旃蒙,在丙曰柔兆,在丁曰強圉,在戊曰著雍,在已曰屠維,在庚曰上章,在辛曰重光,在壬曰玄黓,在癸曰昭陽。歲陽。大歲在寅曰攝提格,在卯曰單閼,在辰曰執徐,在巳曰大荒落,在午曰敦牂,在未曰協洽,在申曰涒灘,在酉曰作噩,在戌曰閹茂,在亥曰大淵獻,在子曰困敦,在丑曰赤奮若。歲陰。」邢昺疏曰:「此別太歲在日在辰之名也。甲至癸為十日,日為陽。寅至丑為十二辰,辰為陰。」亦猶牛曰「一元大武」,羊曰「柔毛」者,祭享之命,而不可以名畜。《禮記正義‧曲禮下》:「凡祭宗廟之禮,牛曰『一元大武』……羊曰『柔毛』。」正義曰:「牛曰一元大武者,元,頭也。武,迹也。牛若肥則腳大,腳大則迹痕大,故云一元大武也。……羊曰柔毛者,若羊肥則毛細而柔弱。」今以甲寅為閼逢攝提格,無以異於名牛為一元大武,以乙卯為旃蒙單閼,無以異於名羊為柔毛。夫隱語者,眢井逃難之言,《左傳‧宣公十二年》:「還無社與司馬卯言,號申叔展。叔展曰:『有麥麴乎?』曰:『無』。『有山鞠窮乎?』曰:『無。』『河魚腹疾奈何?』曰:『目於眢井而拯之。』『若為茅絰,哭井則已。』明日,蕭潰。申叔視其井,則茅絰存焉,號而出之。」眢,廢井也,井無水。豈可施諸簡編。嗚呼,著書者貴乎意明而語約,以六甲視六十甲,則衍八百言,以六甲視六十歲名,則衍二百五十二言。以古較今,其繁簡如此。今之所譜,但記六甲。

《氏族》序

　　自隋、唐而上，官有簿狀，家有譜系，官之選舉必由於簿狀，家之婚姻必由於譜系。歷代並有圖譜局，置郎、令史以掌之，仍用博古通今之儒知撰譜事。《新唐書‧柳沖傳》：「魏氏立九品，置中正，尊世冑，卑寒士，權歸右姓已。其州大中正、主簿，郡中正、功曹，皆取著姓士族為之，以定門冑，品藻人物。晉、宋因之，始尚姓已。然其別貴賤，分士庶，不可易也。于時有司選舉，必稽譜籍，而考其真偽。故官有世冑，譜有世官，賈氏、王氏譜學出焉。由是有譜局，令史職皆具。」凡百官族姓之有家狀者則上之，官為考定詳實，藏於秘閣，副在左戶。若私書有濫，則糾之以官籍；官籍不及，則稽之以私書。此近古之制，以繩天下，使貴有常尊，賤有等威者也。所以人尚譜系之學，家藏譜系之書。自五季以來，取士不問家世，婚姻不問閥閱，故其書散佚而其學不傳。鄭樵《滎陽譜序》：「國朝言氏譜者，未聞其人。由其取人之途，不論家世，華門圭竇之人，無尺寸功伐，而可以貴顯。名公巨卿之裔，或不能綴輯時文以取科第，則俯首歎貧賤，與閻閻無差。禮闈之中，衣冠之冑，與商賈流輩，並呼名而進，古無是也。……唐以前論氏族取人者，以其家世目熟耳詳，父兄之施設教訓，其於禮樂政事，皆箕裘業也。故有司以此銓衡人物，民間以此講求姻好，所以人多習氏族之學。國朝患主司之徇私，故禁其名氏，付之於公，但取紙上語耳。由是氏族之學皆化為時文之學矣，故曰未聞其人。」

　　三代之前，姓氏分而為二，男子稱氏，婦人稱姓。氏所以別貴賤，貴者有氏，賤者有名無氏。今南方諸蠻，此道猶存。古之諸侯，詛辭多曰「墜命亡氏，踣其國家」，語見《左傳‧襄公十一年》。《廣雅》：「踣，敗也。」

以明亡氏則與奪爵失國同，可知其為賤也。故姓可呼為氏，氏不可呼為姓。姓所以別婚姻，故有同姓、異姓、庶姓之別。《周禮正義·秋官·司儀》：「詔王儀，南鄉見諸侯，土揖庶姓，時揖異姓，天揖同姓。」鄭注：「庶姓，無親者也。……異姓，昏姻也。」孫詒讓曰：「《爾雅·釋詁》云：『庶，眾也。』庶姓猶言眾姓，謂異姓之無親者，對下時揖異姓為異姓之有親者也。」氏同姓不同者，婚姻可通。姓同氏不同者，婚姻不可通。《左傳·僖公二十三年》：「男女同姓，其生不蕃。」《禮記·曲禮上》：「取妻不取同姓，故買妾不知其姓則卜之。」三代之後，姓氏合而為一，皆所以別婚姻，而以地望明貴賤。於文，女生為姓，故姓之字多從女，如姬、姜、嬴、姒、嫣、姞、妘、媔、姶、女丕、嫪之類是也。所以為婦人之稱，如伯姬、季姬、孟姜、叔姜之類，並稱姓也。奈何司馬子長、劉知幾謂周公為姬旦，文王為姬伯乎？三代之時無此語也。良由三代之後，姓氏合而為一，雖子長、知幾二良史猶昧於此。錢大昕《十駕齋養新錄·姓氏》：「三代以上，男子未有系姓於名者。漢武帝元鼎四年，封姬嘉為周子南君。此男子冠姓於名之始。後代文人有姬昌、姬滿、姬旦之稱，皆因於此。好古之士當引以為戒。」

　　姓氏之學，最盛於唐，而國姓無定論。《通志二十略·氏族略第四·以官為氏》：「李氏。嬴姓。高陽氏生大業，大業生女華，女華生皋陶，字庭堅，為堯大理，因官命族為理氏。夏、商之季有理徵，為翼隸中吳伯。以直道不容，得罪于紂，其妻契和氏攜子利真，逃于伊侯之墟，食木子而得全，遂改「理」為「李氏」。……臣謹按：李氏涼武昭王有國二十年，高祖有天下三百年，支庶既蕃，子孫必眾。然譜牒之議紛紛，不知何始，以理官為氏，以食木子又為李氏，此何理也？以官為氏者，容有此理，以食木子為氏，而取理同音者，無是理也，今不得其始，姑從理說，實在官列。」**林寶作《元和姓纂》，而自姓不知所由來。**《元和姓纂·原序》：「元和壬辰歲，詔加邊將之封，酬屯戍之績，朔方之別帥天水閻者，有司建茸茅之邑於太原列郡焉。主者既行其制，閻子上言曰：『特蒙渙汗，恩沾爵土，乃九族之榮也；而封乖本郡，恐非舊典。』翌日，上謂相國趙公：『有司之誤，不可再也。宜召通儒碩士辯卿大夫之族姓者，綜修姓纂，署之省閣，始使條其原系，考其郡望，子孫職位，並宜總緝，每加爵邑，則令閱視，庶無遺謬者矣。』寶末學淺識，首膺相府之命，因案據經籍，窮究舊史，諸家圖牒，無不參詳，凡二十旬，纂成十卷。自皇族之外，各依四聲韻類集，每韻之內，則以大姓為首焉。朝議郎、行太常博士林寶撰。」**漢有《鄧氏官譜》，**《隋書·經籍志》：「其《鄧氏官譜》及《族姓昭穆記》，

晉亂已亡。」**應劭有《氏族》篇**，錢大昕《廿二史考異‧唐書十六‧儒學傳二》：「應劭有《氏族》一篇。按：應氏《風俗通義》本有《氏族》篇，《廣韻》亦屢引之，今本無此篇，蓋非完書。」王利器《風俗通義校注‧佚文‧姓氏》：「案《四庫全書》，《風俗通義》有附錄一卷，乃從《永樂大典》「通」字韻中所載馬總《意林》節本《姓氏》篇裒集而成者。嗣後，朱筠、錢大昕、盧文弨、嚴可均、張澍、顧槤三、姚東升、徐友蘭、陳漢章、王仁俊，俱有輯補，而張澍併為之注焉；則應書此篇雖亡，經後人之鈎沉輯佚，庶幾可復舊觀矣。……篇名舊引多歧出，今從蘇頌所見，定為《姓氏》，蓋漢人亦習稱姓某氏云。」**又有潁川太守聊氏《萬姓譜》。**王觀國《學林‧聊胶》：「《前漢‧嚴助傳》曰：『武帝得東方朔、枚皋、膠蒼、終軍等，並在左右。』又《藝文志》，從橫家《待詔金馬聊蒼》三篇。顏師古注曰：『《嚴助傳》作膠蒼，而《志》作聊。《志》《傳》不同，未知孰是。』觀國按：《廣韻》聊字落蕭切，語助也，亦姓也。《風俗通》有聊蒼，為漢侍中，著子書。又有聊氏為潁川太守，著《萬姓譜》。以此觀之，則《藝文志》云聊蒼者是也。」**魏立九品，置中正，州大中正主簿，郡中正功曹，各有簿狀，以備選舉。晉、宋、齊、梁因之。故晉散騎常侍賈弼、太保王弘、齊衛將軍王儉、梁北中郎諮議參軍知撰譜事王僧孺之徒，各有《百家譜》，**《南史‧王僧孺傳》：「武帝以是留意譜籍，州郡多離其罪，因詔僧孺改定《百家譜》。始晉太元中，員外散騎侍郎平陽賈弼篤好簿狀，乃廣集眾家，大搜羣族，所撰十八州一百一十六郡，合七百一十二卷。凡諸大品，略無遺闕，藏在祕閣，副在左戶。及弼子太宰參軍匪之、匪之子長水校尉深世傳其業。太保王弘、領軍將軍劉湛並好其書。弘日對千客，不犯一人之諱。湛為選曹，始撰百家以助銓序，而傷於寡略。齊衛將軍王儉復加去取，得繁省之衷。僧孺之撰，通范陽張等九族以代雁門解等九姓。其東南諸族別為一部，不在百家之數焉。」**徐勉又有《百官譜》。**《新唐書‧藝文志》：「徐勉《百官譜》二十卷。」**宋何承天撰《姓苑》，**《宋史‧藝文志》：「何承天《姓苑》十卷。」清王仁俊輯本一卷，收入《玉函山房輯佚書補編》。**與後魏《河南官氏志》，**《通志二十略‧氏族略第六》：「臣謹按：代北之人，隨後魏遷河南者，後魏獻帝為之定姓，為複姓，或為三字姓，或為四字姓。其音多似西域梵書，有二合、三合、四合者，皆指一字之音，故孝文用夏變夷，革以華俗，皆改為單字之姓。又孝文詔，南遷者死不得還，即葬洛陽，故虜姓皆在河南。又按：其書曰《河南官氏志》者，蓋優代北之人隨後魏南遷，因作其書而為之志。」**此二書尤為姓氏家所宗。唐太宗命諸儒撰《氏族志》一百卷，**《舊唐書‧高士廉傳》：「是時，朝議以山東人士好自矜夸，雖復累葉

陵遲，猶恃其舊地，女適他族，必多求聘財。太宗惡之，以為甚傷教義，乃詔士廉與御史大夫韋挺、中書侍郎岑文本、禮部侍郎令狐德棻等刊正姓氏。於是普責天下譜諜，仍憑據史傳考其真偽，忠賢者褒進，悖逆者貶黜，撰為《氏族志》。士廉乃類其等第以進。太宗曰：「……我今特定族姓者，欲崇重今朝冠冕，何因崔幹猶為第一等？昔漢高祖止是山東一匹夫，以其平定天下，主尊臣貴。卿等讀書，見其行迹，至今以為美談，心懷敬重。卿等不貴我官爵耶？不須論數世以前，止取今日官爵高下作等級。」遂以崔幹為第三等。及書成，凡一百卷，詔頒於天下。」**柳沖撰《大唐姓系錄》二百卷**，《新唐書·柳沖傳》：「初，太宗命諸儒撰《氏族志》，甄差羣姓，其後門胄興替不常，沖請改脩其書，帝詔魏元忠、張錫、蕭至忠、岑羲、崔湜、徐堅、劉憲、吳兢及沖共取德、功、時望、國籍之家，等而次之。夷蕃酋長襲冠帶者，析著別品。會元忠等繼物故，至先天時，復詔沖及堅、兢與魏知古、陸象先、劉子玄等討綴，書乃成，號《姓系錄》。」**路淳有《衣冠譜》**，《新唐書·路敬淳傳》：「尤明姓系，自魏、晉以降，推本其來，皆有條序，著《姓略》《衣冠系錄》等百餘篇。……唐初，姓譜學唯敬淳名家。其後柳沖、韋述、蕭穎士、孔至各有撰次，然皆本之路氏。」**韋述有《開元譜》**，《舊唐書·韋述傳》：「述好譜學，祕閣中見常侍柳沖先撰《姓族系錄》二百卷，述於分課之外手自抄錄，暮則懷歸。如是周歲，寫錄皆畢，百氏源流，轉益詳悉。乃於柳錄之中，別撰成《開元譜》二十卷。其篤志忘倦，皆此類也。」**柳芳有《永泰譜》**，《唐會要·氏族》：「永泰二年十月七日，宗正卿吳王祇，奏修史館太常博士柳芳撰《皇室永泰譜》二十卷，上之。」**柳璨有《韻略》**，《新唐書·藝文志》：「柳璨《姓氏韻略》六卷。」**張九齡有《韻譜》**，陳振孫《直齋書錄解題·譜諜類》：「《姓源韻譜》一卷，唐張九齡撰。依《春秋正典》、聊氏《萬姓錄》、《世本圖》捃摭諸書，纂為此譜，分四聲以便尋閱。」**林寶有《姓纂》，邵思有《姓解》**。王應麟《玉海·藝文·譜諜》：「景祐二年，邵思撰《姓解》三卷。凡一百七十門，二千五百六十八氏，以偏旁類次。自序云：『歷代功臣名士布在方冊者，次第而書，所以恢張世胄，其餘疏族異望削之。』」**其書雖多，大概有三種：一種論地望，一種論聲，一種論字。論字者則以偏旁為主，論聲者則以四聲為主，論地望者則以貴賤為主。然貴賤升沈，何常之有，安得專主地望？以偏旁為主者可以為字書，以四聲為主者可以為韻書，此皆無與於姓氏。**

凡言姓氏者皆本《世本》《公子譜》二書，《史記·集解序》《索隱》引劉向云：「《世本》，古史官明於古事者之所記也。錄黃帝已來帝王諸侯及卿大夫系諡名

號，凡十五篇也。」張舜徽云：「以今考之，此書實為戰國時史官所纂輯，經秦漢時人整理成編。記述自黃帝訖春秋時諸侯大夫氏姓、世系、居處（都邑）、製作、謚法等內容。原書在宋代即已散佚，清代有錢大昭、王謨、孫馮翼、洪飴孫、陳其榮、秦嘉謨、張澍、雷學淇、茆泮林、王梓材諸家輯本，以雷、茆兩種為佳。」《史記·十二諸侯年表》《索隱》：「故杜元凱作《春秋長曆》及《公子譜》。」**二書皆本《左傳》。然左氏所明者，因生賜姓，胙土命氏，及以字、以謚、以官、以邑，五者而已。**《左傳·隱公八年》：「無駭卒，羽父請謚與族。公問族於眾仲。眾仲對曰：『天子建德，因生以賜姓，胙之土而命之氏。諸侯以字為謚，因以為族。官有世功，則有官族。邑亦如之。』公命以字為展氏。」杜注：「立有德以為諸侯。因其所由生以賜姓，謂若舜由媯汭，故陳為媯姓。報之以土而命氏曰陳。諸侯位卑不得賜姓，故其臣因氏其王父字。或使即先人之謚稱以為族。則有官族，邑亦如之，謂取其舊官舊邑之稱以為族，皆稟之時君。諸侯之子為公子，公子之子為公孫，公孫之子以王父字為氏。無駭，公子展之孫，故為展氏。」**今則不然，論得姓受氏者有三十二類，左氏之言隘矣。**顧棟高《春秋大事表·春秋列國姓氏表敘》：「粵自《禹貢》曰『錫土姓』，而左氏傳有因生賜姓、胙土命氏之分，又別之以字、以謚、以官、以邑，其言姓氏之源流備矣。至宋夾漈鄭氏作《姓氏略》，乃復以左氏之言為隘而推廣之，得姓氏者凡三十有二類。嗟乎，夾漈之學貪多務博，蘄勝前人。其所據者，乃從典午以後，經十六國、南北朝之紛亂，包羅囊括，合併雜糅。而于邃古得姓之始，與春秋列國由姓析為氏族之源流，未嘗深析而明曉也。余嘗謂氏族之學至唐而極精，亦至唐而極亂。一亂于朝廷之賜姓，再亂于支孽之冒姓，三亂于外裔之入中國，因蕃落以起姓。……而于生民之初得姓受氏之由，脈絡不可得而尋也，源委不可得而辨也。又況夾漈更在五季數百年之後乎？……愚謂欲考姓氏之分，斷須以左氏為樞紐。」

一曰以國為氏，二曰以邑為氏。天子諸侯建國，故以國為氏，虞、夏、商、周、魯、衛、齊、宋之類是也。黃以周《禮書通故·宗法通故》：「胙之土而命以氏，謂以國為氏，如踐土之盟書曰『晉重、魯申、衛武、蔡甲午、鄭捷、齊潘、宋王臣、莒期』，又荀偃之稱齊環，衛太子之稱鄭勝、晉午之類是也。」竹添光鴻《左傳會箋·隱公八年》：「胙之土以命之氏。」箋曰：「此傳言天子封諸侯，並賜姓氏，可知姓自姓，氏自氏。如魯衛晉鄭，各以其國為氏，而皆同姬姓也。是一姓之人，分為數氏，非姓分為氏也。魯君以國為氏，三桓各賜族，不得以國為氏，而姓無改變，是亦非姓分為氏也。」**卿大夫立邑，故以邑為氏，崔、盧、鮑、晏、臧、費、柳、楊之類是也。**《禮記正義·大傳第十六》正義曰：「以邑為氏者，

若韓、趙、魏是也。」

　　三曰以鄉為氏，四曰以亭為氏。封建有五等之爵，降公而為侯，降侯而為伯，降伯而為子，降子而為男。亦有五等之封，降國侯而為邑侯，降邑侯而為關內侯，降關內侯而為鄉侯，降鄉侯而為亭侯。學者但知五等之爵，而不究五等之封。關內邑者，溫、原、蘇、毛、甘、樊、祭、尹之類是也。但附邑類，更不別著。裴、陸、龐、閻之類封於鄉者，故以鄉氏。麋、采、歐陽之類封於亭者，故以亭氏。

　　五曰以地為氏。有封土者，以封土命氏；無封土者，以地居命氏。蓋不得受氏之人，或有善惡顯著，族類繁盛，故因其所居之所而呼之，則為命氏焉。居傅巖者為傅氏，《尚書正義‧說命》正義曰：「鄭云：『得諸傅巖，高宗因以傅命說為氏。』」徙嵇山者為嵇氏，《晉書‧嵇康傳》：「嵇康字叔夜，譙國銍人也。其先姓奚，會稽上虞人，以避怨，徙焉。銍有嵇山，家于其側，因而命氏。」主東蒙之祀則為蒙氏，《論語義疏‧季氏》：「夫顓臾，昔者先王以為東蒙主，且在邦域之中矣，是社稷之臣也。」皇侃曰：「言顓臾是昔先王聖人之所立，以主蒙山之祭。蒙山在東，故云東蒙主也。」守橋山之冢則為橋氏。《世本八種‧秦嘉謨輯補本‧氏姓篇》：「黃帝葬于橋山，羣臣追慕，守冢不去者，因為橋氏。」耏氏因耏班食於耏門，《左傳‧文公十一年》：「初，宋武公之世，鄋瞞伐宋，司徒皇父帥師禦之。耏班御皇父充石，公子穀甥為右，司寇牛父駟乘，以敗狄于長丘，獲長狄緣斯。皇父之二子死焉。宋公於是以門賞耏班，使食其征，謂之耏門。」杜注：「門，關門。征，稅也。」潁氏因考叔為潁谷封人，《左傳‧隱公元年》：「潁考叔為潁谷封人。」杜注：「封人，典封疆者。」東門襄仲為東門氏，《左傳‧僖公二十六年》：「東門襄仲、臧文仲如楚乞師。」杜注：「襄仲居東門，故以為氏。」桐門右師為桐門氏，《左傳‧昭公二十五年》：「二十五年，春，叔孫婼聘于宋，桐門右師見之。」杜注：「右師樂大心居桐門。」皆此道也。隱逸之人，高傲林藪，居於祿里者，呼之為祿里氏，居於綺里者，呼之為綺里氏，所以為美也。《通志‧氏族略第三‧以地為氏》：「甪氏。亦作甪里氏。漢初商山四皓有甪里先生，以其所居在甪里。後漢有甪若叔者，其後也。祿里氏。即甪里也，以甪音祿，故亦作祿。《神仙傳》有祿里先生。綺里氏。漢商山四皓綺里季之後。」優倡之人，取媚酒食，居於社南者，呼之為社南氏，居於社北者，呼之為社北氏，所以為賤也。竹添光鴻《左傳會箋‧莊公二十三年》箋曰：「《風俗通》：『社南氏、社北氏，其先出自齊倡。』《鄭樵‧氏族略》云：『倡優之人，取媚酒食，居於

社南北者，因呼為氏。」然則，倡優多馮社而居。蓋至唐宋人小說，猶有社火社首之稱。社久為衰世男女徵逐之場。」又如介之推、燭之武未必亡氏，由國人所取信也，故特標其地以異於眾。《韓詩外傳》：「晉文公反國，酌士大夫酒，召舅犯而將之，召艾陵而相之，授田百萬。介子推無爵。……遂去而之介山之上。」《春秋左傳詁·僖公三十年》：「若使燭之武見秦君。」洪亮吉云：「《水經注》：『洧水下七里溝水，又南歷燭城西，即鄭大夫燭之武之邑也。』按：此以邑名為氏。」凡以地命氏者，不一而足。

六曰以姓為氏。姓之為氏，與地之為氏，其初一也，皆因所居而命，得賜者為姓，不得賜者為地。居於姚墟者賜以姚，《周易正義·繫辭下》疏引《帝王世紀》云：「蟜牛生瞽瞍，瞍之妻握登。見大虹，意感而生舜於姚墟，故姓姚氏。」居於嬴濱者賜以嬴。《通志·氏族略第三·以姓為氏》：「嬴，地名也。杜預云，泰山嬴縣。唐并入兗州博城，博城今為奉符，以所居於嬴，故因生以姓。或言，河間有嬴水，故為瀛州，即嬴姓所居之地。」姬之得賜，居於姬水故也。姜之得賜，居於姜水故也。《國語·晉語》：「黃帝以姬水成，炎帝以姜水成。成而異德，故黃帝為姬，炎帝為姜。」故曰因生以賜姓。

七曰以字為氏，八曰以名為氏，九曰以次為氏。凡諸侯之子稱公子，公子之子稱公孫，公孫之子不可復言公孫，則以王父字為氏。如鄭穆公之子曰公子騑，字子駟，其子曰公孫夏，其孫則曰駟帶、駟乞。宋桓公之子曰公子目夷，字子魚，其子曰公孫友，其孫則曰魚莒、魚石。此之謂以王父字為氏。無字者則以名。魯孝公之子曰公子展，其子曰公孫夷伯，其孫則曰展無駭、展禽。鄭穆公之子曰公子豐，其子曰公孫段，其孫則曰豐卷、豐施。此諸侯之子也，天子之子亦然。王子狐之後為狐氏，王子朝之後為朝氏是也。無字者以名，然亦有不以字而以名者。如樊皮字仲文，其後以皮為氏。伍員字子胥，其後以員為氏。皆由以名行故也。亦有不以王父字為氏，而以父字為氏者。如公子遂之子曰公孫歸父，字子家，其後為子家氏是也。又如公孫枝字子桑，其後為子桑氏者亦是也。亦有不以王父名為氏，而以名父為氏者。如公子牙之子曰公孫茲，字戴伯，其後為茲氏是也。又如季公鉏字子彌，其後為公鉏氏者亦是也。以名字為氏者，不一而足，左氏但記王父字而已。以次為氏者，長幼之次也，伯仲叔季之類是也。次亦為字，人生其始也皆以長幼呼，及乎往來既多，交親稍眾，則長幼有不勝呼，然後命字焉，

長幼之次可行於家里而已，此次與字之別也。所以魯國三家，皆以次命氏，而亦謂之字焉，良由三家同出，其始也一家之人焉，故以長幼稱。仲孫氏、叔孫氏、季孫氏，為魯桓公之子公子慶父、公子牙、公子友。

　　十曰以族為氏。按《左傳》云：「為謚因以為族。」又按《楚辭》云：「昭、屈、景，楚之三族也。」昭氏，景氏，則以謚為族者也。屈氏者，因王子瑕食邑于屈，初不因謚，則知為族之道多矣，不可專言謚也。族近於次，族者氏之別也，以親別疎，以小別大，以異別同，以此別彼。孟氏、仲氏，以兄弟別也。伯氏、叔氏，以長少別也。丁氏、癸氏，以先後別也。祖氏、禰氏，以上下別也。第五氏、第八氏，同居之別也。《後漢書‧第五倫傳》：「第五倫字伯魚，京兆長陵人也。其先齊諸田，諸田徙園陵者多，故以次第為氏。」《風俗通義校注‧佚文‧姓氏》：「第八氏，亦齊諸田之後，田廣弟田英，為第八門，因氏焉，王莽時有講學大夫第八矯。」南公氏、南伯氏，同稱之別也。孔氏、子孔氏，旗氏、子旗氏，字之別也。軒氏、軒轅氏，熊氏、熊相氏，名之別也。季氏之有季孫氏，仲氏之有仲孫氏，叔氏之有叔孫氏，適庶之別也。韓氏之有韓餘氏，傅氏之有傅餘氏，梁氏之有梁餘氏，餘子之別也。遂人之族分而為四，《左傳‧莊公十七年》：「夏，遂因氏、頜氏、工婁氏、須遂氏饗齊戍，醉而殺之，齊人殲焉。」商人之族分而為七，《左傳‧定公四年》：「殷民七族：陶氏、施氏、繁氏、錡氏、樊氏、饑氏、終葵氏。」此枝分之別也。齊有五王，合而為一，謂之五王氏。《通志‧氏族略第四‧以族為氏》：「五王氏。媯姓。《風俗通》，齊自威、宣、湣、襄至王建五王，因以為氏。」楚有列宗，合而為一，謂之列宗氏。《通志‧氏族略第四‧以族為氏》：「列宗氏。《潛夫論》，楚公族列宗氏，芊姓。」此同條之別也。公孫歸父字子家，襄仲之子也，歸父有二子，一以王父字襄仲為仲氏，一以父字子家為子家氏。公子郢字子南，其後為子南氏，而復有子郢氏。伏羲之後，有伏、虙二氏，同音異文。共叔段之後，有共氏，又有叔氏，又有段氏。凡此類無非辨族。

　　十一曰以官為氏，十二曰以爵為氏。有官者以官，無官者以爵。如周公之兄弟也，周公為太宰，康叔為司寇，聃季為司空，是皆有才能可任以官者也。五叔無官，是皆無才能不可任以官者也。然文王之子，武王、周公之兄弟，雖曰無官，而未嘗無爵土。如此之類，乃氏以爵焉。以官為氏者，太史、太師、司馬、司空之類是也，雲氏、庾氏、籍氏、

錢氏之類亦是也。以爵為氏者，皇、王、公、侯是也，公乘、公士、不更、庶長亦是也。《漢書‧百官公卿表》：「爵：一級曰公士，二上造，三簪裊，四不更，五大夫，六官大夫，七公大夫，八公乘，九五大夫，十左庶長，十一右庶長，十二左更，十三中更，十四右更，十五少上造，十六大上造，十七駟車庶長，十八大庶長，十九關內侯，二十徹侯。皆秦制，以賞功勞。」

十三曰以凶德為氏，十四曰以吉德為氏。此不論官爵，惟以善惡顯著者為之。以吉德為氏者，如趙衰，人愛之如冬日，其後為冬日氏。《左傳‧文公七年》：「酆舒問於賈季曰：『趙衰、趙盾孰賢？』對曰：『趙衰，冬日之日也。趙盾，夏日之日也。』」古有賢人，為人所尊尚，號為老成子，其後為老成氏。《元和姓纂‧上聲‧三十二皓‧老成》：「老成子，賢人。裔孫老成方，仕宋，為大夫，著書十篇，言黃、老之道。」以凶德為氏者，如英布被黥，為黥氏。《史記‧黥布列傳》：「黥布者，六人也，姓英氏。秦時為布衣。少年，有客相之曰：『當刑而王。』及壯，坐法黥。布欣然笑曰：『人相我當刑而王，幾是乎？』人有聞者，共俳笑之。」楊玄感梟首，為梟氏。《隋書‧楊玄感傳》：「至葭蘆戍，玄感窘迫，獨與弟積善步行。自知不免，謂積善曰：『事敗矣。我不能受人數辱，汝可殺我。』積善抽刀斫殺之，因自刺，不死，為追兵所執，與玄感首俱送行在所。磔其屍於東都市三日，復臠而焚之。餘黨悉平。其弟玄獎為義陽太守，將歸玄感，為郡丞周琁玉所殺。玄縱弟萬碩，自帝所逃歸，至高陽，止傳舍，監事許華與郡兵執之，斬於涿郡。萬碩弟民行，官至朝請大夫，斬於長安。並具梟磔。公卿請改玄感姓為梟氏，詔可之。」齊武惡巴東王蕭子響為同姓，故改蕭為蛸。《南齊書‧魚復侯子響傳》：「有司奏絕子響屬籍，削爵土，收付廷尉法獄治罪。賜為蛸氏。」後魏惡安樂王元鑒為同姓，故改元為兀。《魏書‧安樂王長樂傳》：「安樂王長樂，皇興四年封建昌王，後改封安樂王。……子鑒，字長文，襲。……鑒既庸才，諸弟粗暴，見天下多事，遂謀反，降附葛榮。都督源子邕與裴衍合圍鑒，斬首傳洛，詔改其元氏。」

十五曰以技為氏，此不論行而論能。巫者之後為巫氏，屠者之後為屠氏，卜人之後為卜氏，匠人之後為匠氏，以至豢龍為氏，御龍為氏，《左傳‧昭公二十九年》：「昔有飂叔安，有裔子曰董父，實甚好龍，能求其耆欲以飲食之，龍多歸之，乃擾畜龍，以服事帝舜，帝賜之姓曰董，氏曰豢龍，封諸鬷川，鬷夷氏其後也。故帝舜氏世有畜龍。及有夏孔甲，擾于有帝，帝賜之乘龍，河、漢各二，各有雌雄。孔甲不能食，而未獲豢龍氏。有陶唐氏既衰，其後有劉累，學擾龍于豢龍氏，以事孔甲，能飲食之。夏后嘉之，賜氏曰御龍，以更豕韋之後。」干

將為氏,《吳越春秋‧闔閭內傳》:「干將者,吳人也,與歐冶子同師,俱能為劍。」烏浴為氏者,《通志‧氏族略第四‧以技為氏》:「烏浴氏。伯益佐堯,有養鳥獸之功,賜氏烏浴。」亦莫不然。

十六曰以事為氏,此又不論行能,但因其事而命之耳。夏后氏遭有窮之難,后緡方娠,逃出自竇,而生少康,支孫以竇為氏。《左傳‧哀公元年》:「昔有過澆殺斟灌以伐斟鄩,滅夏后相,后緡方娠,逃出自竇,歸于有仍,生少康焉。」漢武帝時,田千秋為丞相,以年老,詔乘小車出入省中,時號「車丞相」,其後因以車為氏。《漢書‧車千秋傳》:「初,千秋年老,上優之,朝見,得乘小車入宮殿中,故因號曰『車丞相』。」微子乘白馬朝周,茲白馬氏之所始也。《毛詩正義‧有客》:「有客有客,亦白其馬。」疏曰:「毛以為,微子來至京師,為周人所愛,故述而歌之。言我周家,今有承先代之客。此客亦如我周,自乘所尚而白其馬。」魏初平中,有隱者常乘青牛,號青牛先生,茲青牛氏之所始也。《三國志‧袁張涼國田王邴管傳》注引《魏略》:「初平中,山東人有青牛先生者,字正方,客三輔。曉知星曆、風角、鳥情。常食青葙芫華。年似如五六十者,人或親識之,謂其已百餘歲矣。」

十七曰以諡為氏。周人以諱事神,諡法所由立。《通志‧諡略》:「以諱事神者,周道也。周人卒哭而諱,將葬而諡,有諱則有諡,無諱則諡不立。蓋名不可名已,則後王之語前王,後代之及前代,所以為昭穆之次者,將何以別哉。生有名,死有諡,名乃生者之辨,諡乃死者之辨,初不為善惡也。」生有爵,死有諡,貴者之事也,氏乃貴稱,故諡亦可以為氏。莊氏出於楚莊王,僖氏出於魯僖公。康氏者,衛康叔之後也。宣氏者,魯宣伯之後也。文氏、武氏、哀氏、繆氏之類,皆氏於諡者也。

凡複姓者,所以明族也,一字足以明此,不足以明彼,故益一字,然後見分族之義。言王氏則濫矣,本其所系而言,則有王叔氏、王孫氏。言公氏則濫矣,本其所系而言,則有公子氏、公孫氏。故十八曰以爵系為氏。

唐氏雖出於堯,而唐孫氏又為堯之別族。滕氏雖出於叔繡,而滕叔氏又為叔繡之別族。故十九曰以國系為氏。季友之後,傳家則稱季孫,不傳家則去「孫」稱季。叔牙之後,傳家則稱叔孫,不傳家則去「孫」稱叔。故二十曰以族系為氏。

士季者字也,有士氏,又別出為士季氏。伍參者名也,有伍氏,又

別出為伍參氏。此以名氏為氏者也。又有如韓嬰者，本出韓國，加國以名為韓嬰氏。如臧會者，本出臧邑，加邑以名為臧會氏。如屠住者，本出住鄉，加鄉以名為屠住氏。故二十一曰以名氏為氏，而國、邑、鄉附焉。

禹之後為夏氏，杞他奔魯，受爵為侯，又有夏侯氏出焉。嬀姓之國為息氏，公子邊受爵為大夫，又有息夫氏出焉。此以國爵為氏者也。白氏，舊國也，楚人取而邑之，以其後為白侯氏。故二十二曰以國爵為氏，而邑爵附焉。

原氏以周邑而得氏，申氏以楚邑而得氏，及乎原加「伯」為原伯氏，以別於原氏，申加「叔」為申叔氏，以別於申氏，是之謂以邑系為氏。魯有沂邑，因沂大夫相魯，而以沂相為氏。周有甘邑，因甘平公為王卿士，而以甘士為氏。故二十三曰以邑系為氏，而邑官附焉。

師氏者，太師氏也。史氏者，太史氏也。師延之後為師延氏，史晁之後為史晁氏。此以名隸官，是之謂以官名為氏。呂不韋為秦相，子孫為呂相氏。酈食其之後為食其氏，曾孫武為侍中，改為侍其氏。此以官氏為氏者也。故二十四曰以官名為氏，而官氏附焉。

以謚為氏，所以別族也，邑而加謚，如苦成子之後為苦成氏，臧文仲之後為臧文氏。氏而加謚者，如楚鬻子之後為鬻子氏，鄭共叔之後為共叔氏。爵而加謚者，如衛成公之後為成公氏，楚成王之後為成王氏。故二十五曰以邑謚為氏，二十六曰以謚氏為氏，二十七曰以爵謚為氏也。

按古人著複姓之書多矣，未有能明其義者也。有中國之複姓，有夷狄之複姓。中國之複姓所以明族，有重複之義，二字具二義也，以中國無衍語，一言見一義。夷狄多侈辭，數言見一義，夷狄有複姓者，侈辭也，一言不能具一義，必假數言而後一義具焉。其於氏也，則有二字氏，有三字氏，有四字氏。其於音也，則有二合音，有三合音，有四合音。觀譯經潤文之義，則知侈辭之道焉。臣昔論中國亦有二合之音，如「者焉」二合為「旃」，「者與」「之與」二合為「諸」之類是也。惟無三合、四合之音。今論中國亦有二字之氏，惟無三字、四字之氏，此亦形聲之道，自然相應者也。二十八曰代北複姓，二十九曰關西複姓，三十曰諸方複姓。此皆夷狄二字姓也。三十一曰代北三字姓，侯莫陳之類是也。

三十二曰代北四字姓，自死獨膊之類是也。此外則有四聲，又有複姓。四聲者，以氏族不得其所系之本，乃分為四聲以統之。複姓者，以諸有複姓而不得其所系之本者，則附四聲之後，氏族之道終焉。

帝之前無帝號，有國者不稱國，惟以名為氏，所謂無懷氏、葛天氏、伏羲氏、燧人氏者也。至神農氏、軒轅氏，雖曰炎帝、黃帝，而猶以名為氏，然不稱國。至二帝而後，國號唐、虞也。夏、商因之，雖有國號，而天子世世稱名。至周而後，諱名用諡，由是氏族之道生焉。最明著者，春秋之時也。春秋之時，諸侯稱國，未嘗稱氏，惟楚國之君，世稱熊氏，荊蠻之道也。《史記·楚世家》：「周文王之時，季連之苗裔曰鬻熊。鬻熊子事文王，蚤卒。其子曰熊麗。」支庶稱氏，未嘗稱國，或適他國則稱國。如宋公子朝，在衛則稱宋朝，衛公孫鞅，在秦則稱衛鞅是也。秦滅六國，子孫皆為民庶，或以國為氏，或以姓為氏，或以氏為氏，姓氏之失自此始。故楚之子孫可稱楚，亦可稱芊。《史記·楚世家》：「吳回生陸終，陸終生子六人，坼剖而產焉。其長一曰昆吾，二曰參胡，三曰彭祖，四曰會人，五曰曹姓，六曰季連，芊姓，楚其後也。」周之子孫可稱周子南君，亦可稱姬嘉。《史記·周本紀》：「漢興九十有餘載，天子將封泰山，東巡狩至河南，求周苗裔，封其後嘉三十里地，號曰周子南君，比列侯，以奉其先祭祀。」又如姚恢改姓為媯，媯皓改姓為姚，《通志·氏族略第三·以姓為氏》：「虞有二姓，曰姚，曰媯。因姚墟之生而姓姚，因媯水之居而姓媯，故姚恢改姓為媯，而媯皓又改姓為姚，知姚與媯二姓可通。」茲姓與氏渾而為一者也。

自漢至唐，世有典籍討論茲事，然皆出於一時之意，不知澄本正源，每一書成，怨望紛起。臣今此書則不然，帝王列國世系之次本之《史記》，實建國之始也。諸家世系之次本之《春秋世譜》，《宋史·藝文志》：「杜預《春秋世譜》七卷。」實受氏之宗也。先天子而後諸侯，先諸侯而後卿大夫士，先卿大夫士而後百工技藝，先爵而後諡，先諸夏而後夷狄，先有紀而後無紀，繩繩秩秩，各歸其宗。使千餘年湮源斷緒之典，燦然在目，如雲歸于山，水歸于淵，日月星辰麗乎天，百穀草木麗乎土者也。臣舊為《氏族志》五十七卷，又有《氏族源》《氏族韻》等書，幾七十卷。今不能備，姑載其略云。

《六書》序

　　經術之不明，由小學之不振。小學之不振，由六書之無傳。聖人之道，惟藉六經。六經之作，惟藉文言。文言之本，在於六書。六書不分，何以見義？經之有六書，猶奕之有二棋，博之有五木。奕之變無窮，不離二色。博之應無方，不離五物。苟二棋之無別，則白猶黑也，黑猶白也，何以明勝負？苟五木之不分，則梟猶盧也，盧猶梟也，何以決雌雄？《山堂肆考》：「古博戲以五木為子，有梟、盧、雉、犢、塞。為勝負之采：博頭有刻梟形者為最勝，盧次之，雉、犢又次之，塞為最下。」小學之義，第一當識子母之相生，《通志・六書略第五・論子母》：「立類為母，從類為子。母主形，子主聲。」第二當識文字之有間。象形、指事，文也。會意、諧聲、轉注，字也。假借，文、字俱也。象形、指事，一也，象形別出為指事。諧聲、轉注，一也，諧聲別出為轉注。二母為會意，一子一母為諧聲。六書也者，象形為本，形不可象則屬諸事，事不可指則屬諸意，意不可會則屬諸聲，聲則無不諧矣，五不足而後假借生焉。

　　一曰象形，《通志・六書略第一・象形第一》：「序曰：書與畫同出，畫取形，書取象，畫取多，書取少。凡象形者，皆可畫也，不可畫則無其書矣。然書窮能變，故畫雖取多而得算常少，書雖取少而得算常多。六書也者，皆象形之變也。今推象形有十種，而旁出有六象。」而象形之別有十種：有天物之形，有山川之形，有井邑之形，有艸木之形，有人物之形，有鳥獸之形，有蟲魚之形，有鬼物之形，有器用之形，有服飾之形，是象形也。推象形之類，則有象

貌，象數，象位，象氣，象聲，象屬，是六象也，與象形並生，而統以象形。又有象形而兼諧聲者，則曰形兼聲；有象形而兼會意者，則曰形兼意。十形猶子姓也，六象猶適庶也，兼聲、兼意猶姻婭也。

二曰指事。《通志・六書略第一・指事第二》：「序曰：指事類乎象形，指事，事也；象形，形也。指事類乎會意，指事，文也；會意，字也。獨體為文，合體為字。形可象者曰象；形非形不可象者，指其事曰指事。此指事之義也。」**指事之別，有兼諧聲者，則曰事兼聲；有兼象形者，則曰事兼形；有兼會意者，則曰事兼意。**

三曰會意。《通志・六書略第二・會意第三》：「序曰：象形、指事，文也；會意，字也，文合而成字。文有子母，母主義，子主聲，一子一母為諧聲。諧聲者，一體主義，一體主聲，二母合為會意。會意者，二體俱主義，合而成字也。其別有二，有同母之合，有異母之合，其主意則一也。」**二母之合，有義無聲。**

四曰轉注。《通志・六書略第二・轉注第四》：「序曰：諧聲、轉注，一也。役它為諧聲，役己為轉注。轉注也者，正其大而轉其小，正其正而轉其偏者也。」**別聲與義，故有建類主義，亦有建類主聲，**《通志・六書略第二・轉注第四》：「立類為母，從類為子，母主義，子主聲。主義者，是以母為主而轉其子。主聲者，是以子為主而轉其母。」**有互體別聲，亦有互體別義。**《通志・六書略第二・轉注第四》：「諧聲、轉注，皆以聲別。聲異而義異者，曰互體別聲。義異而聲不異者，曰互體別義。」

五曰諧聲。《通志・六書略第三・諧聲第五》：「序曰：諧聲與五書同出，五書有窮，諧聲無窮，五書尚，諧聲尚聲，天下有有窮之義，而有無窮之聲。擬之而後言，議之而後動者，義也。不疾而速，不行而至者，聲也。作者之謂聖，述者之謂明，五書作者也，諧聲述者也。諧聲者，觸聲成字，不可勝舉，今略，但引類以記其目。」**母主形，子主聲者，諧聲之義也。然有子母同聲者，有母主聲者，有主聲不主義者，有子母互為聲者，有三體主聲者，有諧聲而兼會意者，則曰聲兼意。**

六曰假借，不離音義。《通志・六書略第四・假借第六》：「序曰：六書之難明者，為假借之難明也。六書無傳，惟藉《說文》，然許氏惟得象形、諧聲二書以成書，牽於會意，復為假借所擾，故所得者亦不能守焉。學者之患，在於識有義之義，而不識無義之義。假借者，無義之義也。假借者，本非己有，因他所授，故於己為無義。然就假借而言之，有有義之假借，有無義之假借，不可不別也。曰同音借義，曰

協音借義，曰因義借音，曰因借而借，此為有義之假借。曰借同音不借義，曰借協音不借義，曰語辭之借，曰五音之借，曰三詩之借，曰十日之借，曰十二辰之借，曰方言之借，此為無義之假借。先儒所以顛沛淪於經籍之中，如汎一葦於溟渤，靡所底止，皆為假借之所魅也。嗚呼！六書明則六經如指諸掌，假借明則六書如指諸掌。」**有同音借義，有借同音不借義，有協音借義，有借協音不借義，有因義借音，有因借而借**，《通志·六書略第四·假借第六》：「難，鳥也，因音借為艱難之難；因艱難之難，借為險難之難。」**有語辭之借**，《通志·六書略第四·假借第六》：「書者象也。凡有形有象者，則可以為象，故有其書。無形無象者，則不可為象，故無其書，語辭是也。語辭之用雖多，而主義不立，並從假借。」**有五音之借**，《通志·六書略第四·假借第六》：「宮，本宮室之宮。商，本商度之商。角，本頭角之角。徵，本徵召之徵。羽，本羽毛之羽。」**有三《詩》之借**，《通志·六書略第四·假借第六》：「風，本風蟲之風。雅，本烏鴉之鴉。頌，本顏容之容。三《詩》五音皆聲也，聲不可象，並因音而借焉。」**有十日之借**，《通志·六書略第四·假借第六》：「甲，本戈甲。乙，本魚腸。丙，本魚尾。丁，本蟗尾。戊，本武也。己，本几也。庚，鬲也。辛，被罪也。壬，懷妊也。癸，艸木實也。」**有十二辰之借**，《通志·六書略第四·假借第六》：「子，人之子也。丑，手之械也。寅，臏也。卯，牖也。辰，未詳本義。巳，蛇屬也。午，未詳本義。未，本之滋也。申，持簡也。酉，卣也。戌，與戊戚同意。亥，豕屬也。十日、十二辰，惟巳、亥有義，他並假借。以日辰之類，皆虛意難象，故因音而借焉。」**有方言之借。六書之道，備於此矣。**

　　臣舊有象類之書，極深研幾，盡制作之妙義，奈何小學不傳已久，見者不無疑駭。《通志二十略·六書略第五·論子母》：「臣舊作象類書，總三百三十母，為形之主，八百七十子，為聲之主，合千二百文而成無窮之字。許氏作《說文》，定五百四十類為字之母。然母能生而子不能生，今《說文》誤以子為母者二百十類……子不能生，是為虛設。此臣所以去其二百十，而取其三百三十也。」**今取象類之義，約而歸於六書，使天下文字無所逃，而有目者可以盡曉。嗚呼！古者有尉律，所以勑小學也。學童十七已上，始試諷籀書九千字，乃得為吏。又以六體試之，郡移太史，并課最者以為尚書史。書或不正，輒舉劾之。**《漢書·藝文志》：「漢興，蕭何草律，亦著其法，曰：『太史試學童，能諷書九千字以上，乃得為史。又以六體試之，課最者以為尚書御史史書令史。吏民上書，字或不正，輒舉劾。』六體者，古文、奇字、篆書、隸書、繆篆、蟲書，皆所以通知古今文字，摹印章，書幡信也。」**夫古文變而為籀書，籀書變而為**

篆隸，秦漢之人習篆隸必試以籀書者，恐失其原也。後之學者，六書不明，篆籀罔措，而欲通經，難矣哉！且尉律者，廷尉治獄之律也，古人於獄訟之書猶不敢苟簡若是，而況聖人之經乎。

《七音》序

　　天地之大，其用在坎離。《周易·說卦》:「坎為水，為溝瀆，為隱伏，為矯
輮，為弓輪。……離為火，為日，為電，為中女，為甲冑，為戈兵。」人之為靈，
其用在耳目。人與禽獸，視聽一也，聖人制律所以導耳之聰，制字所以
擴目之明，耳目根於心，聰明發於外，上智下愚，自此分矣。雖曰皇頡
制字，許慎《說文解字敘》:「黃帝之史倉頡，見鳥獸蹏迒之迹，知分理之可相別異
也，初造書契。」伶倫制律，《漢書·律曆志》:「黃帝使泠綸，自大夏之西，昆侖
之陰，取竹之解谷生，其竅厚均者，斷兩節間而吹之，以為黃鐘之宮。制十二箭以
聽鳳之鳴，其雄鳴為六，雌鳴亦六，比黃鐘之宮，而皆可以生之，是為律本。至治
之世，天地之氣合以生風;天地之風氣正，十二律定。」歷代相承，未聞其書。
漢人課籀隸，始為字書，以通文字之學。江左競風騷，始為韻書，以通
聲音之學。然漢儒識文字而不識子母，則失制字之旨。江左之儒識四
聲而不識七音，《南齊書·陸厥傳》:「永明末，盛為文章。吳興沈約、陳郡謝朓、
琅邪王融以氣類相推轂。汝南周顒善識聲韻。約等文皆用宮商，以平上去入為四聲，
以此制韻，不可增減，世呼為『永明體』。」則失立韻之源。獨體為文，合體
為字，漢儒知以說文解字，而不知文有子母。生字為母，從母為子，子
母不分，所以失制字之旨。四聲為經，七音為緯，江左之儒知縱有平、
上、去、入為四聲，而不知衡有宮、商、角、徵、羽、半徵、半商為七
音。縱成經，衡成緯，經緯不交，所以失立韻之源。
　　七音之韻，起自西域，流入諸夏。梵僧欲以其教傳之天下，故為此
書，雖重百譯之遠，一字不通之處，而音義可傳。華僧從而定之，以三

十六為之母，重輕清濁，不失其倫，天地萬物之音，備於此矣。《通志二十略·藝文略·音韻》：「《三十六字母圖》，一卷，僧守溫。切韻之學，起自西域，舊所傳十四字貫一切音，文省而音博，謂之《婆羅門書》。然猶未也，其後又得三十六字母，而音韻之道始備。中華之韻，只彈四聲，然有聲有音，聲為經，音為緯。平、上、去、入者，四聲也，其體縱，故為經。宮、商、角、徵、羽、半徵、半商，七音也，其體橫，故為緯。經緯錯綜，然後成文。」雖鶴唳風聲，鷄鳴狗吠，雷霆驚天，蚊蝱過耳，皆可譯也，況於人言乎。所以日月照處，甘傳梵書者，為有七音之圖，以通百譯之義也。今宣尼之書，即孔子。自中國而東則朝鮮，西則涼夏，西夏，其地古稱涼州。南則交阯，北則朔易，《尚書正義·堯典》：「平在朔易。」孔傳：「北稱朔……易謂歲改易於北方。」皆吾故封也，故封之外，其書不通。何瞿曇之書能入諸夏，《通志·氏族略·諸方複姓》：「瞿曇氏。西域天竺國人。」瞿曇為釋加牟尼之俗姓。瞿曇之書即指佛書。而宣尼之書不能至跋提河，古拘尸那揭羅国境內阿利羅跋提河之省稱，后亦借指印度。聲音之道，有障閡耳。《四庫全書總目·欽定繙譯五經五十八卷、四書二十九卷》：「案鄭樵《通志·七音略》曰：『宣尼之書……聲音之道有障礙耳。』其說良是。然文字之聲音，越數郡而或不同。文字之義理，則縱而引之，千古上下無所異。橫而推之，四海內外無所異。苟能宣其意旨，通以語言，自有契若符節者，又何聲音之能障礙乎哉。考《隋書》載魏氏遷洛，未達華語。孝文帝命侯伏侯可悉陵以其言譯《孝經》之旨，教於國人，謂之《國語孝經》。《經籍志》載其書作一卷，是古人已有行之者。特其學其識，均未窺六藝之閫奧，故能譯者僅文句淺顯之《孝經》，而諸經則未之及耳。」此後學之罪也。舟車可通，則文義可及。今舟車所通而文義所不及者，何哉？臣今取七音編而為志，庶使學者盡傳其學，然後能周宣宣尼之書以及人面之域，孫詒讓《墨子閒詁·明鬼》：「矧佳人面，胡敢異心？」孫詒讓注曰：「人面，言有面目而為人，非百獸貞蟲飛鳥之比也。《國語·越語》：『范蠡曰：余雖靦然而人面哉，余猶禽獸也。』」所謂用夏變夷，當自此始。

錢大昕《潛研堂文集·答問十二》：問：「鄭樵《七音略》謂華人知四聲而不知七音，以所傳三十六字母為出於西域；後儒又謂字母出於華嚴經，其信然乎？」曰：「『字母』兩字，固出《華嚴》，然唐玄應《一切經音義》所載《華嚴經》終於五十八卷，初不見字母之說。今所傳《華嚴》八十一卷，乃實叉難陀所譯，出於唐中葉，又在玄應之後。而漢末孫叔然已造翻切，則翻切不因於字母也。翻切之學，以雙聲疊韻紐弄而成音，有疊韻而後人因有二百六部，有雙聲而後人因有三十六母。雙聲疊韻，華學，

非梵學；即三十六母，亦華音，非梵音也。宋世儒家言字母者，始於司馬溫公，而溫公撰《切韻指掌圖》，無一言及於西域，則三十六母為華音又何疑焉！且《華嚴》之母四十有二，與三十六母多寡迥異，其所云二合、三合之母，華人皆不能解，而疑、非、敷、奉諸母，《華嚴》又無之，則謂見、溪、群、疑之譜本於華嚴者，妄矣。特以其譜為唐末沙門所傳，又襲彼字母之名，夾漈不加詳考，遂誤認為天竺之學耳。予嘗讀《一切經音義》載《大般涅槃經》有比聲二十五字，曰舌根聲、舌齒聲、上齶聲、舌頭聲、唇吻聲，頗與見、溪、群、疑之序相似；而每聲各五字，與今譜異。別有字音十四，則今所謂影、喻、來母也。日母列於舌齒聲，不別為類，亦與今譜異。竊意唐末作字母譜者，頗亦采取《涅槃》，而有取有棄，實以華音為本。若《華嚴》之字母，則與今譜風馬牛不相及矣。《華嚴》雖有字母之名，而涅槃實在華嚴之前，其分部頗有條理，不似《華嚴》之雜糅。今人但知《華嚴》，不知《涅槃》，是逐末而遺本也。」

錢大昕《十駕齋養新錄·字母》：「三十六字母唐以前未有言之者。相傳出於僧守溫，溫亦唐末沙門也。司馬溫公切韻指掌圖言字母詳矣，初不言出於梵學；至鄭樵作七音略，謂華人知四聲而不知七音，乃始尊其學為天竺之傳。今考華嚴經四十二字母與三十六母多寡迥異。四十二母，梵音也；三十六母，華音也。華音疑、非、敷、奉諸母華嚴皆無之，而華嚴所謂『二合』『三合』者又非華人所解，則謂見、溪、羣、疑之譜出於華嚴者非也。特以其為沙門所傳，又襲彼字母之名，夾漈好奇而無識，遂誤仞為得自西域，後人隨聲附和，并為一談，大可怪也。」

臣謹按：開皇二年，詔求知音之士，參定音樂。時有柱國沛公鄭譯，《周書·鄭譯傳》：「譯幼聰敏，涉獵羣書，尤善音樂，有名於時。」獨得其義，而為議曰：「考尋樂府鍾石律呂，皆有宮商角徵羽變宮變徵之名，七聲之內，三聲乖應，每加詢訪，終莫能通。先是周武帝之時，有龜茲人曰蘇祇婆，從突厥皇后入國，善胡琵琶。聽其所奏，一均之中，間有七聲。問之，則曰：『父在西域，號為知音，世相傳習，調有七種。』」凌延堪《燕樂考原·總論》：「此即今日樂器相傳之七調也。」以其七調，校之七聲，冥若合符。一曰娑陁力，華言平聲，即宮聲也。凌延堪《燕樂考原·總論》：「《遼史·樂志》：『一曰娑陁力，平聲。』又宮聲七調，屬娑陁力旦。」二曰雞識，凌延堪《燕樂考原·總論》：「《宋史·律志》引《樂髓新經》作『稽識』。」華言長聲，即商聲也。三曰沙識，華言質直聲，即角聲也。凌延堪《燕樂考原·總論》：「《遼志》：『三曰沙識，質直聲。』又，角聲七調屬沙識旦。」四曰沙侯加濫，華言應聲，即變徵聲也。五曰沙臘，華言應和聲，即徵聲也。凌延

堪《燕樂考原·總論》:「《遼志》:『四曰沙侯加濫,五曰沙臘,皆應聲。』又羽聲七調屬沙侯加濫旦。案:隋志以沙侯加濫為變徵聲者,以七聲之次序言。遼志以七羽屬之者,以琵琶四弦之大小言也。皆以意分配而已。」**六曰般贍,華言五聲,即羽聲也。**淩延堪《燕樂考原·總論》:「《遼志》:『六曰般贍,五聲。』案:《宋史·樂志》,七羽之首曰般涉調。『贍』『涉』聲相近,『般涉』即『般贍』之轉,蓋七羽之有般涉、高般涉,猶七宮之有正宮、高宮也。」**七曰俟利箑,華言斛牛聲,即變宮也。」譯因習而彈之,始得七聲之正。然其就此七調,又有五旦之名。旦作七調,以華譯之,旦即均也。譯遂因琵琶更立七均,**淩延堪《燕樂考原·總論》:「案:段安節《琵琶錄》:『臨時移柱乃應二十八調。』《遼史·樂志》:『不用黍律,以琵琶弦叶之。』皆與此合。」**合成十二,應十二律,律有七音,音立一調,故成七調,**淩延堪《燕樂考原·總論》:「案:杜氏《通典》一弦琴十有二柱,柱如琵琶。方中履《古今釋疑》絲音則一弦亦具七調,以《隋志》考之,則琵琶一弦具七調,四弦故二十八調也。」**十二律合八十四調,旋轉相交,盡皆和合。**淩延堪《燕樂考原·總論》:「案:此所云八十四調,及遼志四十九調,皆以琵琶轉弦移柱取之,繁複本不可施用,故後世不傳也。蔡元定去二變為六十調,則又為鄭譯所愚矣。」**仍以其聲考校太樂鍾律,乖戾不可勝數。譯為是著書二十餘篇,太子洗馬蘇夔駁之,以五音所從來久矣,不言有變宮變徵,七調之作,實所未聞。**《隋書·音樂志》:「時邳國公世子蘇夔,亦稱明樂,駁譯曰:『《韓詩外傳》所載樂聲感人,及《月令》所載五音所中,並皆有五,不言變宮、變徵。又《春秋左氏》所云:七音六律,以奉五聲。準此而言,每宮應立五調,不聞更加變宮、變徵二調為七調。七調之作,所出未詳。』」**譯又引古以為據,周有七音之律,漢有七始之志。**《隋書·音樂志》:「譯答之曰:『周有七音之律,《漢書·律曆志》,天地人及四時,謂之七始。黃鍾為天始,林鍾為地始,太簇為人始,是為三始。姑洗為春,蕤賓為夏,南呂為秋,應鍾為冬,是為四時。四時三始,是以為七。今若不以二變為調曲,則是冬夏聲闕,四時不備。是故每宮須立七調。』」**時何妥以舊學,牛弘以巨儒,不能精通,同加沮抑,遂使隋人之耳不聞七調之音。**以上事載《隋書·音樂志》

淩延堪《燕樂考原·總論》案:「《隋書·音樂志》明云鄭譯用蘇祇婆琵琶弦柱相引為均,《遼史·樂志》又云二十八調不用黍律,以琵琶弦叶之,則燕樂之原出於琵琶可知。以《遼志》校勘《隋志》,多互相發明。但《隋志》猶以五聲二變十二管附會之,而《遼志》直云不用黍律,更為簡捷明顯,無疑義矣。故《唐志》燕樂之器,

以琵琶為首，《宋志》亦云坐部伎琵琶曲盛流於時，皆其證也。蓋琵琶四弦，故燕樂但有宮、商、角、羽四均，即四旦。無徵聲一均也。第一弦最大，其聲最濁，故以為宮聲之均，所謂『大不逾宮』也。第四弦最細，其聲最清，故以為羽聲之均，所謂『細不過羽』也。第二弦少細，其聲亦少清，故以為商聲之均。第三弦又細，其聲又清，故以為角聲之均。一均分為七調，四均故二十八調也。其實不特無徵聲之均，即角聲之均亦非正聲，故《宋史》云變宮謂之『閏』，又云『閏為角，而實非正角』是也。不特角聲之均，非正聲，即宮、商、羽三均亦就琵琶弦之大小清濁而命之，與《漢志》所載律呂長短分寸之數兩不相謀。學者無為古人所愚可也。然七角一均，宋人教坊已不用；七羽一均，元人雜劇已不用，則亦徒存其名矣。後人論燕樂者，不知琵琶為燕樂之原，而乃漫於簫笛求之，無怪乎其於二十八調之說，皆茫如捕風也。夫燕樂，唐宋人皆知之，去今未遠，學者猶不能詳言其故，況三代以前之律呂哉！自隋鄭譯推演龜茲琵琶以定律，無論雅樂俗樂，皆原於此，不過緣飾以律呂之名而已。世儒見琵琶非三代法物，恒置之不言，而纍黍布算，截竹吹管，自矜心得，不知所謂生聲立調者，皆蘇祇婆之緒餘也，庸足噱乎？又鄭譯之前則有京房之律準，亦屬絲聲，其分寸皆不可為律管之度。詳見余所著《晉泰始笛律匡謬》。」

臣又按：唐楊收與安涗論琴，五絃之外，復益二絃，因言七聲之義。西京諸儒惑圜鍾函鍾之說，故其郊廟樂惟用黃鍾一均，章帝時太常丞鮑業始旋十二宮。夫旋宮以七聲為均，均言韻也，古無韻字，猶言一韻聲也，宮商角徵羽為五聲，加少宮少徵為七聲，始得相旋為宮之意。《新唐書·楊收傳》：「時有安涗者，世稱善琴，且知音。收問：『五弦外，其二云何？』涗曰：『世謂周文、武二王所加者。』收曰：『能為《文王操》乎？』涗即以黃鍾為宮而奏之，以少商應大絃，收曰：『止！如子之言，少商，武絃也。且文世安得武聲乎？』涗大驚，因問樂意，收曰：『樂亡久矣。上古祀天地宗廟，皆不用商。周人歌大呂、舞《雲門》以俟天神，歌太蔟、舞《咸池》以俟地祇。大呂、黃鍾之合，陽聲之首。而《雲門》，黃帝樂也；《咸池》，堯樂也。不敢用黃鍾，而以太蔟次之。然則祭天者，圜鍾為宮，黃鍾為角，太蔟為徵，姑洗為羽；祭地者，函鍾為宮，太蔟為角，姑洗為徵，南呂為羽。訖不用商及二少。蓋商聲剛而二少聲下，所以取其正、裁其繁也。漢祭天則用商，而宗廟不用，謂鬼神畏商之剛。西京諸儒惑圜鍾、函鍾之說，故其自受命，郊祀、宗廟樂，唯用黃鍾一均。章帝時，太常丞鮑業始旋十二宮。夫旋宮以七聲為均，均言韻也，古無韻字，猶言一韻聲也。始以某律為宮，某律為商，某律為角，某律為徵，某律為羽，某律少宮，某律少徵，亦曰變，曰比。

一均成則五聲為之節族，此旋宮也。」乃取律次之以示浼。浼時七十餘，以為未始聞，而收未冠也。」琴者，樂之宗也，韻者，聲之本也，皆主於七，名之曰韻者，蓋取均聲也。臣初得《七音韻鑑》，《通志・六書略・論華梵》：「觀今《七音韻鑑》出自西域，應琴七絃，天籟所作，故從衡正倒，展轉成圖，無非自然之文，極是精微，不比韻書但平上去入而已。」一唱而三嘆，胡僧有此妙義，而儒者未之聞。及乎研究制字，考證諧聲，然後知皇頡、史籀之書已具七音之作，《漢書・藝文志》：「《史籀》十五篇。周宣王太史作大篆十五篇，建武時亡六篇矣。」先儒不得其傳耳。今作《諧聲圖》，《通志・七音略・諧聲制字六圖》：「諧聲者，六書之一書也。凡諧聲之道，有同聲者，則取同聲而諧；無同聲者，則取協聲而諧；無協聲者，則取正音而諧；無正音者，則取旁音而諧。所謂聲者，四聲也。音者，七音也。制字之本，或取聲以成字，或取音以成字，不可備舉。今取其要，以證所諧，茲所不載，觸類而長。」所以明古人制字通七音之妙，又述內外轉圖，所以明胡僧立韻得經緯之全。釋氏以參禪為大悟，通音為小悟，既七音一呼而聚，四聲不召自來，此其矗淺者耳。至於紐攝杳冥，盤旋寥廓，非心樂洞融天籟，通乎造化者，不能造其闉。字書主於母，必母權子而行，然後能別形中之聲。韻書主於子，必子權母而行，然後能別聲中之形。所以臣更作字書，以母為主，亦更作韻書，以子為主。《通志・六書略第五・論子母》：「立類為母，從類為子。母主形，子主聲。《說文》眼學，眼見之則成類，耳聽之則不成類。《廣韻》耳學，耳聽之則成類，眼見之則不成類。故《說文》主母而役子，《廣韻》主子而率母。《說文》形也，禮也，《廣韻》聲也，樂也。《說文》以母統子，《廣韻》以子該母。臣舊作《象類書》，總三百三十母，為形之主，八百七十子，為聲之主，合千二百文而成無窮之字。許氏作《說文》，定五百四十類為字之母。然母能生而子不能生，今《說文》誤以子為母者二百十類。……子不能生，是為虛設。此臣所以去其二百十，而取其三百三十也。」今茲內外轉圖，用以別音聲，而非所以主子母也。康有為《萬木草堂口說・學術源流》：「鄭夾漈《圖譜略》、《校讎略》最好，《氏族略》次之，《七音》、《六書》不佳。」

《天文》序

　　堯命羲、和揭星鳥、星火、星虛、星昴之象以示人，使人知二至二分，以行四時。《尚書・堯典》：「乃命羲、和，欽若昊天，曆象日月星辰，敬授人時。……日中，星鳥，以殷仲春。……日永，星火，以正仲夏。……宵中，星虛，以殷仲秋。……日短，星昴，以正仲冬。」孔傳：「重黎之後羲氏、和氏世掌天地四時之官，故堯命之，使敬順昊天。……日中謂春分之日。鳥，南方朱鳥七宿。殷，正也。春分之昏，鳥星畢見，以正仲春之氣節，轉以推季孟則可知。……永，長也，謂夏至之日。火，蒼龍之中星，舉中則七星見可知。以正仲夏之氣節，季孟亦可知。……宵，夜也。春言日，秋言夜，互相備。虛玄武之中星，亦言七星皆以秋分日見，以正三秋。……日短，冬至之日。昴，白虎之中星，亦以七星並見，以正冬之三節。」不幸而占候之說起，持吉凶以惑人，紛紛然務為妖妄，是以刑網禁之。《四庫全書總目・術數類序》：「星土雲物，見於經典，流傳妖妄，寖失其真，然不可謂古無其說，是為占候。」臣謹按：占候之學起於春秋、戰國，其時所謂精於其道者，梓慎、裨竈之徒耳，後世之言天者不能及也。魯昭公十七年冬，有星孛于大辰，西及漢，杜注：「辰星見在天漢西。今孛星出辰西，光芒東及天漢。」裨竈言之於子產曰：「宋、衛、陳、鄭將同日火。若我用瓘斝玉瓚、鄭必不火。」杜注：「瓘，珪也。斝，玉爵也。瓚，勺也。欲以禳火。」子產弗與。明年五月壬午，四國皆火。裨竈曰：「不用吾言，鄭又將火。」杜注：「前年裨竈欲用瓘斝禳火，子產不聽，今復請用之。」鄭人請用之，子產復弗與。子太叔咎之曰：「寶以保民，子何愛也」？子產曰：「天道遠，人道邇。竈焉知天道，是亦多言矣，豈不或信。」杜注：「多言者或時有中。」卒弗與，亦不復火。昭公二

十四年五月乙未朔，日有食之。梓慎曰：「將水。」杜注：「陰勝陽，故曰將
水。」昭子曰：「旱也。日過分而陽猶不克，克必甚，能無旱乎。」杜注：
「過春分，陽氣盛時，而不勝陰，陽將溺出，故為旱。」是秋大旱，如昭子之言。
夫災旱易推之數也，慎、竈至精之術也，而或中或否，後世之愚瞽若之
何而談吉凶！知昭子之言，則知陰陽消長之道可以理推，不可以象求也。
知子產之言，則知言而中者亦不可聽，況於不中者乎。臣之所作《天文
書》，鄭樵《寄方禮部書》：「樵于《爾雅》之外，又為《天文志》。以自司馬遷《天官
書》以來，諸史各有其志，奈何曆官能識星而不能為《志》，史官能為《志》而不識星，
不過采諸家之說而合集之耳，實無所質正也。樵《天文志》略于災福之說，傳記其實而
圖其狀也。」正欲學者識垂象以授民時之意，而杜絕其妖妄之源焉。《四庫
全書總目·術數類一》：「案作《易》本以垂教，而流為趨避禍福。占天本以授時，而流
為測驗災祥。皆末流遷變，失其本初。故占候之與天文，名一而實則二也。」聊舉二
條以為證。

　　臣舊作《圖譜志》，謂天下之大學術者十有六，皆在圖譜，無圖有
書不可用者，天文是其一也。《通志·圖譜略·明用》：「今總天下之書，古今
之學術，而條其所以為圖譜之用者十有六：一曰天文，二曰地理，三曰宮室，四曰
器用，五曰車旗，六曰衣裳，七曰壇兆，八曰都邑，九曰城築，十曰田里，十一曰
會計，十二曰法制，十三曰班爵，十四曰古今，十五曰名物，十六曰書。凡此十六
類，有書無圖，不可用也。人生覆載之間，而不知天文、地里，此學者之大患也。
在天成象，在地成形，星辰之次舍，日月之往來，非圖無以見天之象。山川之紀，
夷夏之分，非圖無以見地之形。天官有書，書不可以仰觀，地里有志，志不可以俯
察，故曰天文地里，無圖有書，不可用也。」而歷世《天文志》，徒有其書，
無載象之義，故學者但識星名，不可以仰觀，雖有其書，不如無也。
隋有丹元子者，隱者之流也，不知名氏，作《步天歌》，見者可以觀象
焉。《四庫全書總目·中西經星同異考》：「惟隋丹元子《步天歌》所列星象，特為
簡括。故自宋以來，天官家多據為準繩。」《清史稿·天文志》：「隋丹元子作《步天
歌》，敘三垣二十八宿，共一千四百六十七星，為觀象之津梁。」王希明纂漢、
晉《志》以釋之，《唐書》誤以為王希明也。《四庫全書總目·步天歌》：「陳
振孫《書錄解題》曰：『《步天歌》一卷，未詳撰人。二十八舍歌也。《三垣頌》《五
星凌犯賦》附於後。或曰唐王希明撰，自號丹元子。』鄭樵《通志·天文略》則曰：
『隋有丹元子，隱者之流也，不知名氏，作《步天歌》。王希明纂漢、晉《志》以釋

之，《唐書》誤以為王希明。」案樵《天文略》全採此歌，故推之甚至。然丹元子為隋人，不見他書，不知樵何所據。使果隋時所作，不應李淳風不知其人，《隋書‧經籍志》中竟不著錄，至《唐書》乃稱王希明也。疑以傳疑，闕所不知可矣。其書以紫微太微天市分上中下三垣宮，仍以四方之星分屬二十八舍。皆以七字為句，條理詳明。歷代傳為佳本。」天文藉圖不藉書，然書經百傳，不復訛謬，縱有訛謬，易為考正。圖一再傳，便成顛錯，一錯愈錯，不復稽尋。所以信圖難得，故學者不復識星。臣向嘗盡求其書，不得其象，又盡求其圖，不得其信。一日得《步天歌》而誦之，時素秋無月，清天如水，長誦一句，凝目一星，不三數夜，一天星斗盡在胸中矣。此本只傳靈臺，不傳人間，術家秘之，名曰「鬼料竅」，世有數本，不勝其訛，今則取之仰觀以從稽定。然《步天歌》之言，不過漢、晉諸《志》之言也。漢、晉《志》不可以得天文者，謂所載者名數災祥，叢雜難舉故也。《步天歌》句中有圖，言下見象，或約或豐，無餘無失，又不言休祥，是深知天者。今之所作，以是為本。舊於歌前亦有星形，然流傳易訛，所當削去，惟於歌之後，採諸家之書以備其書云。

《地里》序

　　州縣之設，有時而更。山川之形，千古不易。所以《禹貢》分州，必以山川定經界。《書集傳・禹貢》：「禹敷土，隨山刊木，奠高山大川。」蔡沈曰：「敷，分也。分別土地以為九州也。奠，定也。定高山大川以別州境也。若兗之濟、河，青之海岱，揚之淮海，雍之黑水、西河，荊之荊、衡，徐之岱、淮，豫之荊、河，梁之華陽、黑水是也。方洪水橫流，不辨區域。禹分九州之地，隨山之勢，相其便宜，斬木通道以治之。又定其山之高者，與其川之大者，以為之紀綱。」使兗州可移，而濟、河之兗不能移。使梁州可遷，而華陽、黑水之梁不能遷。是故《禹貢》為萬世不易之書。後之史家主於州縣，州縣移易，其書遂廢。《文獻通考・輿地考一》引州縣之設至其書遂廢，按曰：「禹九州之後，虞分為十二州，周《職方》之九州，又與禹異。兩漢為十三州，置刺史以統郡，歷代因之。其後置郡益多，而土宇益狹，且所隸之州，隋與晉異，晉與漢殊，於是禹迹之九州，益不可復考矣。是以斷代為書，不可聯屬，夾漈所謂州縣移易，其書遂廢者是也。」《清儒學案》卷三十六《禹貢錐指例略》：「此至言也。然後世河日徙而南，則兗之西北界不可得詳；河南之濟亡，則兗之東南界亦苦難辨；華陽專主商洛，則梁之西北界茫無畔岸；黑水與雍通波，則梁之西南界何所止極，《禹貢》之書雖存，徒虛器耳。郡縣能亂其疆域，山川亦能變其疆域，向之不可移者，今或移之矣，非研精覃思，博稽圖籍，其何以正之！」今之地里，以水為主。水者，地之脈絡也，郡縣碁布，州道瓜分，皆由水以別焉。中國之水，則江、河、淮、濟為四瀆，諸水所歸。苟明乎此，則天下可運於掌。《孟子・梁惠王上》：「天下可運於掌。」趙岐注：「天下可轉之掌上，言其易也。」

《都邑》序

　　建邦設都，皆馮險阻。山川者，天之險阻也。城池者，人之險阻也。城池必依山川以為固。大河自天地之西而極天地之東，大江自中國之西而極中國之東。天地所以設險之大者，莫如大河，其次莫如大江。故中原依大河以為固，吳、越依大江以為固，中原無事則居河之南，中原多事則居江之南。自開闢以來，皆河南建都，雖黃帝之都，《通志・都邑略・三皇都》：「伏犧都陳。宛丘城是也，今陳州治。周武王封舜之後於此。神農都魯，或云，始都陳。魯今兗州曲阜縣，故又云，神農營曲阜。黃帝都有熊，又遷涿鹿。有熊，今鄭州新鄭。涿鹿即涿州。」堯、舜、禹之都，《通志・都邑略・五帝都》：「堯始封于唐，後徙晉陽，即帝位都平陽。唐，今定州唐縣，猶有唐城存焉。或云，唐城在絳州翼城西二里。及徙晉陽，則以晉陽為唐，今平定軍有古晉陽城，是其地。及為天子，都平陽，則又以平陽為唐。平陽今晉州也。舜始封于虞，即帝位都蒲坂。虞即南京虞城縣。蒲坂隋改為河南縣，今隸河中府。」《通志・都邑略・夏都》：「禹封於夏，受禪之後，都平陽，又徙安邑。夏，今陝州夏縣。安邑今隸蒲州。平陽即堯都也。禹在陽城者，避商均之地，而非都也。按《五子之歌》曰：『惟彼陶唐，有此冀方。』言堯、舜及禹皆在冀州界，少康中興，復還舊都。故《左傳》曰：『復禹之迹，不失舊物。』」於今皆為河北，在昔皆為河南。大河故道自碣石入海，碣石今平州也，所以幽薊之邦，冀都之壤，皆為河南地。周定王五年以後，河道堙塞，漸移南流，至漢元光三年，徙從頓丘入渤海，今濱、滄間也。自成周以來，河南之都，惟長安與洛陽，或逾河而居鄴者，非長久計也。自漢、晉以來，江南之都，惟有建業，或據上流而居江陵、武昌者，亦

非長久計也。是故定都之君，惟此三都是定，議都之臣，亦惟此三都是議。此三都者，雖曰金湯之業，《後漢書·光武帝紀》:「金湯失險，車書共道。」李賢注:「《前書》曰:『金城湯池，不可攻矣。』金以諭堅，湯取其熱。」屢為車轂之場，或歷數百載，或禪數十君，高城深池，塹山堙谷，斸土既多，地絕其脈，積污復久，水化其味，此隋人所謂不甚宜人者也。《隋書·庾季才傳》:「開皇元年，授通直散騎常侍。高祖將遷都，夜與高熲、蘇威二人定議，季才旦而奏曰:『臣仰觀玄象，俯察圖記，龜兆允襲，必有遷都。且堯都平陽，舜都冀土，是知帝王居止，世代不同。且漢營此城，經今將八百歲，水皆鹹鹵，不甚宜人。願陛下協天人之心，為遷徙之計。』」而況衝車所攻，矢石所集，積骸灑血，莽為荊榛，斷垣壞壁，鬼燐滅沒，由茲鳩集，能必其蕃育乎！

　　唐之末年，博士朱朴獻遷都之議，曰:「古之帝王，不常厥居，皆觀天地興衰，隨時制事。關中，周、隋所都，我實因之，凡三百歲，文物資貨，奢侈僭偽，皆極焉。廣明巨盜，陷覆京闕，高祖、太宗之制蕩然矣。《新唐書·黃巢傳》:「巢齋太清宮，卜日舍含元殿，僭即位，號大齊。求袞冕不得，繪弋綈為之;無金石樂，擊大鼓數百，列長劍大刀為衛。大赦，建元為金統。王官三品以上停，四品以下還之。因自陳符命，取『廣明』字，判其文曰:『唐去丑口而著黃，明黃當代唐，又黃為土，金所生，蓋天啟』云。」夫襄、鄧之西，夷漫數百里，其東則漢興、鳳林為之關，南則菊潭環屈而流屬於漢，西有上洛重山之險，北有白崖聯絡，誠形勝之地，沃衍之墟。若廣浚河渠，漕輓天下，可使大集。自古中興之君，去已衰之衰，就未王而王。今南陽，光武雖起而未王也。臣視山河壯麗處，多故都已盛而衰，難可興已。江南土薄水淺，人心囂浮輕巧，不可以都。河北固水深土厚，而人心彊愎狼戾，未即可服。襄鄧既為內地，人心質良，去秦咫尺，而有上洛為侵軼之限，此建都之極選也。」疏奏，在廷無有是其說者。語載《新唐書·朱朴傳》。豈以其人無足取，故并廢其言與？然其論「去已衰之衰，就未王而王」，則前此或未有之及矣。

　　臣竊觀自昔帝王之都，未有建宸極於汴者，雖晉之十六國偏處中州，亦未聞有據夷門者，《史記·魏公子列傳》:「太史公曰:吾過大梁之墟，求問其所謂夷門。夷門者，城之東門也。」何哉？蓋其地當四戰之衝，無設險之山，則國失依憑，無流惡之水，則民多疾癘。七國之魏，本都安邑，為秦侵蝕，不得已東徙大梁。《史記·魏世家》:「三十一年，秦、趙、齊共伐

我，秦將商君詐我將軍公子卬而襲奪其軍，破之。秦用商君，東地至河，而齊、趙數破我，安邑近秦，於是徙治大梁。」秦人卒決河流以灌其城，王假就虜，一國為魚焉。《史記·秦始皇本紀》：「二十二年，王賁攻魏，引河溝灌大梁，大梁城壞，其王請降，盡取其地。」自是曠千三四年無有居者。朱全忠藉宣武資力以篡唐，因而居汴，未為都也。《新五代史·職方考》：「汴州，唐故曰宣武軍。梁以汴州為開封府，建為東都。後唐滅梁，復為宣武軍。晉天福三年昇為東京。漢、周因之。」不及五六年，梟鏡殞命，昏庸繼位，或獻遷都之謀，君臣皆謂夷門國家根本，不可遽易，遂為京室。《新五代史·梁末帝本紀》：「象先遣趙巖持傳國寶至東都，請王入洛陽，王報曰：『夷門，太祖所以興王業也，北拒並汾，東至淮海，國家藩鎮，多在東方，命將出師，利於便近。』是月，皇帝即位於東都。」唐兵之來，梁室之禍，甚於王假。魏王假也。《舊五代史·末帝紀下》：「帝召控鶴都將皇甫麟，謂之曰：『吾與晉人世讎，不可俟彼刀鋸。卿可盡我命，無令落讎人之手。』麟不忍，帝曰：『卿不忍，將賣我耶！』麟舉刀將自剄，帝持之，因相對大慟。戊寅夕，麟進刃於建國樓之廊下，帝崩。」晉遵覆轍，邪律長驅，取少帝如拾芥，視朱氏又酷烈焉。《舊五代史·外國列傳第一·契丹》：「十二日，德光入鎮州，大犒將士。十四日，自鎮州南行，中渡降軍所釋甲仗百萬計，並令於鎮州收貯，戰馬數萬匹，長驅而北。命張彥澤領二千騎先趨東京，遣重威部轄降兵取邢、相路前進。晉少帝遣子延煦、延寶奉降表於契丹，並傳國寶一紐至牙帳。明年春正月朔日，德光至汴北，文武百官迎於路。是日入宮，至昏復出，次於赤崗。五日，偽制降晉少帝為負義侯，於黃龍府安置。」

宋祖開基，大臣無周公宅洛之謀，小臣無婁敬入關之請，《史記·劉敬叔孫通列傳》：「婁敬說曰：『陛下都洛陽，豈欲與周室比隆哉？』上曰：『然。』婁敬曰：『陛下取天下與周室異……成王即位，周公之屬傅相焉，迺營成周洛邑，以此為天下之中也……而欲比隆於成康之時，臣竊以為不侔也。且夫秦地被山帶河，四塞以為固，卒然有急，百萬之眾可具也。因秦之故，資甚美膏腴之地，此所謂天府者也。陛下入關而都之，山東雖亂，秦之故地可全而有也。夫與人鬥，不搤其亢，拊其背，未能全其勝也。今陛下入關而都，案秦之故地，此亦搤天下之亢而拊其背也。』」因循前人，不易其故。逮至九朝，遂有靖康之難，豈其德之不建哉，由地執然爾。六飛南巡，《漢書·爰盎鼂錯傳》：「今陛下騁六飛，馳不測山，有如馬驚車敗，陛下縱自輕，奈高廟、太后何？」如淳曰：「六馬之疾若飛也。」駐蹕吳越，朝曰行闕，陵曰欑寢，此豈絕念於卜宅哉！咸陽郊鄜，我陵我阿，《爾雅

集解・釋地弟九》：「大陸曰阜，大阜曰陵，大陵曰阿。」李巡注：「大陸謂土地高大名曰阜。阜最大者名為陵。陵之大者名阿。」湯湯秦淮，一葦可至，而臣鄰未聞以定鼎之謀啟陳者，毋亦以殘都廢邑，土脈絕，水泉鹵，不足復興，而夷門之痛，況未定也。嗚呼！江沱不足宴安也，毋已，則採唐人之議，取南陽為中原新宅，且以繫人望云。

《樂府》總序

　　古之達禮三：一曰燕，二曰享，三曰祀。所謂吉、凶、軍、賓、嘉，皆主此三者以成禮。古之達樂三：一曰風，二曰雅，三曰頌。所謂金、石、絲、竹、匏、土、革、木，皆主此三者以成樂。禮樂相須以為用，禮非樂不行，樂非禮不舉。自后夔以來，樂以詩為本，詩以聲為用，八音六律為之羽翼耳。《尚書‧舜典》：「帝曰：『夔！命汝典樂，教冑子，直而溫，寬而栗，剛而無虐，簡而無傲。詩言志，歌永言，聲依永，律和聲。八音克諧，無相奪倫，神人以和。』夔曰：『於！予擊石拊石，百獸率舞。』」仲尼編《詩》，為燕享祀之時用以歌，而非用以說義也。古之詩，今之辭曲也，若不能歌之，但能誦其文而說其義，可乎？《史記‧孔子世家》：「三百五篇，孔子皆弦歌之，以求合《韶》《武》《雅》《頌》之音。禮樂自此可得而述，以備王道，成六藝。」不幸腐儒之說起，齊、魯、韓、毛四家，各為序訓而以說相高，漢朝又立之學官，以義理相授，遂使聲歌之音湮沒無聞。《漢書‧藝文志》：「《書》曰：『詩言志，歌詠言。』故哀樂之心感，而歌詠之聲發。誦其言謂之詩，詠其聲謂之歌。故古有采詩之官，王者所以觀風俗，知得失，自考正也。孔子純取周詩，上采殷，下取魯，凡三百五篇，遭秦而全者，以其諷誦，不獨在竹帛故也。漢興，魯申公為詩訓故，而齊轅固、燕韓生皆為之傳。或取春秋，采雜說，咸非其本義。與不得已，魯最為近之。三家皆列於學官。又有毛公之學，自謂子夏所傳，而河間獻王好之，未得立。」然當漢之初，去三代未遠，雖經生學者不識《詩》，而太樂氏以聲歌肄業，往往仲尼三百篇，瞽史之徒例能歌也。《後漢書‧百官志‧太常》：「大予樂令一人，六百石。本注曰：掌伎樂。凡國祭祀，掌請奏樂，及大饗用樂，掌其陳序。丞一人。」《後漢書‧顯宗孝明帝紀》：「秋八月戊辰，改大

樂為大予樂。」奈義理之說既勝，則聲歌之學日微，東漢之末，禮樂蕭條，雖東觀、石渠議論紛紜，無補於事。曹孟德平劉表，得漢雅樂郎杜夔，《三國志·杜夔傳》：「杜夔字公良，河南人也。以知音為雅樂郎，中平五年，疾去官。州郡司徒禮辟，以世亂奔荊州。荊州牧劉表令與孟曜為漢主合雅樂，樂備，表欲庭觀之，夔諫曰：『今將軍號為天子合樂，而庭作之，無乃不可乎！』表納其言而止。後表子琮降太祖，太祖以夔為軍謀祭酒，參太樂事，因令創制雅樂。」夔老矣，久不肄習，所得於三百篇者，惟《鹿鳴》《騶虞》《伐檀》《文王》四篇而已，餘聲不傳。太和末又失其三，左延年所得惟《鹿鳴》一笙，每正旦大會，太尉奉璧，群臣行禮，東廂雅樂常作者是也。《晉書·樂志》：「杜夔傳舊雅樂四曲，一曰《鹿鳴》，二曰《騶虞》，三曰《伐檀》，四曰《文王》，皆古聲辭。及太和中，左延年改夔《騶虞》《伐檀》《文王》三曲，更自作聲節，其名雖存，而聲實異。唯因夔《鹿鳴》，全不改易。每正旦大會，太尉奉璧，羣后行禮，東廂雅樂常作者是也。」古者歌《鹿鳴》必歌《四牡》《皇皇者華》，三詩同節，故曰工歌《鹿鳴》之三，而用《南陔》《白華》《華黍》三笙以贊之，然後首尾相承，節奏有屬。《儀禮·鄉飲酒禮》：「工歌《鹿鳴》《四牡》《皇皇者華》……笙入，堂下磬南，北面立，樂《南陔》《白華》《華黍》。」今得一詩而如此用，可乎？應知古詩之聲為可貴也。至晉室，《鹿鳴》一篇又無傳矣。《晉書·樂志》：「及晉初，食舉亦用《鹿鳴》。至泰始五年，尚書奏，使太僕傅玄、中書監荀勗、黃門侍郎張華各造正旦行禮及王公上壽酒、食舉樂歌詩。荀勗云：『魏氏行禮、食舉，再取周詩《鹿鳴》以為樂章。又《鹿鳴》以宴嘉賓，無取於朝，考之舊聞，未知所應。』勗乃除《鹿鳴》舊歌，更作行禮詩四篇，先陳三朝朝宗之義。又為正旦大會、王公上壽歌詩並食舉樂歌詩，合十三篇。」自《鹿鳴》一篇絕，後世不復聞詩矣。然詩者，人心之樂也，不以世之汙隆而存亡，豈三代之時，人有是心，心有是樂，三代之後，人無是心，心無是樂乎？

繼三代之作者，樂府也。《漢書·禮樂志》：「至武帝定郊祀之禮，祠太一於甘泉，就乾位也；祭后土於汾陰，澤中方丘也。乃立樂府，采詩夜誦，有趙、代、秦、楚之謳。」王士禎《池北偶談》卷十一：「愚謂風雅之後有樂府，如唐詩之後有詞曲，聲聽之變，有所必趨，情辭之遷，有所必至，古樂之不可復久矣。後人之不能漢魏，猶漢魏之不能風雅，勢使然也。」樂府之作，宛同風雅，但其聲散佚無所紀繫，所以不得嗣續風雅而為流通也。《漢書·藝文志》：「自孝武立樂府而采歌謠，於是有代趙之謳，秦楚之風，皆感於哀樂，緣事而發，亦可以觀風俗，

知薄厚云。」按三百篇在成周之時，亦無所紀繫，有季札之賢而不別國風所在，有仲尼之聖而不知雅頌之分。仲尼為此患，故自衛反魯，問於太師氏，然後取而正焉。列十五國風，以明風土之音不同；分大小二雅，以明朝廷之音有間；陳《周》《魯》《商》三頌之音，所以侑祭也；定《南陔》《白華》《華黍》《崇邱》《由庚》《由儀》六笙之音，所以叶歌也。《通志·樂略》：「《南陔》《白華》《華黍》《崇邱》《由庚》《由儀》，凡六笙之名，當時皆無辭。故簡籍不傳，惟師工以譜奏相授耳。」得詩而得聲者三百篇，則繫於風、雅、頌，得詩而不得聲者則置之，謂之逸《詩》，如《河水》《祈招》之類，《左傳·僖公二十三年》：「公子賦《河水》。」杜注：「《河水》，逸詩。」《左傳·昭公十二年》：「對曰：『臣嘗問焉，昔穆王欲肆其心，周行天下，將皆必有車轍馬跡焉。祭公謀父作《祈招》之詩，以止王心，王是以獲沒於祇宮。臣問其詩，而不知也。若問遠焉，其焉能知之？』王曰：『子能乎？』對曰：『能。其詩曰：祈招之愔愔，式昭德音。思我王度，式如玉，式如金。形民之力，而無醉飽之心。』」杜注：「謀父，周卿士。祈父，周司馬，世掌甲兵之職，招其名。祭公方諫遊行，故指司馬官而言。此詩逸。獲沒，不見篡弒。愔愔，安和貌。式，用也。昭，明也。金玉，取其堅重。言國之用民，當隨其力任，如金冶之器，隨器而制形。故言形民之力，去其醉飽過盈之心。」無所繫也。今樂府之行於世者，章句雖存，聲樂無用。崔豹之徒，以義說名，《通志·樂略·正聲序論》：「近世論歌行者，求名以義，彊生分別，正猶漢儒不識風雅頌之聲，而以義論詩也。且古有《長歌行》《短歌行》者，謂其聲歌之短長耳。崔豹、吳兢，大儒也，皆謂人壽命之短長，當其時已有此說，今之人何獨不然？嗚呼！詩在於聲，不在於義，猶今都邑有新聲，巷陌競歌之，豈為其辭義之美哉，直為其聲新耳。」宋周南《古今注》跋：「《古今注》三卷，晉太府丞崔豹撰。輿服、都邑、音樂、鳥獸、蟲魚、草木、雜注、問答釋義，凡八篇。」吳兢之徒，以事解目，《通志·樂略·正聲序論》：「故吳兢譏其不覩本章，便斷題取義。贈利涉則述《公無渡河》，慶載誕乃引《烏生八九子》，賦《雉子班》者但美繡頸錦臆，歌《天馬》者惟敘驕馳亂蹋。」《郡齋讀書志》：「《古樂府》十卷並《樂府古題要解》二卷。右唐吳兢纂。雜采漢、魏以來古樂府辭，凡十卷。又於傳記泊諸家文集中采樂府所起本義，以釋解古題云。」蓋聲失則義起，其與齊、魯、韓、毛之言《詩》，無以異也，樂府之道或幾乎息矣。

《文獻通考·樂考十四·樂歌》引「古之達禮」至「幾乎息矣」，按曰：「夾漈以為詩本歌曲也，自齊、魯、韓、毛各有序訓，以說相高。義理之說既勝，而聲歌之學

日微矣。愚嘗因其說而究論之,《易》本卜筮之書也,後之儒者知誦《十翼》,而不能曉占法;《禮》本品節之書也,後之儒者知誦《戴記》,而不能習《儀禮》。皆義理之說太勝故也,先儒蓋嘗病之矣。然《詩》也,《易》也,《禮》也,豈與義理為二物哉?蓋《詩》者有義理之歌曲也,後世狹邪之《樂府》,則無義理之歌曲也。《易》者有義理之卜筮也,後世俗師之占書,則無義理之卜筮也。《禮》者有義理之品節也,秦、漢而後之典章,則無義理之品節也。《郊特牲》曰:『禮之所尊,尊其義也。失其義,陳其數,祝史之事也。故其數可陳也,其義難知也。』荀子曰:『不知其義,謹守其數,不敢損益,父子相傳,以持王公,是官人百吏所以取秩祿也。』蓋春秋、戰國之時,先王之禮制不至淪喪,故巫史、卜祝、小夫、賤隸皆能知其數,而其義則非聖賢不能推明之。及其流傳既久,所謂義者,布在方冊,格言大訓,炳如日星,千載一日也,而其數則湮沒無聞久矣。姑以漢事言之,若《詩》,若《禮》,若《易》,諸儒為之訓詁,轉相授受,所謂義也;然制氏能言鏗鏘鼓舞之節,徐生善為容,京房、費直善占,所謂數也。今訓詁則家傳人誦,而制氏之鏗鏘,徐生之容,京、費之占,無有能知之者矣。蓋其始也,則數可陳,而義難知;及其久也,則義之難明者,簡編可以紀述,論說可以傳授。而所謂數者,一日而不肄習,則亡之矣。數既亡,則義孤行。於是疑儒者之道有體而無用,而以為義理之說太勝。夫義理之勝,豈足以害事哉!」

　　臣今取而繫之,千載之下,庶無絕紐。**一曰短簫鐃歌,二十二曲**。《通志‧樂略》:「亦曰鼓吹曲。按漢晉謂之短簫鐃歌,南北朝謂之鼓吹曲。觀李白作鼓吹入朝曲,亦曰「鐃歌列騎次,颯沓引公卿」,則知唐時猶有遺音,但大樂氏失職耳。」**二曰鞞舞歌,五曲**。《通志‧樂略》:「右鞞舞之歌五曲,未詳所始,漢代燕享則用之。傅毅、張衡所賦,皆其事也。《章和二年中》則章帝所作,舊辭並亡。曹植《鞞舞詩序》云:「故西園鼓吹李堅者,能鞞舞,遭世亂,越關西,隨將軍段煨。先帝聞其舊伎,下書召堅。堅年踰七十,中間廢而不為,又古曲甚多謬誤,異代之文,未必相襲,故依前曲作新歌五篇。」晉泰始中,又製其辭焉。按鞞舞本漢《巴渝舞》,高祖自蜀漢伐楚,其人勇而善鬥,好為歌舞,帝觀之曰:「武王伐紂之歌。」使工習之,號曰《巴渝舞》。其舞曲四篇:一曰《矛渝》,二曰《安弩渝》,三曰《安臺》,四曰《行辭》。其辭既古,莫能曉句讀。魏使王粲制其辭,粲問巴渝帥而得歌之本意,故改為《矛渝新福》《弩渝新福》《曲臺新福》《行辭新福》四歌,以述魏德。其舞故常六佾,桓玄將僭位,尚書殿中郎袁明子啟增滿八佾。梁復號《巴渝》。隋文帝以非正典,罷之。」**三曰拂舞歌,五曲**。《通志‧樂略》:「按,晉楊泓《舞序》云:「自到江南,見《白符舞》。符即鳧也,《白鳧舞》即《白鳩舞》也。白鳧之辭出於吳,其

本歌云：『平平白鳩，思我君惠，集我金堂。』謂晉為金德，吳人患孫皓虐政而思從晉也。」然《碣石》章又出於魏武，則知拂舞五篇，並晉人採集三國之前所作，惟《白鳩》不用吳舊歌而更作之，命以《白鳩》焉。」**四曰鼓角橫吹，十五曲。**《通志·樂略》：「按《周禮》以鼓鼓鼓軍事。舊云用角，其說謂蚩尤氏帥魑魅與黃帝戰于涿鹿之野，帝命吹角為龍吟以禦之。其後魏武帝北征烏桓，越涉沙漠，軍士聞之悲思，於是減為中鳴，尤更悲矣。按此有十五曲，後之角工所傳者只得《梅花》耳。今太常所試樂工第三等五十曲，抽試十五曲，及鳴角人習到《大梅花》《小梅花》《可汗曲》，是《梅花》又有小大之別也。然角之制始於胡，中國所用鼓角，蓋習胡角而為也。黃帝之說多是謬悠，況鼓角與胡角聲類既同，故其曲亦相參用，而《梅花》之辭本於胡笛，今人謂角鳴為邊聲，初由邊徼所傳也。《關山月》《洛陽道》《長安道》《豪俠行》《梅花落》《紫騮馬》《驄馬》八曲，後代所加也。」**五曰胡角，十曲。**《通志·樂略》：「右胡角者，本以應胡笛之聲，後漸用之，故橫吹有雙角，即胡樂也。漢博望侯張騫入西域，傳其法，惟得《摩訶》《兜勒》二曲，是為胡曲之本。摩訶、兜勒，皆胡語也。協律校尉李延年因胡曲更新聲，二十八解其法，乘輿以為武樂。後漢以給邊將。魏晉以來，二十八解不復具存，但用十曲而已。鼓角之本，出於胡角。」**六曰相和歌，三十曲。**《通志·樂略》：「右漢舊歌也。曰相和歌者，並漢世街陌謳謠之辭，絲竹更相和，令執節者歌之。按《詩·南陔》之三笙以和《鹿鳴》之三雅，《由庚》之三笙以和《魚麗》之三雅者，相和歌之道也。本一部，魏明帝分為二部，更遞夜宿。始十七曲，魏晉之世，朱生（善琵琶）。宋識（善擊節）。列和（善吹笛）。等復為十三曲。自《短歌行》以下，晉荀勗採撰舊詩施用，以代漢、魏，故其數廣焉。」**七曰吟歎，四曲。八曰四絃，一曲。九曰平調，七曲。十曰瑟調，三十八曲。十一曰楚調，十曲。十二曰大曲，十五曲。十三曰白紵歌，五曲。**《通志·樂略》：「《白紵歌》有《白紵舞》，《白鳩歌》有《白鳩舞》，並吳人之歌舞也。吳地出紵，又江鄉水國，自多鳧鶩，故興其所見以寓意焉。始則田野之作，後乃大樂氏用焉。其音入清商調，故清商七曲有《子夜》者，即《白紵》也。在吳歌為《白紵》，在雅歌為《子夜》，梁武令沈約更制其辭焉。古辭云：「白紵白質如輕雲，色似銀。制以為袍餘作巾，袍以光軀巾拂塵。」右《白紵》，與《子夜》一曲也。在吳為《白紵》，在晉為《子夜》，故梁武本《白紵》而為《子夜四時歌》。後之為此歌者曰《白紵》則一曲，曰《子夜》則四曲。今取《白紵》於《白紵》，取《四時歌》於《子夜》，其實一也。」**十四曰清商，八十四曲。**《通志·樂略》：「清商曲亦謂之清樂，出於清商三調，所謂平調、清調、瑟調是也。三調者，乃周房中樂之遺聲，漢、魏相繼，至

晉不絕。永嘉之亂，中朝舊曲散落江右，而清商舊樂猶傳江左，所謂梁宋新聲是也。元魏孝文纂漢，收其所獲南音，謂之清商樂，即此等是也。隋平陳，因置清商府，傳採舊曲，若《巴渝》《白紵》等曲皆在焉。自此漸廣，雖經喪亂，至唐武后時猶存六十三曲，其傳者有焉。」凡二百五十一曲，繫之正聲，即風雅之聲也。

一曰郊祀，十九章。二曰東都五詩。三曰梁十二雅。《通志‧樂略》：「按郊祀十九章，皆因一時之盛事，為可歌也而作是詩，各有其名，然後隨其所用，故其詩可采。魏、晉則不然，但即事而歌，如夕牲之時，則有《夕牲歌》，降神之時，則有《降神歌》。既無偉績之可陳，又無題命之可紀故其詩不可得而採。如隨廟立舞，酌獻登歌，各逐時代，而匪流通，亦不可得而援也。惟梁武帝本周九《夏》之名，以作十二雅，庶可備編采之後。」四曰唐十二和。《通志‧樂略》：「祖孝孫本梁十二雅以作十二和，故可采也。」凡四十八曲，繫之正聲，即頌聲也。《通志‧樂略‧祀饗正聲序論》：「仲尼所以為樂者，在詩已矣。漢儒不知聲歌之所在，而以義理求詩，別撰樂詩以合樂，殊不知樂以詩為本，詩以雅頌為正。仲尼識雅頌之旨，然後取三百篇以正樂，樂為聲也，不為義也。漢儒謂雅樂之聲世在太樂，樂工能紀其鏗鏘鼓舞，而不能言其義。以臣所見，正不然。有聲斯有義，與其達義不達聲，無寧達聲不達義。若為樂工者，不識鏗鏘鼓舞，但能言其義，可乎？譚河安能止渴，畫餅豈可充飢，無用之言，聖人所不取。」

一曰漢三侯之詩，一章。《通志‧樂略》：「《大風歌》，亦曰《風起之詩》。右高祖既定天下，過沛，與故人父老飲，極懽哀之情而作是詩，令沛中童兒百二十人習而歌之。至孝惠時，以沛宮為原廟，令歌兒習吹以相和，得以四時歌舞於廟，常以百二十人為之。文、景之閒，禮官亦肄業。」二曰漢房中之樂，十七章。《通志‧樂略》：「右《房中樂》者，婦人禱祠於房中也，故宮中用之。漢房中祠樂，乃高祖唐山夫人所作也。高祖好楚聲，故《房中樂》楚聲也。孝惠二年，使樂府令夏侯寬備其簫管，更名曰《安世樂》。」三曰隋房內，二曲。《通志‧樂略》：「右高祖龍潛時，頗好音樂，常倚琵琶作歌二首，名曰《地厚》《天高》，託言夫婦之義。因即取之為皇后房內曲，命婦人并登歌、上壽並用之。」四曰梁，十曲。五曰陳，四曲。六曰北齊，二曲。七曰唐，五十五曲。凡九十一曲，繫之別聲，而非正樂之用也。《通志‧樂略‧祀饗別聲序論》：「正聲者，常祀饗之樂也。別聲者，非常祀饗之樂也。出於一時之事為可歌也，故備於正聲之後。」

正聲之餘則有琴，琴五十七曲，別聲之餘則有舞，舞二十三曲。古者絲竹與歌相和，故有譜無辭，所以六詩在三百篇中，但存名耳。漢儒

不知，謂為六亡詩也。琴之九操十二引，以音相授，並不著辭。《通志二十略·樂略第一》：「琴之始也，有聲無辭，但善音之人，欲寫其幽懷隱思而無所憑依，故取古之人悲憂不遇之事，而以命操。或有其人而無其事，或有其事又非其人，或得古人之影響又從而滋蔓之。君子之所取者，但取其聲而已，取其聲之義而非取其事之義。君子之於世多不遇，小人之於世多得志，故君子之於琴瑟，取其聲而寫所寓焉，豈尚於事辭哉！若以事辭為尚，則自有六經聖人所說之言，而何取於工伎所志之事哉！」琴之有辭，自梁始。舞與歌相應，歌主聲，舞主形，自六代之舞，至于漢魏，並不著辭也。舞之有辭，自晉始。《通志·樂略·文武舞序論》：「然《雲門》《大咸》《大韶》《大夏》《大濩》《大武》，凡六舞之名，《南陔》《白華》《華黍》《崇邱》《由庚》《由儀》，凡六笙之名，當時皆無辭。故簡籍不傳，惟師工以譜奏相授耳。古之樂惟歌詩則有辭，笙舞皆無辭，故《大武之舞》，秦始皇改曰《五行之舞》。《大韶之舞》，漢高帝改曰《文始之舞》。魏文帝復《文始》曰《大韶舞》，《五行舞》曰《大武舞》，並有譜無辭，雖東平王蒼有《武德舞》之歌，未必用之。大抵漢魏之世，舞詩無聞。至晉武帝泰始九年，荀勗曾典樂，更文舞曰《正德》，武舞曰《大豫》，使郭夏、宋識為其舞節，而張華為之樂章。自此以來，舞始有辭，舞而有辭，失古道矣。」今之所繫，以詩繫於聲，以聲繫於樂，舉三達樂，行三達禮，庶不失乎古之道也。

古調二十四曲，征戍十五曲，遊俠二十一曲，行樂十八曲，佳麗四十七曲，別離十八曲，怨思二十五曲，歌舞二十一曲，絲竹十一曲，觴酌七曲，宮苑十九曲，都邑三十四曲，道路六曲，時景二十五曲，人生四曲，人物十曲，神仙二十二曲，梵竺四曲，蕃胡四曲，山水二十四曲，草木二十一曲，車馬六曲，魚龍六曲，鳥獸二十一曲，雜體六曲。總四百十九曲，不得其聲，則以義類相屬，分為二十五門，曰遺聲。遺聲者，逸詩之流也，庶幾來者復得其聲，則不失其所繫矣。

然三代既沒，漢魏嗣興，禮樂之來，陵夷有漸，始則風雅不分，次則雅頌無別，次則頌亡，次則禮亡。按《上之回》《聖人出》，《通志·樂略》：「《上之回》。漢武帝元封初，因至雍，遂通回中道，後數遊幸焉。其歌稱帝『遊石關，望諸國，月支臣，匈奴服』，蓋誇時事也。」君子之作也，雅也；《艾如張》《雉子班》，《樂府詩集·鼓吹曲辭一》：「《艾如張》。艾與刈同，《說文》曰：『芟草也。』如讀為而，猶《春秋》曰『星隕如雨』也。古詞曰：『艾而張羅。』又曰：『雀以高飛奈雀何？』《穀梁傳》曰：『艾蘭以為防，置旃以為轅門。』謂因蒐狩

以習武事也。蘭，香草也，言艾草以為田之大防是也。若陳蘇子卿云：『張機蓬艾側。』唐李賀云：『艾葉綠花誰翦刻。』俱失古題本意。」《樂府詩集·鼓吹曲辭一》：「《雉子班》。《樂府解題》曰：『古詞云：雉子高飛止，黃鵠飛之以千里，雄來飛，從雌視。若梁簡文帝妬場時向隴，但詠雉而已。』宋何承天有《雉子遊原澤篇》，則言避世之士，抗志清霄，視卿相功名猶冰炭之不相入也。」**野人之作也，風也，合而為《鼓吹曲》。《燕歌行》，其音本幽薊，**《樂府詩集·相和歌辭七》：「《燕歌行》。《樂府解題》曰：『晉樂奏魏文帝《秋風》《別日》二曲，言時序遷換，行役不歸，婦人怨曠無所訴也。』《廣題》曰：『燕，地名也，言良人從役於燕，而為此曲。』」**則列國之風也；《煌煌京洛行》，其音本京華，**《樂府詩集·相和歌辭十四》：《古今樂錄》曰：「王僧虔《技錄》云：『《煌煌京洛行》，歌文帝園桃一篇。』」《樂府解題》曰：「晉樂奏文帝『夭夭園桃，無子空長』，言虛美者多敗。又有韓信高鳥盡，良弓藏，子房保身全名，蘇秦傾側賣主，陳軫忠而有謀，楚懷不納，郭生古之雅人，燕昭臣之，吳起知小謀大及魯仲連高士，不受千金等語。若宋鮑照『鳳樓十二重』，梁戴暠『欲知佳麗地』，始則盛稱京洛之美，終言君恩歇薄，有怨曠沉淪之歎。」**則都人之雅也，合而為《相和歌》。風者鄉人之用，雅者朝廷之用，合而用之，是為風雅不分。然享，大禮也；燕，私禮也。享則上兼用下樂，燕則下得用上樂，是則風雅之音雖異，而享燕之用則通。及明帝定四品：一曰《大予樂》，郊、廟、上陵用之。二曰《雅頌樂》，辟雍、享射用之。三曰《黃門鼓吹樂》，天子宴群臣用之。四曰《短簫鐃歌樂》，軍中用之。**《後漢書·禮儀志》注引蔡邕《禮樂志》曰：「漢樂四品：一曰《大予樂》，典郊廟、上陵、殿諸食舉之樂。郊樂，《易》所謂『先王以作樂崇德，殷薦上帝』，《周官》『若樂六變，則天神皆降，可得而禮也』。宗廟樂，《虞書》所謂『琴瑟以詠，祖考來假』，《詩》云『肅雝和鳴，先祖是聽』。食舉樂，《王制》謂『天子食舉以樂』，《周官》『王大食則令奏鍾鼓』。二曰《周頌雅樂》，典辟雍、饗射、六宗、社稷之樂。辟雍、饗射，《孝經》所謂『移風易俗，莫善於樂』，《禮記》曰『揖讓而治天下者，禮樂之謂也』。社稷，《詩》所謂『琴瑟擊鼓，以御田祖』者也。《禮記》曰『夫樂施於金石，越於聲音，用乎宗廟、社稷，事乎山川、鬼神』，此之謂也。三曰《黃門鼓吹》，天子所以宴樂群臣，《詩》所謂『坎坎鼓我，蹲蹲舞我』者也。其短簫、鐃歌，軍樂也。其傳曰『黃帝、岐伯所作，以建威揚德，風勸士』也。蓋《周官》所謂『王師大獻則令凱樂，軍大獻則令凱歌』也。孝章皇帝親著歌詩四章，列在食舉，又制雲臺十二門詩，各以其月祀而奏之。熹平四年正月中，出雲臺十二門新詩，下大予樂官習誦，被聲，與舊

詩並行者，皆當撰錄，以成《樂志》。」古者雅用於人，頌用於神。武帝之立樂府采詩，雖不辨風雅，至於郊祀、房中之章，未嘗用於人事，以明神人不可以同事也。今辟雍、享、射，雅頌無分，應用頌者而改用大予，應用雅者而改用黃門，不知黃門、大予於古為何樂乎？風雅通歌，猶可以通也，雅頌通歌，不可以通也。曹魏準《鹿鳴》作《於赫》篇，以祀武帝；準《騶虞》作《巍巍》篇，以祀文帝；準《文王》作《洋洋》篇，以祀明帝。《晉書‧樂志》：「第一曰《於赫》篇，詠武帝，聲節與古《鹿鳴》同。第二曰《巍巍》篇，詠文帝，用延年所改《騶虞》聲。第三曰《洋洋》篇，詠明帝，用延年所改《文王》聲。」且《清廟》祀文王，《執競》祀武王，莫非頌聲，今魏家三廟純用風雅，此頌之所以亡也。頌亡則樂亡矣。是時樂雖亡，禮猶存，宗廟之禮不用之天，明有尊親也，鬼神之禮不用之人，知有幽明也。梁武帝作十二《雅》，郊、廟、明堂，三朝之禮，展轉用之，天地之事，宗廟之事，君臣之事，同其事矣。樂之失也自漢武始，其亡也自魏始。禮之失也自漢明始，其亡也自梁始。《通志‧樂略》：「有宗廟之樂，有天地之樂，有君臣之樂，尊親異制，不可以不分，幽明異位，不可以無別。按漢叔孫通始定廟樂，有降神、納俎、登歌、薦祼等曲。武帝始定郊祀之樂，有十九章之歌。明帝始定黃門鼓吹之樂，天子所以宴群臣也。嗚呼！風、雅、頌三者不同聲，天地、宗廟、君臣三者不同禮，自漢之失，合雅而風，合頌而雅，其樂已失，而其禮猶存。至梁武十二曲成，則郊廟、明堂、三朝之禮，展轉用之，天地、宗廟、君臣之事，同其事矣，此禮之所以亡也。雖曰本周九《夏》而為十二《雅》，然九《夏》自是樂奏，亦如《九淵》、《九莖》可以播之絲竹，有譜無辭，而非雅、頌之流也。」禮樂淪亡之所由，不可不知也。

　　《文獻通考‧樂考十四‧樂歌》引「三代既沒」至「不可不知也」，按曰：「夾漈此論，拳拳乎風、雅、頌之別，而以為漢世頗謬其用。然漢明帝之樂凡四，今所傳者惟短簫鐃歌二十二曲，而所謂大予，所謂雅頌，所謂黃門鼓吹，則未嘗有樂章。至於短簫鐃歌，史雖以為軍中之樂，多敘戰陣之事，然以其名義考之，若《上之回》，則巡幸之事也；若《上陵》，則祭祀之事也；若《朱鷺》，則祥瑞之事也。至《艾如張》《巫山高》《釣竿》篇之屬，則又各指其事而言，非專為戰伐也。魏、晉以來，倣漢《短簫鐃歌》為之而易其名。於是專敘其創業以來伐叛討亂肇造區宇之事，則純乎雅、頌之體，是魏、晉以來之《短簫鐃歌》，即古之雅、頌矣。」

《金石》序

序曰：方冊者，古人之言語。款識者，古人之面貌。以後學跂慕古人之心，使得親見其面而聞其言，何患不與之俱化乎。所以仲尼之徒三千皆為賢哲，而後世曠世不聞若人之一二者，何哉？良由不得親見聞於仲尼耳。蓋閑習禮度，不若式瞻容儀，諷誦遺言，不若親承音旨。《世說新語・賞譽第八》：「太傅東海王鎮許昌，以王安期為記室參軍，雅相知重。敕世子毗曰：『夫學之所益者淺，體之所安者深。閑習禮度，不如式瞻儀形。諷味遺言，不如親承音旨。王參軍人倫之表，汝其師之！』」今之方冊所傳者，已經數千萬傳之後，其去親承之道遠矣。惟有金石所以垂不朽，今列而為略，庶幾式瞻之道猶存焉。且觀晉人字畫，可見晉人之風猷，觀唐人書蹤，可見唐人之典則，此道後學安得而舍諸！三代而上，惟勒鼎彝。秦人始大其制而用石鼓，鄭樵《〈石鼓〉音序》：「《石鼓》十篇，大抵為漁狩而作。甲言漁，乙、丙、丁、戊、己、庚、辛、壬、癸言狩。乙、癸言除道，皆言為田狩而除道。戊言策命諸臣，己言享社，而皆有事于田狩也。辛言漁狩而歸也。十篇而次以十日者，後人之次也。石鼓不見稱於前代，至唐始出于岐陽。先時散棄于野，鄭餘慶取置于鳳翔之夫子廟堂，而亡其一。皇祐四年，向傳師求於民間而得之，十鼓於是乎足，信知神異之物終自合耳。大觀中致之辟雍，後復取入保和殿。經靖康之變，未知其遷徙否。世言石鼓者，周宣王之所作，蓋本韓退之之歌也。韋應物以為文王之鼓，至宣王刻詩。不知二公之言何所據見，然前代皆患其文難讀。樵今所得，除漫滅之外，字字可曉，但其文不備，故有得而成辭者，有不得而成辭者焉。……觀此十篇，皆是秦篆。……或曰：『石鼓固秦文也，知為何代文乎？』曰：『秦自惠文稱王，始皇稱帝。今其文有曰嗣王、有曰天子，天子可謂帝，亦可謂王，故知此則

惠文之後、始皇之前所作也。』或曰:『文則爾也,石鼓何義乎?』曰:『古人制器,猶作字也,必有所取象,若尊、若彝、若爵之類是也。皆是作鳥獸形,而自其口注。其受大者則取諸畜獸,其受小者則取諸禽鳥。先儒不達理於尊彝,則妄造不適用之器,而畫以鳥獸形。爵雖象爵,而又不適用。宣和間所得地中之器為多,故倣古而鑄祭器,因以賜大臣。其製作不類於常祀之器,應知先儒之說多虛文也。近陸氏所作禮象,庶幾於古乎,其於禮圖固有間矣。款識之用,則亦如是而取諸器物。商人之識多以盤,周人之識多以鼎,盤、鼎雖適用之器,然為銘識之盤、鼎不必適於用也,但象其器之形耳。石鼓之作,殆此類也。』」**始皇欲詳其文而用豐碑。自秦迄今,惟用石刻。散佚無紀,可為太息,故作《金石略》。**

《災祥》序

　　仲尼既沒，先儒駕以妖妄之說而欺後世，後世相承罔敢失墜者，有兩種學：一種妄學，務以欺人；一種妖學，務以欺天。凡說《春秋》者，皆謂孔子寓褒貶於一字之間，以陰中時人，使人不可曉解。顧棟高《春秋大事表・春秋綱領》引鄭夾漈氏曰：「以《春秋》為褒貶者，亂《春秋》者也。聖人光明正大，不應以一、二字加褒貶于人。不過直書其事，善者惡者，了然自見。」又曰：「目前朝報尚不知朝廷之意，況千百載之下而遂逆推千百載上聖人之意耶！」三《傳》唱之於前，諸儒從之於後，盡推己意而誣以聖人之意，此之謂欺人之學。鄭樵《寄方禮部書》：「又《春秋考》二十卷，以辨三家異同之文。《春秋》所以有三家異同之說，各立褒貶之門戶者，乃各主其文也。今《春秋考》所以考三家有異同之文者，皆是字之訛誤耳。乃原其所以訛誤之端由，然後人知三《傳》之錯……觀《春秋考》，雖三尺童子亦知三《傳》之妄。……《春秋》主在法制亦不在褒貶。」說《洪範》者，皆謂箕子本河圖洛書以明五行之旨。《尚書正義・洪範》：「天乃錫禹洪範九疇，彝倫攸敘。」孔傳：「天與禹洛出書，神龜負文而出，列於背，有數至于九。禹遂因而第之，以成九類，常道所以次敘。」正義曰：《易・繫辭》云：『河出圖，洛出書，聖人則之。』九類各有文字，即是書也。而云『天乃錫禹』，知此天與禹者，即是洛書也。《漢書・五行志》：『劉歆以為伏羲繼天而王，河出圖，則而畫之，八卦是也。禹治洪水，錫洛書，法而陳之，《洪範》是也。』先達共為此說。」劉向創釋其傳於前，《漢書・劉向傳》：「向見《尚書・洪範》，箕子為武王陳五行陰陽休咎之應。向乃集合上古以來歷春秋六國至秦漢符瑞災異之記，推迹行事，連傳禍福，著其占驗，比類相從，各有條目，凡十一篇，號曰《洪範五行傳論》。」諸史

因之而為志於後，析天下災祥之變而推之於金、木、水、火、土之域，乃以時事之吉凶而曲為之配，**此之謂欺天之學**。邊連寶《隨園文鈔‧五行志》：「自《洪範》以五事分配五行，又以五事之肅乂、哲謀、聖狂、僭豫、急蒙以徵雨、暘、寒、燠、風之休咎。於是，五行災異之說已濫觴於此。其後，董仲舒、劉向、向子歆之徒作為《春秋繁露》《洪範五行傳》等書以推衍，其說已稍稍繁密。班、范二《史》又複踵而增之，創為《五行志》。凡遇一災異之興，必於前乎此者究其所以致此之由，又於後於此者推其所以應之之驗。附會穿鑿，支離破碎。使讖緯術數，狂巫瞽史，皆得藉口經傳，以為誣惑，故儒者摒弗道也。」

夫《春秋》者，成周之典也。《洪範》者，皇極之書也。《尚書正義‧洪範》：「五曰建用皇極。」孔傳：「皇，大。極，中也。凡立事當用大中之道。」**臣舊作《春秋傳》，專以明王道，削去三家褒貶之說，所以杜其妄**。顧棟高《春秋大事表‧讀春秋偶筆》引鄭夾漈謂：「說《春秋》有三家，有以《春秋》為一字褒貶者，有以《春秋》為有貶無褒者，有以為褒貶俱無者。泥一字褒貶之說，則《春秋》一書字字冰霜劍戟，聖人之心不如是之勞頓也。泥有貶無褒之說，則《春秋》乃司空城旦之書，聖人之心不如是之慘刻也。泥褒貶俱無之說，則《春秋》又似叢語瑣說，聖人又非無故而作經也。」**今作《災祥略》，專以紀實跡，削去五行相應之說，所以絕其妖。且萬物之理不離五行，而五行之理其變無方。離固為火矣，而離中有水。坎固為水矣，而坎中有火。安得直以秋大水為水行之應，成周宣榭火為火行之應乎？**《左傳‧宣公十六年》：「夏，成周宣榭火，人火之也。凡火，人火曰火，天火曰災。」**況周得木德而有赤烏之祥**，《春秋繁露‧同類相勸》篇引《尚書大傳》言：「周將興之時，有大赤烏銜穀之種，而集王屋之上者。武王喜，諸大夫皆喜。周公曰：『茂哉！茂哉！天下之見此以勸之也。』」**漢得火德而有黃龍之瑞**，《史記‧孝文本紀》：「是時北平侯張蒼為丞相，方明律曆。魯人公孫臣上書陳終始傳五德事，言方今土德時，土德應黃龍見，當改正朔服色制度。天子下其事與丞相議。丞相推以為今水德，始明正十月上黑事，以為其言非是，請罷之。十五年，黃龍見成紀，天子乃復召魯公孫臣，以為博士，申明土德事。」**此理又如何邪？豈其晉厲公一視之遠**，《國語‧周語‧柯陵之會》：「柯陵之會，單襄公見晉厲公視遠步高。晉郤錡見，其語犯。郤犨見，其語迂。郤至見，其語伐。齊國佐見，其語盡。魯成公見，言及晉難及郤犨之譖。單子曰：『君何患焉！晉將有亂，其君與三郤其當之乎！』魯侯曰：『寡人懼不免於晉，今君曰將有亂，敢問天道乎，抑人故也？』對曰：『吾非瞽史，焉知天道？吾見晉君之容，而聽三郤之語矣，殆必禍者也。

夫君子目以定體，足以從之，是以觀其容而知其心矣。目以處義，足以步目，今晉侯視遠而足高，目不在體，而足不步目，其心必異矣。目體不相從，何以能久？夫合諸侯，民之大事也，於是乎觀存亡。故國將無咎，其君在會，步言視聽，必皆無謫，則可以知德矣。視遠，日絕其義；足高，日棄其德；言爽，日反其信；聽淫，日離其名。夫目以處義，足以踐德，口以庇信，耳以聽名者也，故不可不慎。偏喪有咎，既喪則國從之。晉侯爽二，吾是以云。」**周單公一言之徐**，《左傳·昭公二十一年》：「單子會韓宣子于戚，視下，言徐。叔向曰：『單子其將死乎！朝有著定，會有表，衣有襘，帶有結。會朝之言，必聞于表著之位，所以昭事序也。視不過結襘之中，所以道容貌也。言以命之，容貌以明之，失則有闕。今單子為王官伯，而命事于會，視不登帶，言不過步，貌不道容，而言不昭矣。不道不共，不昭不從，無守氣矣。』」**而能關於五行之沴乎？**《漢書·五行志》：「氣相傷，謂之沴。沴猶臨莅，不和意也。」**豈其晉申生一衣之偏**，《左傳·閔公二年》：「大子帥師，公衣之偏衣，佩之金玦。……先友曰：『衣身之偏，握兵之要，在此行也，子其勉之！偏躬無慝，兵要遠災，親以無災，又何患焉！』狐突嘆曰：『時，事之徵也；衣，身之章也；佩，衷之旗也。故敬其事，則命以始；服其身，則衣之純；用其衷，則佩之度。今命以時卒，閟其事也；衣之尨服，遠其躬也；佩以金玦，棄其衷也。服以遠之，時以閟之；尨，涼；冬，殺；金，寒；玦，離；胡可恃也？雖欲勉之，狄可盡乎？』梁餘子養曰：『帥師者，受命於廟，受脤於社，有常服矣。不獲而尨，命可知也。死而不孝，不如逃之。』罕夷曰：『尨奇無常，金玦不復。雖復何為？君有心矣。』」**鄭子臧一冠之異**，《左傳·僖公二十四年》：「鄭子華之弟子臧出奔宋，好聚鷸冠。鄭伯聞而惡之，使盜誘之。八月，盜殺之于陳、宋之間。」**而能關於五行之沴乎？如是則五行之繩人甚於三尺矣。**《史記·酷吏列傳》：「杜周者，南陽杜衍人。……客有讓周曰：『君為天子決平，不循三尺法，專以人主意指為獄。獄者固如是乎？』周曰：『三尺安出哉？前主所是著為律，後主所是疏為令，當時為是，何古之法乎！』」《集解》引《漢書音義》曰：「以三尺竹簡書法律也。」**臣竊觀漢儒之說，以亂世無如春秋之深，災異無如春秋之眾者，是不考其實也。臣每謂春秋雖三王之亂世猶治於漢、唐之盛時，何哉？春秋二百四十年而日食三十六，唐三百年而日食過百。舉春秋地震五，漢和平中，積二十一日而地百二十四動。舉春秋山傾者二，漢文帝時，一年之間，齊、楚山二十九所同日圮。舉春秋大水者八，後漢延平中，一月之間，郡國三十六大水。其他小小災異，則二百四十年之事不及後世一年也，如李梅冬實，**《春秋左傳正義·僖公三十三年》：「隕霜

不殺草，李、梅實。」杜注：「書時失也。」**鸜鵒來巢之類**，《春秋左傳正義・昭公二十四年》：「有鸜鵒來巢。」杜注：「此鳥穴居，不在魯界，故曰來巢。非常，故書。」**在後世不勝書。使春秋之人而親見後世事，豈但慟哭流涕而已哉。以春秋視後世不為亂世也，何哉？後世之法度不及春秋之法度，後世之人才不及春秋之人才，其所以感和氣而弭災異者，又安可望春秋乎！**

嗚呼！天地之間，災祥萬種，人間禍福，冥不可知，奈何以一蟲之妖，一氣之戾，而一一質之以為禍福之應，其愚甚矣！況凶吉有不由於災祥者。宋之五石六鷁，可以為異矣，而內史叔興以為此陰陽之事，非吉凶所生。《左傳・僖公十六年》：「十六年，春，隕石于宋五，隕星也。六鷁退飛，過宋都，風也。周內史叔興聘于宋。宋襄公問焉，曰：『是何祥也？吉凶焉在？』對曰：『今茲魯多大喪，明年齊有亂，君將得諸侯而不終。』退而告人曰：『君失問，是陰陽之事，非吉凶所生也。吉凶由人，吾不敢逆君故也。』」**魏安平太守王基筮於管輅，輅曰：「君家有三怪：一則生男墮地，走入竈死。二則大蛇牀上銜筆。三則鳥來入室，與燕鬭。兒入竈者，宋無忌之妖。**《史記・封禪書》：「宋毋忌、正伯僑、充尚、羨門高最後皆燕人，為方仙道，形解銷化，依於鬼神之事。」《索隱》：「《白澤圖》云『火之精曰宋無忌』，蓋其人火仙也。」**蛇銜筆者，老書佐之妖。**《太平廣記・卷第三百五十九》：「大蛇者，老書佐也。」**鳥與燕鬭者，老鈴下之妖。**《義門讀書記・第二十六卷》：「直老鈴下耳。《御覽》引此語，下更有『公府閤有繩鈴，以傳呼鈴下有吏者也』。當亦是裴注。」《三國志・方技傳》裴注引《輅別傳》曰「輅鄉里乃太原問輅：『君往者為王府君論怪，云老書佐為蛇，老鈴下為鳥，此本皆人，何化之微賤乎？為見於爻象，出君意乎？』」**此三者足以為異，而無凶兆，無所憂也。」王基之家卒以無患。**《三國志・管輅傳》：「輅往見安平太守王基，基令作卦，輅曰：『當有賤婦人，生一男兒，墮地便走入竈中死。又牀上當有一大蛇銜筆，小大共視，須臾去之也。又鳥來入室中，與燕共鬭，燕死，鳥去。有此三怪。』基大驚，問其吉凶。輅曰：『直客舍久遠，魑魅魍魎為怪耳。兒生便走，非能自走，直宋無忌之妖將其入竈也。大蛇銜筆，直老書佐耳。鳥與燕鬭，直老鈴下耳。今卦中見象而不見其凶，知非妖咎之徵，自無所憂也。』後卒無患。」**觀叔興之言，則國不可以災祥論興衰，觀管輅之言，則家不可以變怪論休咎。惟有和氣致祥，乖氣致異者，可以為通論。**

《文獻通考・物異考一・總序》引《災祥序》，按曰：「古今言災異者，始於《五行傳》，而歷代史氏所述災異因之，然必曰某事召某災，證合某應，如醫師之脈訣，

占書之繇辭，則其說太牽強而拘泥。老泉之論，足以正其牽強之失；夾漈之論，足以破其拘泥之見。然鄭論一歸之妖妄，而以為本無其事應，則矯枉而至於過正矣，是謂天變不足畏也，不如蘇論之正大云。」

《昆蟲草木》序

　　學者皆操窮理盡性之說，而以虛無為宗，至於實學，則置而不問。
鄭樵《寄方禮部書》：「凡書所言者，人情事理可即己意而求，董遇所謂讀百遍理自
見也。乃若天文、地理、車輿、器服、草木、蟲魚、鳥獸之名，不學問，雖讀千迴萬
復，亦無由識也。奈何後之淺鮮家只務說人情物理，至於學之所不識者，反沒其真。
遇天文則曰此星名；遇地理則曰此地名、此山名、此水名；遇草木則曰此草名、此
木名；遇蟲魚則曰此蟲名、此魚名；遇鳥獸則曰此鳥名、此獸名。更不言是何狀星、
何地、何山、何水、何草、何木、何蟲、何魚、何鳥、何獸也。縱有言者，亦不過引
《爾雅》以為據耳，其實未曾識也。」當仲尼之時，已有此患，故曰：「小子
何莫學夫《詩》。《詩》可以興，可以觀，可以羣，可以怨，邇之事父，
遠之事君，多識於鳥獸草木之名。」皇侃《論語義疏·陽貨》：「呼諸弟子，
欲語之也。莫，無也。夫，語助也。門弟子，汝等何無學夫《詩》者也？又為說所以
宜學之由也。興，謂譬喻也。言若能學《詩》，《詩》可令人能為譬喻也。《詩》有諸
國之風，風俗盛衰，可以觀覽以知之也。《詩》有『如切如磋，如琢如磨』，是朋友
之道，可以羣居也。《詩》可以怨刺諷諫之法，言之者無罪，聞之者足以戒，故可以
怨也。邇，近也。《詩》有《凱風》《白華》，相戒以養，是近有事父之道也。又《雅》
《頌》君臣之法，是有遠事君之道者也。江熙云：『言事父與事君，以有其道也。』
《關雎》《鵲巢》，是有鳥也。《騶虞》《狼跋》，是有獸也。《采蘩》《葛覃》，是有草
也。《甘棠》《棫樸》，是有木也。詩並載其名，學《詩》者則多識之也。」其曰「小
子」者，無所識之辭也。其曰「何莫」者，苦口之辭也。故又曰「人而
不為《周南》《召南》，其猶正牆面而立」，何晏《論語集解·陽貨》：「馬曰：
『《周南》《召南》，國風之始。樂得淑女以配君子，三綱之首，王教之端，故人而不

為，如向牆而立。」此苦口之甚也。一部《論語》，言他書不過一再，惟《詩》則言之又言，凡十二度言焉。門弟子有能學詩者則深喜之，子貢、子夏在孔門未為高弟，至於論《詩》，則與之，至子夏又發「起予」之嘆者，《論語·八佾》：「子夏問曰：『巧笑倩兮，美目盼兮，素以為絢兮。何謂也？』子曰：『繪事后素。』曰：『禮后乎？』子曰：『起予者商也！始可与言《詩》已矣。』」深嘉之也。夫《樂》之本在《詩》，《詩》之本在聲，竊觀仲尼初亦不達聲，至哀公十一年自衛反魯，《左傳·哀公十一年》：「孔文子之將攻大叔也，訪於仲尼。仲尼曰：『胡簋之事，則嘗學之矣。甲兵之事，未之聞也。』退，命駕而行，曰：『鳥則擇木，木豈能擇鳥？』文子遽止之，曰：『圉豈敢度其私，訪衛國之難也。』將止，魯人以幣召之，乃歸。」質正於太師氏而後知之，故曰：「吾自衛反魯，然後樂正，雅、頌各得其所。」皇侃《論語義疏·子罕》：「孔子去魯後，而魯禮樂崩壞，孔子以魯哀公十一年從衛還魯，而刪《詩》《書》，定《禮》《樂》，故樂音得正。樂音得正，所以《雅》《頌》之詩各得其本所也。《雅》《頌》是詩義之美者，美者既正，則餘者正亦可知也。」《宋元學案補遺·夾漈遺稿》：「夫謂雅頌各得其所。可也。而謂樂正者何哉。蓋樂者鄉樂也。鄉樂即風詩也。十五國風之中。惟邶鄘衛其國相近。其聲相似。不比周召王豳猶有隔絕。夫子平時見魯太師所傳三國之聲。時有異同。及其環轍之時。見衛人所歌之聲。從而正之。故鄉樂曰正。而雅頌但曰得所。其意如此。所以詩有十五。此國風之別也。」此言《詩》為《樂》之本，而雅、頌為聲之宗也。其曰：「師摯之始，《關雎》之亂，洋洋乎盈耳哉！」皇侃《論語義疏·泰伯》：「鄭玄曰：『師摯，魯大師之名也。始，猶首也。周道既衰微，鄭、衛之音作，正樂廢而失節。魯大師摯識《關雎》之聲，而首理其亂者，洋洋乎盈耳哉，聽而美也。』」此言其聲之盛也。又曰：「《關雎》樂而不淫，哀而不傷。」皇侃《論語義疏·八佾》：「孔安國曰：『樂而不至淫，哀而不至傷，言其和也。』鄭玄曰：『樂得淑女以為君子之好仇，不為淫其色也。寤寐思之，哀世失夫婦之道，不得此人，不為感傷其愛也。』」此言其聲之和也。人之情聞歌則感，樂者聞歌則感而為淫，哀者聞歌則感而為傷，惟《關雎》之聲和而平，樂者聞之而樂，其樂不至於淫，哀者聞之而哀，其哀不至於傷，此《關雎》所以為美也。緣漢人立學官，講《詩》專以義理相傳，鄭樵《寄方禮部書》：「以學者所以不識《詩》者，以大、小《序》與毛、鄭為之蔽障也，……作《原切廣論》三百二十篇，以辨《詩序》之妄。然後人知自毛、鄭以來，所傳《詩》者皆是錄傳。……觀《原切廣論》，雖三尺童子亦知大小

《序》之妄說，……《詩》主在樂章而不在文義。」是致衛宏序詩，《後漢書·儒林列傳》：「衛宏字敬仲，東海人也。少與河南鄭興俱好古學。初，九江謝曼卿善《毛詩》，乃為其訓。宏從曼卿受學，因作《毛詩序》，善得風雅之旨，于今傳於世。」**以樂為樂得淑女之樂，淫為不淫其色之淫，哀為哀窈窕之哀，傷為無傷善之傷。**《毛詩正義·關雎》：「《周南》《召南》，正始之道，王化之基，是以《關雎》樂得淑女以配君子，愛在進賢，不淫其色。哀窈窕，思賢才，而無傷善之心焉，是《關雎》之義也。」**如此說《關雎》，則「洋洋盈耳」之旨安在乎？**《文獻通考·經籍考六》：「夾漈《詩傳》《辯妄》共二十六卷。《自序》：『毛詩自鄭氏既箋之後，而學者篤信康成，故此詩專行，三家遂廢。齊詩亡於魏，魯詩亡於西晉，隋、唐之世，猶有韓詩可據，迨五代之後，韓詩亦亡。致今學者，只憑毛氏，且以序為子夏所作，更不敢擬議。蓋事無兩造之辭，則獄有偏聽之惑，今作《詩辯妄》六卷，可以見其得失。』陳氏曰：《辯妄》者，專指毛、鄭之妄。謂小序非子夏所作，可也，盡削去之而以己意為之序，可乎？樵之學雖自成一家，而其師心自是，殆孔子所謂不知而作者也'。」《朱子語類》卷第八十：「舊曾有一老儒鄭漁仲更不信小序，只依古本與疊在後面。某今亦只如此，令人虛心看正文，久之其義自見。蓋所謂序者，類多世儒之誤，不解詩人本意處甚多。且如『止乎禮義』，果能止禮義否？《桑中》之詩，禮義在何處？」

臣之序《詩》，於風、雅、頌曰「風土之音曰風，朝廷之音曰雅，宗廟之音曰頌」。《宋元學案補遺·夾漈詩說》：「六義之序，後先次第，聖人初無加損也。風者出于風土，大概小夫賤隸婦人女子之言，其意雖遠，其言淺近重複，故謂之風。雅出于朝廷士大夫，其言純厚典則，其體抑揚頓挫，非復小夫賤隸婦人女子能道者，故曰雅。頌者初無諷誦，惟以鋪張勳德而已，其辭嚴，其聲有節，以示有所尊，故曰頌。」**而不曰「風者，教也。雅者，正也，言王政之所由廢興也。頌者，美盛德之形容也」。於二《南》則曰「周為河洛，召為岐雍。河洛之南瀕江，岐雍之南瀕漢，江、漢之間，二南之地，《詩》之所起在於此，屈宋以來，騷人墨客多生江、漢，故仲尼以二南之地為作《詩》之始」。而不曰「南，言化自北而南」。於《王·黍離》《豳·七月》則曰「王為王城，東周之地，豳為豳豐，西周之地。《七月》者，西周之風，《黍離》者，東周之風」。而不曰「《黍離》，降國風」。臣之序《詩》，專為聲歌，欲以明仲尼之正樂。臣之釋《詩》，深究鳥獸草木之名，欲以明仲尼教小子之意。**然兩漢之言《詩》者，惟儒生論義不論

聲，而聲歌之妙猶傳於瞽史，經董卓、赤眉之亂，禮樂淪亡殆盡，魏人得漢雅樂郎，僅能歌《文王》《鹿鳴》《騶虞》《伐檀》四篇而已。太和之末，又亡其三，惟有《鹿鳴》，至晉又亡。自《鹿鳴》亡後，聲詩之道絕矣。

夫《詩》之本在聲，而聲之本在興，鳥獸草木乃發興之本，漢儒之言《詩》者既不論聲，又不知興，故鳥獸草木之學廢矣。若曰「關關雎鳩，在河之洲」，不識雎鳩，則安知河洲之趣與關關之聲乎？凡雁鶩之類，其喙褊者，則其聲關關；雞雉之類，其喙銳者，則其聲鷕鷕，此天籟也。雎鳩之喙似鳧雁，故其聲如是，又得水邊之趣也。《小雅》曰「呦呦鹿鳴，食野之苹」，不識鹿則安知食苹之趣與呦呦之聲乎？凡牛羊之屬，有角無齒者，則其聲呦呦；駝馬之屬，有齒無角者，則其聲蕭蕭，此亦天籟也。鹿之喙似牛羊，故其聲如是，又得蔞蒿之趣也。使不識鳥獸之情狀，則安知詩人「關關」「呦呦」之興乎？若曰「有敦瓜苦，蒸在栗薪」者，謂瓜苦引蔓於籬落間而有敦然之繫焉。若曰「桑之未落，其葉沃若」者，謂桑葉最茂，雖未落之時而有沃若之澤。使不識草木之精神，則安知詩人「敦然」「沃若」之興乎？

陸璣者，江左之騷人也，深為此患，為《毛詩》作《鳥獸草木蟲魚疏》，然璣本無此學，但加採訪，其所傳者多是支離。《四庫全書總目·毛詩草木鳥獸蟲魚疏二卷》：「蟲魚草木，今昔異名，年代迢遙，傳疑彌甚。璣去古未遠，所言猶不甚失真，《詩正義》全用其說。陳啟源作《毛詩稽古編》，其駁正諸家，亦多以璣說為據。講多識之學者，固當以此為最古焉。」自陸璣之後，未有似此明《詩》者，惟《爾雅》一種為名物之宗，鄭樵《爾雅注序》：「古人語言，於今有變，生今之世，何由識古人語？此《釋詁》所由作。五方言語不同，生於夷，何由識華語？此《釋言》所由作。物有可以理言者，以理言之；有不可以理言，但喻其形容而已；形容不可明，故借言之訓以為證，此《釋訓》所由作。宗族婚姻，稱謂不同；宮室器樂，命名亦異：此《釋親》、《釋宮》、《釋器》、《釋樂》所由作。人之所用者，人之事爾，何由知天之物？此《釋天》所由作。生於此土，識此土而已，九州之遠，山川丘陵之異何由歷？此《釋地》、《釋丘》、《釋山》、《釋水》所由作。動物、植物，五方所產各有名，古今所名亦異謂，此《釋草》、《釋木》、《釋蟲》、《釋魚》、《釋鳥》、《釋獸》、《釋畜》所由作。何物為六經？集言語、稱謂、宮室、器服、禮樂、天地、山川、草木、蟲魚、鳥獸而為經。」然孫炎、郭璞所得既希，《隋書·經

籍志》：「《爾雅》七卷，孫炎注。《爾雅》五卷，郭璞注。」《三國志·鍾繇華歆王朗傳》：「時樂安孫叔然，受學鄭玄之門，人稱東州大儒。徵為祕書監，不就。肅集《聖證論》以譏短玄，叔然駁而釋之，及作《周易》《春秋例》《毛詩》《禮記》《春秋三傳》《國語》《爾雅》諸注，又注書十餘篇。」郭璞《爾雅敘》：「若乃可以博物不惑，多識于鳥獸草木之名者，莫近于《爾雅》。……璞不揆檮昧，少而習焉。沈研鑽極，二九載矣。雖注者十餘，然猶未詳備。竝多紛謬，有所漏略。是以復綴集異聞，會粹舊說。攷方國之語，采謠俗之志，錯綜樊孫，博關羣言，剟其瑕礫，搴其蕭稂。事有隱滯，援據徵之；其所易了，闕而不論。別為音圖，用祛未寤。」**張揖、曹憲所記徒廣。**《隋書·經籍志》：「《廣雅》三卷，魏博士張揖撰，梁有四卷。《廣雅》音四卷，祕書學士曹憲撰。」張揖《上廣雅表》：「臣揖體質蒙蔽，學淺詞頑，言無足取。竊以所識，擇撢羣蓺。文同義異，音轉失讀，八方殊語，庶物易名，不在《爾雅》者，詳錄品核，以箸于篇。凡萬八千一百五十文，分為上中下。」《舊唐書·曹憲傳》：「曹憲，揚州江都人也。仕隋為祕書學士。每聚徒教授，諸生數百人。當時公卿已下，亦多從之受業。憲又精諸家文字之書，自漢代杜林、衛宏之後，古文泯絕，由憲此學復興。大業中，煬帝令與諸學者撰《桂苑珠叢》一百卷，時人稱其該博。憲又訓注張揖所撰《博雅》，分為十卷，煬帝令藏于祕閣。」**大抵儒生家多不識田野之物，農圃人又不識《詩》《書》之旨，二者無由參合，遂使鳥獸草木之學不傳。惟本草一家，人命所系，凡學之者務在識真，不比他書，只求說也。神農本經有三百六十，以應周天之數，陶弘景，隱者也，得此一家之學，故益以三百六十，以應周天之數而兩之。**《隋書·經籍志》：「陶弘景《本草經集注》七卷。」**臣少好讀書，無涉世意，又好泉石，**鄭樵《夾漈聽泉記》：「去溪西遺民夾漈草堂之枕六、七步許有泉，日不聞，夜聞，深夜猶聞；夜之聞也。作不聞，靜聞，靜之聞也。有適莫不聞，無適莫聞，故覺莫不聞，而夢或聞；覺與之情，其聲之形，夢與之然，其聲之天。覺與之情，其聲之形，則曰經於怪石之巉阻，龜者、盂者、齒者、咽者、室者、堵者、級者、箔者；復於老樹根之為龍、為蛇、為人、為禽、為畜、為指、為股、為矛、為繩、為飛翔、跣足之勢者。故能去而復來，下而復上，沒於此而出於彼。盤而吸，暈而泗，明珠靡靡，玉柱珊珊，千態萬狀，無所不有。其或滯於輕沙落葉，乍停乍決；或冒於紅菱芳蓀，一俯一仰。雖長松蕭騷，風雨啾嘈，落葉析戍，空谷噫嗚，莫得而渾互也。」**有慕弘景心，結茅夾漈山中，**鄭樵《題夾漈草堂》：「斯堂本幽泉怪石、長松修竹、榛橡所叢會，與時風夜雨、輕煙浮雲、飛禽走獸、樵薪所往來之地。溪西民於日月井之上，為堂三間，覆茅以居。」**與田夫

野老往來，與夜鶴曉猿雜處，不問飛潛動植，皆欲究其情性，於是取陶隱居之書，復益以三百六十，以應周天之數而三之。鄭樵《寄方禮部書》：「故欲傳《詩》，以《詩》之難可以意度，明者在于鳥獸草木之名也，故先撰《本草成書》。其曰『成書』者，為自舊注外，陶弘景集《名醫別錄》而附成之，乃為之注釋，最為明白。自景祐以來，諸家補註，紛然無紀。樵于是集二十家《本草》及諸方家所言補治之功，及諸物名之書所言異名同狀、同名異狀之實，乃一一纂附其經文，為之註釋。凡《草經》諸儒書異錄，備于一家書，故曰『成書』，曰『經』。有三品，合三百六十五種，以法天三百六十五度，日星經緯以成一歲也。弘景以為未備，乃取《名醫別錄》以應歲之數而兩之。樵又別擴諸家，以應成歲而三之。自纂《成書》外，其隱微之物，留之不足取，去之猶可惜也，纂三百八十八種，曰《外類》。三書既成，乃敢傳《詩》。」已得鳥獸草木之真，然後傳詩；已得詩人之興，然後釋《爾雅》。鄭樵《寄方禮部書》：「樵于是注釋《爾雅》。《爾雅》往人作，是其纂經籍之所難釋者而為此書，最有機綜。奈何作《爾雅》之時，所名之物與今全別，況書生所辨容有是非者，樵于所釋者，亦不可專守云爾。故有此訛誤者則正之，有缺者則補之。自補之外，或恐人不能盡識其狀，故又有畫圖。《爾雅》之學既了然，則六經注疏皆長物也。」今作《昆蟲草木略》，為之會同，庶幾衰晚少備遺忘，豈敢論實學也。夫物之難明者，為其名之難明也，名之難明者，謂五方之名既已不同，而古今之言亦自差別。是以此書尤詳其名焉。

《文獻通考》自序

昔荀卿子曰：「欲觀聖王之迹，則於其粲然者矣，後王是也。君子審後王之道，而論於百王之前，若端拜而議。」《荀子集解‧非相篇》：「欲觀聖王之跡，則於其粲然者矣，後王是也。」楊倞注：「後王，近時之王也。粲然，明白之貌。言近世明王之法，則是聖王之跡也。夫禮法所興，以救當世之急，故隨時設教，不必拘於舊聞，而時人以為君必用堯、舜之道，臣必行禹、稷之術，然後可，斯惑也。孔子曰：『殷因於夏禮，所損益可知也。』故荀卿深陳以後王為法，審其所貴君子焉。司馬遷曰：『法後王者，以其近己而俗相類，議卑而易行也。』」《荀子集解‧不苟篇》：「君子審後王之道，而論於百王之前，若端拜而議。」楊倞注：「端，玄端，朝服也。端拜，猶言端拱。言君子審後王所宜施行之道，而以百王之前比之，若服玄端，拜揖而議。言其從容不勞也。時人多言後世澆醨，難以為治，故荀明之。」然則考制度，審憲章，博聞而強識之，固通儒事也。《詩》《書》《春秋》之後，惟太史公號稱良史，《漢書‧司馬遷傳》：「然自劉向、揚雄博極羣書，皆稱遷有良史之材，服其善序事理，辨而不華，質而不俚，其文直，其事核，不虛美，不隱惡，故謂之實錄。」作為紀、傳、書、表，紀、傳以述理亂興衰，八書以述典章經制，後之執筆操簡牘者，卒不易其體。然自班孟堅而後，斷代為史，無會通因仍之道，讀者病之。曾國藩《經史百家雜鈔》：「以上言《史記》於治亂興衰、典章二者並詳，他史則不能觀其通。」

至司馬溫公作《通鑑》，取千三百餘年之事迹，十七史之紀述，王鳴盛《十七史商榷‧綴言》：「孫愐《唐韻序》又稱『史、漢、《三國志》、晉、宋、後魏、周、隋、陳、宋、兩齊書』，下『宋』字當作『梁』，此傳寫之誤。案：其所舉凡有十三，不數南、北史故也，兼數則十五，再加唐及五代則十七矣。蓋歷代漸積而

來，至宋方定。」萃為一書，然後學者開卷之餘，古今咸在。司馬光《進資治通鑑表》：「臣常不自揆，欲刪削冗長，舉撮機要，專取關國家興衰、繫生民休戚、善可為法、惡可為戒者，為《編年》一書，……徧閱舊史，旁采小說，簡牘盈積，浩如煙海，抉摘幽隱，校計毫釐。上起戰國，下終五代，凡一千三百六十二年，修成二百九十四卷。又略舉事目，年經國緯，以備檢尋，為《目錄》三十卷。又參考群書，評其同異，俾歸一塗，為《考異》三十卷。合三百五十四卷。」然公之書詳於理亂興衰而略於典章經制，非公之智有所不逮也，編簡浩如烟埃，著述自有體要，其勢不能以兩得也。竊嘗以為理亂興衰，不相因者也，晉之得國異乎漢，隋之喪邦殊乎唐，代各有史，自足以該一代之始終，無以參稽互察為也。典章經制，實相因者也。殷因夏，周因殷，繼周者之損益，百世可知，《論語·為政》：「子張問：『十世可知也？』子曰：『殷因於夏禮，所損益，可知也。周因於殷禮，所損益，可知也。其或繼周者。雖百世，可知也。』」聖人蓋已預言之矣。爰自秦漢以至唐宋，禮樂兵刑之制，賦斂選舉之規，以至官名之更張，地理之沿革，雖其終不能以盡同，而其初亦不能以遽異。如漢之朝儀、官制，本秦規也；唐之府衛、《資治通鑑·梁紀十九·太宗簡文皇帝上·大寶元年》：「泰始籍民之才力者為府兵，身租庸調，一切蠲之，以農隙講閱戰陳，馬畜糧備，六家供之；合為百府，每府一郎將主之，將，即亮翻。分屬二十四軍。」胡三省注：「唐府兵之法本諸此。」租庸，《資治通鑑·唐紀三·武德二年》：「初定租、庸、調法，每丁租二石，絹二匹，綿三兩；自茲以外，不得橫有調斂。」胡三省注：「租、庸、調之法，以人丁為本，梁、陳、齊、周各有損益。唐制，凡授田者，丁歲輸粟二斛，稻三斛，謂之租。丁，隨鄉所出，歲輸絹二匹，綾絁二丈，布加五之一，綿三兩，麻三斤；非蠶鄉，則輸銀十四兩，謂之調。用人之力，歲二十日，閏加二日；不役者日為絹三尺，謂之庸。有事而加役二十五日者，免調；三十日者，租調皆免；通正役不過五十日。」本周制也。張同光、宋云彬《開明活葉文選注釋》：「按府兵之制，昉於後周，而後周則仿周典而建置也。均田租庸之法，蓋原於後魏，而後魏亦仿成周井田之舊法也。故曰皆周制也。詳見《通考》《田賦考》及《兵考》。」其變通張弛之故，非融會錯綜，原始要終而推尋之，固未易言也。其不相因者，猶有溫公之成書，而其本相因者，顧無其書，獨非後學之所宜究心乎！曾國藩：「以上言治亂興衰有《通鑑》可稽，而典章經制無書可以會通。」

　　唐杜岐公始作《通典》，肇自上古，以至唐之天寶，凡歷代因革之

故，粲然可考。其後，宋白嘗續其書，《直齋書錄解題》：「《續通典》二百卷。翰林學士承旨大名宋白太素等撰。咸平三年奉詔，四年九月書成。起唐至德初，迄周顯德末。王欽若言杜佑《通典》上下數千載，為二百卷，而其中四十卷為《開元禮》。今之所載二百餘年，亦如前書卷數，時論非其重複。」至周顯德，近代魏了翁又作《國朝通典》。《直齋書錄解題》：「《國朝通典》二百卷，不著名氏，或言魏鶴山所為，似方草創未成書也。」然宋之書成而傳習者少，魏嘗屬稿而未成書，今行於世者獨杜公之書耳，天寶以後蓋闕焉。《文史通義·釋通》：「杜佑以劉秩《政典》為未盡，而上達於三五，《典》之所以名通也。奈何魏了翁取趙宋一代之掌故，亦標其名謂之《國朝通典》乎？既曰國朝，畫代為斷，何通之有？是亦循名而不思其義者也。」有如杜書綱領宏大，考訂該洽，固無以議為也。然時有古今，述有詳略，則夫節目之間，未為明備；而去取之際頗欠精審，不無遺憾焉。蓋古者因田制賦，賦乃米粟之屬，非可析之於田制之外也。張同光、宋云彬《開明活葉文選注釋》：「《通典·食貨》門別田制與賦稅為二類，分述之。《通考》列賦稅於田制之中，為《田賦考》。」古者任土作貢，《尚書正義·禹貢》：「禹別九州，隨山濬川，任土作貢。」正義曰：「九州之土，物產各異，任其土地所有，以定貢賦之差，既任其所有，亦因其肥瘠多少不同，制為差品。鄭玄云：『任土謂定其肥磽之所生。』是言用肥瘠多少為差也。賦者，自上稅下之名，謂治田出穀，故經定其差等，謂之『厥賦』。貢者，從下獻上之稱，謂以所出之穀，市其土地所生異物，獻其所有謂之『厥貢』。」貢乃包篚之屬，包匭，筐篚。非可雜之於稅法之中也。《開明活葉文選注釋》：「《通典》入賦稅中，《通考》別上貢於田賦之外，為《上貢考》。」乃若敘選舉則秀、孝與銓選不分，秀才、孝廉。《開明活葉文選注釋》：「此舉士與舉官之別，《通考》別為二門。」敘典禮則經文與傳注相泪，敘兵則盡遺賦調之規而姑及成敗之迹。《通典·兵序》：「今輒捃摭與孫武書之義相協，并頗相類者纂之，庶披卷足見成敗在斯矣。」諸如此類，寧免小疵。至於天文、五行、藝文，歷代史各有志，而《通典》無述焉。馬、班二史各有諸侯王、列侯表，范曄《東漢書》以後無之，然歷代封建王侯未嘗廢也。王溥作唐及五代《會要》，《郡齋讀書志》：「《唐會要》一百卷。皇朝王溥撰。初，唐蘇冕敘高祖至德宗九朝沿革損益之制。大中七年，詔崔鉉等撰次德宗以來事，至宣宗大中六年，以續冕書。溥又采宣宗以後事，共成百卷，建隆二年正月奏御。詞簡禮備，太祖覽而嘉之，詔藏於史閣。」《郡齋讀書志》：「《五代會要》三十卷。皇朝王溥等撰。采梁至周典故纂次，建隆初上之。」首立帝系一

門，以敘各帝歷年之久近，傳授之始末，次及后妃、皇子、公主之名氏封爵，後之編會要者倣之，而唐以前則無其書。凡是二者，蓋歷代之統紀，典章係焉，而杜書亦復不及，則亦未為集著述之大成也。曾國藩：「以上言杜氏《通典》尚有未備未審之處。」

愚自蚤歲，蓋嘗有志於綴緝，顧百憂薰心，三餘少暇，《三國志·鍾繇華歆王朗傳》裴松之注引《魏略》：「人有從學者，遇不肯教，而云『必當先讀百徧』。言『讀書百徧而義自見』。從學者云：『苦渴無日。』遇言『當以三餘』。或問三餘之意，遇言『冬者歲之餘，夜者日之餘，陰雨者時之餘也』。」吹竽已澀，《韓非子·內儲說上》：「齊宣王使人吹竽，必三百人，南郭處士請為王吹竽，宣王說之，廩食以數百人。宣王死，湣王立，好一一聽之，處士逃。」汲綆不修，《荀子集解·榮辱篇》：「短綆不可以汲深井之泉，知不幾者不可與及聖人之言。」楊倞：「綆，索也。幾，近也。謂不近於習也。」豈復敢以斯文自詭？昔夫子言夏、殷之禮而深慨「文獻之不足徵」，釋之者曰：「文，典籍也；獻，賢者也。」《論語集注·八佾》：「子曰：『夏禮，吾能言之，杞不足徵也；殷禮，吾能言之，宋不足徵也。文獻不足故也，足則吾能徵之矣。』」朱注：「杞，夏之後。宋殷之後。徵，證也。文，典籍也。獻，賢也。言二代之禮我能言之，而二國不足取以為證，以其文獻不足故也。文獻若足，則我能取之以證吾言矣。」生乎千百載之後，而欲尚論千百載之前，非史傳之實錄具存，何以稽考？儒先之緒言未遠，足資討論，雖聖人亦不能臆為之說也。竊伏自念：業紹箕裘，《禮記正義·學記》：「良冶之子，必學為裘；良弓之子，必學為箕。」正義：「裘，謂衣裘也。言善冶之家，其子弟見其父兄世業陶鑄金鐵，使之柔合，以補治破器，皆令全好，故子弟仍能學為袍裘，補續獸皮，片片相合，以至完全也。箕，柳箕也。言善為弓之家，使幹角撓屈調和成弓，故其子弟亦覩其父兄世業，仍學取柳和軟撓之成箕也。」家藏墳索，《左傳·昭公十二年》：「左史倚相趨過，王曰：『是良史也，子善視之。是能讀三墳、五典、八索、九丘。』」正義曰：「孔安國《尚書序》云：『伏犧、神農、黃帝之書謂之《三墳》，言大道也。少昊、顓頊、高辛、唐虞之書謂之《五典》，言常道也。八卦之說謂之《八索》，求其義也。九州之志謂之《九丘》。丘，聚也。言九州所有，土地所生，風氣所宜，皆聚此書也。楚左史倚相能讀《三墳》《五典》《八索》《九丘》，即謂上世帝王遺書也。」插架之收儲，韓愈《送諸葛覺往隨州讀書》：「鄴侯家多書，插架三萬軸。」趨庭之問答，《論語·季氏》：「嘗獨立，鯉趨而過庭。曰：『學《詩》乎？』對曰：『未也。』『不學《詩》，無以言。』鯉退而學《詩》。他日又獨立，鯉趨而過庭。

曰：『學《禮》乎？』對曰：『未也。』『不學《禮》，無以立。』鯉退而學《禮》。」其於文獻蓋庶幾焉。嘗恐一旦散軼失墜，無以屬來哲，是以忘其固陋，輒加考評，旁搜遠紹，門分彙別：曰田賦，曰錢幣，曰戶口，曰職役，曰征榷，曰市糴，曰土貢，曰國用，曰選舉，曰學校，曰職官，曰郊社，曰宗廟，曰王禮，曰樂，曰兵，曰刑，曰輿地，曰四裔，俱倣《通典》之成規。自天寶以前，則增益其事迹之所未備，離析其門類之所未詳；自天寶以後至宋嘉定之末，則續而成之。曰經籍，曰帝系，曰封建，曰象緯，曰物異，則《通典》元未有論述，而採摭諸書以成之者也。_{曾國}藩：「以上自述己之著作較《通典》有同有異。」《四庫全書總目‧文獻通考三百四十八卷》：「大抵門類既多，卷繁帙重，未免取彼失此。然其條分縷析，使稽古者可以案類而考。又其所載宋制最詳，多《宋史》各志所未備。案語亦多能貫穿古今，折衷至當。雖稍遜《通典》之簡嚴，而詳贍實為過之。非鄭樵《通志》所及也。」

　　凡敘事則本之經史，而參之以歷代會要，以及百家傳記之書，信而有證者從之，乖異傳疑者不錄，所謂「文」也。凡論事則先取當時臣僚之奏疏，次及近代諸儒之評論，以至名流之燕談、稗官之紀錄，凡一話一言可以訂典故之得失，證史傳之是非者，則採而錄之，所謂「獻」也。其載諸史傳之紀錄而可疑，稽諸先儒之論辨而未當者，研精覃思，悠然有得，則竊著己意，附其後焉，命其書曰《文獻通考》，為門二十有四，卷三百四十有八，而其每門著述之成規，考訂之新意，各以小序詳之。曾國藩：「以上言采摭舊說，間附己意。」周中孚《鄭堂讀書記》卷二十九：「其纂集古今，浩汗該博，殫極精力，用志良勤，凡於治道有關者，無不彪分彙列，井井有條，此可謂濟世之儒，有用之學矣。雖分條排纂不能如《通典》之翦裁鎔鑄成一家言，然上比杜君卿則不足，下比鄭漁仲則有餘矣。」

　　昔江淹有言：「修史之難，無出於志。」誠以志者，憲章之所繫，非老於典故者不能為也。陳壽號善敘述，《晉書‧陳壽》：「陳壽字承祚，巴西安漢人也。少好學，師事同郡譙周，仕蜀為觀閣令史。……撰魏吳蜀《三國志》，凡六十五篇。時人稱其善敘事，有良史之才。夏侯湛時著《魏書》，見壽所作，便壞己書而罷。張華深善之，謂壽曰：『當以《晉書》相付耳。』其為時所重如此。」李延壽亦稱究悉舊事，《舊唐書‧李延壽》：「李延壽者，本隴西著姓，世居相州。貞觀中，累補太子典膳丞、崇賢館學士。嘗受詔與著作佐郎敬播同修《五代史志》，又預撰《晉書》，尋轉御史臺主簿，兼直國史。延壽嘗撰《太宗政典》三十卷表上之，

歷遷符璽郎，兼修國史。尋卒。調露中，高宗嘗觀其所撰《政典》，歎美久之，令藏于祕閣，賜其家帛五十段。延壽又嘗刪補宋、齊、梁、陳及魏、齊、周、隋等八代史，謂之《南、北史》，凡一百八十卷，頗行於代。」**然所著二史，俱有紀傳而獨不克作志，重其事也。況上下數千年，貫串二十五代，**《開明活葉文選注釋》：「謂虞、夏、商、周、秦、兩漢、魏、晉、宋、齊、梁、陳、後魏、北齊、北周、隋、唐、後梁、後唐、後晉、後漢、後周及宋也。」**而欲以末學陋識，操觚竄定其間，雖復窮老盡氣，劌目鉥心，亦何所發明？聊輯見聞，以備遺忘耳！後之君子儻能芟削繁蕪，增廣闕略，**《四庫全書總目‧欽定續文獻通考二百五十二卷》：「乾隆十二年奉敕撰。馬端臨《文獻通考》斷自宋寧宗嘉定以前，採摭宏富，體例詳賅，元以來無能繼作。明王圻始捃拾補綴，為《續文獻通考》二百五十四卷。體例糅雜，顛舛叢生，遂使數典之書，變為兔園之策，論者病焉。然終明之世，亦無能改修。豈非以包括歷朝，委曲繁重，難於蒐羅而條貫之哉？我皇上化洽觀文，道隆稽古。特命博徵舊籍，綜述斯編。黜上海之野文，補鄱陽之巨帙。採宋遼金元明五朝事蹟議論，彙為是書。初議於馬氏原目之外增朔閏、河渠、氏族、六書四門。嗣奉敕修《續通志》，以《天文略》可該朔閏，《地理略》原首河渠，氏族、六書更鄭樵之舊部。既一時竝撰，即無容兩筆複陳，故二十四門仍從馬氏之原目。其中如《錢幣考》之載鈔銀，《象緯考》之詳推步，於所必增者乃增。《物異考》之不言徵應，《經籍考》之不錄佚亡，於所當減者乃減。亦不似王氏之橫生枝節，多出贅疣。大抵事蹟先徵正史，而參以說部雜編。議論博取文集，而佐以史評語錄。其王圻舊本，閒有一長可取者，沙中金屑，亦不廢搜求。然所存者十分不及其一矣。至於考證異同，辨訂疑似，王本固為疏陋，即馬本亦略而未詳。茲皆本本元元，各附案語，一折衷於聖裁。典核精密，纖悉不遺。尤二書所不逮焉。蓋王圻著述，務以炫博。故所續《通考》及《稗史彙編》《三才圖會》之類，動盈二三百卷，而無所取材。此書則每成一類，即先呈御覽，隨事指示，務使既博且精。故非惟可廢王氏之書，即馬氏之書歷來推為絕作，亦陶鑄之而有餘也。」**矜其仰屋之勤，而俾免於覆車之愧，庶有志於經邦稽古者或可考焉。**曾國藩：「以上謙言，恐有繁蕪闕略。」

《田賦考》序

　　古之帝王未嘗以天下自私也，故天子之地千里，公、侯皆方百里，伯七十里，子、男五十里，而王畿之內復有公卿大夫采地祿邑，各私其土，子其人，而子孫世守之。其土壤之肥磽，生齒之登耗，視之如其家，不煩考覈而姦偽無所容，《文獻通考・田賦考一》：「蓋古之帝王分土而治，外而公、侯、伯、子、男，內而孤卿、大夫，所治不過百里之地，皆世其土，子其人。於是取其田疇而伍之，經界正，井地均，穀祿平，貪夫豪民不能肆力以違法制，汙吏黠胥不能舞文以亂簿書。至春秋之世，諸侯用兵爭強，以相侵奪，列國不過數十，土地浸廣。然又皆為世卿、強大夫所裂，如魯則季氏之費、孟氏之成，晉則欒氏之曲沃、趙氏之晉陽，亦皆世有其地。又如邾、莒、滕、薛之類，亦皆數百年之國，而土地不過五七十里，小國寡民，法制易立。竊意當時有國者授其民以百畝之田，壯而界，老而歸，不過如後世大富之家，以其祖父所世有之田授之佃客。程其勤惰以為予奪，較其豐凶以為收貸，其東阡西陌之利病，皆其少壯之所習聞，雖無俟乎考覈，而姦弊自無所容矣。」故其時天下之田悉屬於官。民仰給於官者也，故受田於官，食其力而輸其賦，仰事俯育，一視同仁，而無甚貧甚富之民，此三代之制也。

　　秦始以宇內自私，一人獨運於其上，而守宰之任驟更數易，視其地如傳舍，傳舍，客舍也。而閭里之情偽，雖賢且智者不能周知也。守宰之遷除，其歲月有限，而田土之還受，其姦敝無窮，《文獻通考・田賦考一》：「至秦人盡廢井田，任民所耕，不計多少，而隨其所占之田以制賦。蔡澤言『商君決裂井田，廢壞阡陌，以靜百姓之業，而一其志』。夫曰『靜』曰『一』，則可見周授田之制，至秦時必是擾亂無章，輕重不均矣。（晦庵《語錄》亦謂：『因蔡澤此語，

可見周制至秦不能無弊。』）漢既承秦，而卒不能復三代井田之法，何也？蓋守令之遷除，其歲月有限；而田土之還授，其姦弊無窮。雖慈祥如龔、黃、召、杜，精明如趙、張、三王，既不久於其政，則豈能悉知其土地民俗之所宜，如周人授田之法乎？則不過受成於吏手，安保其無弊？後世蓋有爭田之訟，歷數十年而不決者矣。況官授人以田，而欲其均平乎！」**故秦漢以來，官不復可授田，遂為庶人之私有，亦其勢然也。雖其間如元魏之泰和、**《開明活葉文選注釋》：「元魏，即後魏，亦稱北魏。姓拓跋氏，孝文帝時改姓元氏，故又稱元魏。太和，孝文帝年號，起公元四百七十七年，終四百九十九年。行均田制，起太和元年。」**李唐之貞觀，稍欲復三代之規，然不久而其制遂隳者，蓋以不封建而井田不可復行故也。**曾國藩：「以上言不封建，則井田不可行。」《文獻通考・田賦考》：「杜君卿曰：『降秦以後，阡陌既敝，又為隱蔽。隱蔽在乎權宜，權宜憑乎簿書，簿書既廣，必藉眾功，藉眾功則政由群吏，由群吏則人無所信矣。夫行不信之法，委政於眾多之胥，欲紀人事之眾寡，明地利之多少，雖申、商督刑，撓首總算，不可得而詳矣。』其說可謂切中秦漢以後之病。然揆其本原，皆由乎地廣人眾，罷侯置守，不私其土、世其官之所致也。是以晉太康時，雖有男子一人占田七十畝之制，而史不詳言其還受之法。未幾，五胡雲擾，則已無所究詰。直至魏孝文始行均田，然其立法之大概，亦不過因田之在民者而均之，不能盡如三代之制。一傳而後，政已圮亂。齊、周、隋因之，得失無以大相遠。唐太宗口分、世業之制，亦多踵後魏之法，且聽其買賣而為之限。至永徽而後，則兼并如故矣。蓋自秦至今，千四百餘年，其間能行授田、均田之法者，自元魏孝文至唐初纔二百年，而其制盡隳矣。何三代貢、助、徹之法千餘年而不變也？蓋有封建足以維持井田故也。」

三代而上，天下非天子所得私也，秦廢封建，而始以天下奉一人矣。《史記・秦始皇本紀》：「丞相綰等言：『諸侯初破，燕、齊、荊地遠，不為置王，毋以填之。請立諸子，唯上幸許。』始皇下其議於羣臣，羣臣皆以為便。廷尉李斯議曰：『周文武所封子弟同姓甚眾，然後屬疏遠，相攻擊如仇讎，諸侯更相誅伐，周天子弗能禁止。今海內賴陛下神靈一統，皆為郡縣，諸子功臣以公賦稅重賞賜之，甚足易制。天下無異意，則安寧之術也。置諸侯不便。』始皇曰：『天下共苦戰鬥不休，以有侯王。賴宗廟，天下初定，又復立國，是樹兵也，而求其寧息，豈不難哉！廷尉議是。』」**三代以上，田產非庶人所得私也，秦廢井田，而始捐田產以予百姓矣。秦於其當與者取之，所當取者與之，然所襲既久，反古實難。欲復封建，是自割裂其土宇以啟紛爭；欲復井田，是強奪民之田畝**

以召怨讟。書生之論所以不可行也。《開明活葉文選注釋》：「如董仲舒說漢武帝限民名田，竟不能用，即其例也。見《漢書‧食貨志》。」隨田之在民者稅之，而不復問其多寡，始於商鞅。《史記‧商君列傳》：「為田開阡陌封疆，而賦稅平。」隨民之有田者稅之，而不復視其丁中，始於楊炎。《新唐書‧食貨志》：「租庸調之法，以人丁為本。自開元以後，天下戶籍久不更造，丁口轉死，田畝賣易，貧富升降不實。其後國家侈費無節，而大盜起，兵興，財用益屈，而租庸調法弊壞。自代宗時，始以畝定稅，而斂以夏秋。至德宗相楊炎，遂作兩稅法，夏輸無過六月，秋輸無過十一月。置兩稅使以總之，量出制入。戶無主、客，以居者為簿；人無丁、中，以貧富為差。商賈稅三十之一，與居者均役。田稅視大曆十四年墾田之數為定。遣黜陟使按比諸道丁產等級，免鰥寡惸獨不濟者。敢有加斂，以枉法論。議者以租、庸、調，高祖、太宗之法也，不可輕改。而德宗方信用炎，不疑也。舊戶三百八十萬五千，使者按比得主戶三百八十萬，客戶三十萬。天下之民，不土斷而地著，不更版籍而得其虛實。歲斂錢二千五十餘萬緡，米四百萬斛，以供外；錢九百五十餘萬緡，米千六百餘萬斛，以供京師。」三代井田之良法壞於鞅，唐租庸調之良法壞於炎。二人之事，君子所羞稱，而後之為國者莫不一遵其法，一或變之，則反至於煩擾無稽，而國與民俱受其病，則以古今異宜故也。丘濬《大學衍義補‧貢賦之常》：「馬端臨又言賦稅必視田畝乃古今不易之法，三代之貢助徹亦只是視田而賦之，未嘗別有戶口之賦。蓋授人以田而未嘗別有戶賦者三代也，不授人以田而輕其戶賦者兩漢也，因授田之名而重其戶賦，田之授否不常而賦之重者已不可複輕，遂至重為民病，則自魏至唐之中葉是也。自兩稅之行而此弊革矣，豈可以其出於楊炎而少之乎？由馬氏斯言觀之，則是兩稅之法實得古人取民之意，後世徒以陸贄之言而非之，贄之言蓋不欲苟變當時之法，故極言其法之弊耳。臣竊以謂，土地萬世而不變，丁口有時而盛衰，定稅以丁稽考為難，定稅以畝檢核為易，兩稅以資產為宗未必全非也，但立法之初謂兩稅之外不許分毫科率，然兵興費廣不能不於稅外別有徵求耳，此時之弊非法之弊也。自唐立此法之後至今行之，遂為百世不易之制。」作《田賦考》第一，敘歷代因田制賦之規，而以水利、屯田、官田附焉，凡七卷。曾國藩：「以上言秦與商鞅、楊炎之事，君子羞稱，而不能不遵其法。」

《錢幣考》序

　　生民所資，曰衣與食；物之無關於衣食而實適於用者，曰珠玉、五金。先王以為衣食之具未足以周民用也，於是以適用之物作為貨幣以權之，故上古之世，以珠玉為上幣，黃金為中幣，刀、布為下幣。原注：「刀、布即古錢之名。」《管子‧輕重》：「玉起於禺氏，金起於汝漢，珠起於赤野。東南西北距周七千八百里，水絕壤斷，舟車不能通。先王為其途之遠，其至之難，故托用於其重。以珠玉為上幣，以黃金為中幣，以刀布為下幣。」然珠玉、黃金為世難得之貨，至若權輕重，通貧富，而可以通行者，惟銅而已，故九府圜法自周以來未之有改也。曾國藩：「以上錢。」《漢書‧食貨志第四上》：「太公為周立九府圜法：黃金方寸，而重一斤；錢圜函方，輕重以銖；布帛廣二尺二寸為幅，長四丈為匹。故貨寶於金，利於刀，流於泉，布於布，束於帛。太公退，又行之于齊。」師古曰：「周官太府、玉府、內府、外府、泉府、天府、職內、職金、職幣皆掌財幣之官，故云九府。圜謂均而通也。」

　　然古者俗朴而用簡，故錢有餘；後世俗侈而用糜，故錢不足。於是錢之直日輕，錢之數日多，數多而直輕，則其致遠也難。自唐以來始制為飛券、鈔引之屬，《新唐書‧食貨志》：「時商賈至京師，委錢諸道進奏院及諸軍、諸使富家，以輕裝趨四方，合券乃取之，號『飛錢』。」《開明活葉文選注釋》：「所謂鈔引，當即錢鈔之通稱。」以通商賈之厚齎貿易者，其法蓋執券、引以取錢，而非以券、引為錢也。宋慶曆以來，蜀始有交子；《文獻通考‧錢幣考》：「初，蜀人以鐵錢重，私為券，謂之『交子』，以便貿易，富人十六戶主之。其後富人貲稍衰，不能償所負，爭訟數起。寇瑊嘗守蜀，乞禁交子。薛田為轉運使，

議廢交子則貿易不便，請官為置務，禁民私造。詔從其請，置交子務於益州。」**建炎以來，東南始有會子。**《文獻通考・錢幣考》：「高宗紹興元年，因婺州之屯駐，有司請椿辦合用錢，而舟楫不通，錢重難致。乃詔戶部造見錢關子付婺州，召客人入中，執關赴榷貨務請錢，有願得茶、鹽、香貨鈔引者聽。於是州縣以關子充糴本，未免抑配，而榷貨務又止以日納三分之一償之，人皆嗟怨。……三十年，戶部侍郎錢端禮被旨造會子，椿見錢，於城內外流轉，其合發官錢，並許兌會子，赴左藏庫送納。……會子初止行於兩浙，後又詔通行於淮、浙、湖北、京西。」**自交、會既行，而始直以楮為錢矣。**《文獻通考・錢幣考》：「蓋置會子之初意，本非即以會為錢，蓋以茶、鹽鈔引之屬視之，而暫以權錢耳。然鈔引則所直者重，（承平時，解鹽場四貫八百售一鈔，請鹽二百斤。）而會子則止於一貫，下至三百、二百。鈔引只令商人憑以取茶、鹽、香貨，故必須分路，（如顆鹽鈔只可行於陝西，末鹽鈔只可行於江淮之類。）會子則公私買賣支給，無往而不用，且自一貫造至二百，則是明以之代見錢矣。」**夫珠玉、黃金，可貴之物也，銅雖無足貴，而適用之物也。以其可貴且適用者制幣而通行，古人之意也。至於以楮為幣，則始以無用為用矣。舉方尺腐敗之券，而足以奔走一世，寒藉以衣，饑藉以食，貧藉以富，蓋未之有。然銅重而楮輕，鼓鑄繁難而印造簡易。**《文獻通考・錢幣考》：「然錢以銅、鐵、鉛、錫而成，而銅、鐵、鉛、錫搬運重難，是以歷代多即坑冶附近之所置監鑄錢；亦以錢之直日輕，其用日廣，不容不多置監治，鑄以供用。中興以來，始轉而為楮幣。夫錢重而直少，則多置監以鑄之可也；楮輕而直多，則就行都印造足矣。」**今捨其重且難者，而用其輕且易者，而又下免犯銅之禁，**《開明活葉文選注釋》：「銅禁，禁民銷錢鑄造銅器雜物也。銅少時，除鑄錢外，一切禁斷，盜鑄者死。」《文獻通考・錢幣考》：「真宗咸平四年，舊制，犯銅禁七斤以上，並奏裁處死，詔自今滿五十斤以上取裁，餘第減之。……自王安石為政，始罷銅禁，姦民日銷錢為器，邊關海舶不復譏錢之出，國用日耗。又青苗、助役法皆徵錢，民間錢荒。」**上無搜銅之苛，亦一便也。**曾國藩：「以上以楮為幣。」作《**錢幣考**》**第二，凡二卷。**

《戶口考》序

　　古者戶口少而皆才智之人，後世生齒繁而多竀惰之輩。竀，惰也。鈞是人也，古之人，方其為士，則道問學；《禮記正義‧中庸》：「故君子尊德性而道問學，致廣大而盡精微，極高明而道中庸。」鄭注：「德性，謂性至誠者。道猶由也。問學，學誠者也。」正義：「道問學者，言賢人行道，由於問學，謂勤學乃致至誠也。」及其為農，則力稼穡；及其為兵，則善戰陣。投之所向，無不如意。是以千里之邦，萬家之聚，皆足以世守其國而扞城其民，民眾則其國強，民寡則其國弱，蓋當時國之與立者，民也。《文獻通考‧戶口考一》引東坡蘇氏曰：「古者以民之多寡，為國之貧富。故管仲以陰謀傾魯、梁之民，而商鞅亦招三晉之人以併諸侯。當周之盛時，其民物之數登於王府者，蓋拜而受之。自漢以來，丁口之蕃息與倉廩府庫之盛莫如隋，其貢賦輸籍之法，必有可觀者。然學者以其得天下不以道，又不過再世而亡，是以鄙之，而無傳焉。孔子曰『不以人廢言』，而況可以廢一代之良法乎！文帝之初，有戶三百六十餘萬，平陳所得又五十萬，至大業之始，不及二十年，而增至八百九十餘萬者，何也？方是時，布帛之積至於無所容，資儲之在天下者至不可勝數，及其敗亡塗地，而洛口諸倉，足以致百萬之眾，豈可少哉！」光嶽既分，光嶽，日、月、星三光、五岳。指天地。風氣日漓，民生其間，才益乏而智益劣。士拘於文墨，而授之介冑則慚；農安於犁鋤，而問之刀筆則廢。《史記‧張丞相列傳》：「周昌笑曰：『堯年少，刀筆吏耳，何能至是乎！』」《正義》：「古用簡牘，書有錯謬，以刀削之，故號曰『刀筆吏』。」以至九流、百工、釋老之徒，食土之毛者，日以繁夥，其肩摩袂接，三屐不足以滿隅者，《黃庭堅詩集注‧次韻楊明叔四首‧其四》：「匹士能光國，三屐不滿隅。」注：「《晏子春秋》曰：『五子不滿隅，一子可滿朝。』」案黃氏本有山谷自注，亦引此

語，但以『五』為『三』爾。詩意謂豪傑之士雖少，足以為邦家之光；孱懦之夫雖眾，曾不足充滿一隅也。」**總總也**，《楚辭章句補注・九歌・大司命》：「紛總總兮九州。」王逸：「總總，眾貌。」**於是民之多寡，不足為國之盛衰。官既無藉於民之材，而徒欲多為之法，以征其身**，《文獻通考・戶口考一》：「漢高祖四年八月，初為算賦。《漢儀注》：人年十五以上至五十六出賦錢，人百二十為一算，為治庫兵車馬。按：戶口之賦始於此。古之治民者，有田則稅之，有身則役之，未有稅其身者也。漢法：民年十五而算，出口賦，至五十六而除；二十而傅，給徭役，亦五十六而除。是且稅之且役之也。」**戶調、口賦日增月益，上之人厭棄賤薄，不倚民為重，而民益窮苦憔悴，祇以身為累矣**。《文獻通考・戶口考一・歷代戶口丁中賦役》：「愚嘗論漢以後以戶口定賦，故雖極盛之時，而郡國所上戶口版籍終不能及三代、兩漢之數，蓋以避賦重之故，遞相隱漏。且疑天寶以上，戶不應不課者居三分之一有奇。今觀乾元戶數，則不課者反居其太半，尤為可笑。然則，是豈足憑乎！」**作《戶口考》第三，敘歷代戶口之數與其賦役，而以奴婢、占役附焉，凡二卷。**

《職役考》序

　　役民者官也，役於官者民也。郡有守，縣有令，鄉有長，里有正，其位不同而皆役民者也。在軍旅則執干戈，興土木則親畚鍤，調征行則負羈絏，以至追胥、力作之任，《周禮注疏‧小司徒》：「以比追胥。」疏曰：「追胥者，追謂逐寇，胥謂伺捕盜賊。」其事不同而皆役於官者也。役民者逸，役於官者勞，其理則然。然則鄉長、里正非役也，《文獻通考‧職役考二》：「至於鄉有長，里有正，則非役也。柳子厚言：『有里胥而後有縣大夫，有縣大夫而後有諸侯，有諸侯而後有方伯連帥，有方伯連帥而後有天子。』然則天子之與里胥，其貴賤雖不侔，而其任長人之責則一也。其在成周，則五家設比長，二十五家設里宰，皆下士也。等而上之，則曰閭胥，曰酇長，曰族師，曰鄙師，曰黨正，曰縣正，皆下大夫也。曰州長，則中大夫也。周時鄰里鄉黨之事，皆以命官主之。」後世乃虐用其民，為鄉長、里正者，不勝誅求之苛，各萌避免之意，而始命之曰戶役矣。黃以周《禮書通故‧職役通故》：「馬端臨說，鄉長、里正非役也，後世以為民役。以周案：周官府史胥徒亦非民役。先君子曰：『府史胥徒即孟子所謂庶人在官。其人不在下士之列，亦非以農夫編推之。農夫不諳官司之務，胥史不習樹藝之業，先王因材任眾，不必責其相兼。自後世法變，鄉長、里正、府史、胥徒，皆以為民之役，差役、雇役紛然異議。議差役者，編農戶之貧富為次，不選其材，有時以樸拙之農，入任吏事，公務坐敗，私產立耗。議雇役者，于田租之外，編算物力，使之出錢以供吏祿，有時募浮浪姦詐之人，盤踞其中，官無封建，吏有封建，昔賢歎之。故差役雇役議各不同，其非周官之法則一也。』」唐、宋而後，下之任戶役者其費日重，上之議戶役者其制日詳，於是曰差，曰僱，曰

義，紛紜雜襲，而法出姦生莫能禁止。《文獻通考‧職役考二》：「差役，古法也，其弊也，差設不公，漁取無藝，故轉而為僱。僱役，熙寧之法也，其弊也，庸錢白輸，苦役如故，故轉而為義。義役，中興以來，江、浙諸郡民戶自相與講究之法也，其弊也，豪強專制，寡弱受凌，故復反而為差。蓋以事體之便民者觀之，僱便於差，義便於僱，至於義而復有弊，則末如之何也已。」噫！成周之里宰、《文獻通考‧職役考一》：「里宰：每里下士一人，掌二十五家。掌比其邑之眾寡，與其六畜、兵器，治其政令。以歲時合耦於鋤，以治稼穡，趨其耕耨，行其秩序，以待有司之政令，而徵斂其財賦。」黨長，《文獻通考‧職役考一》：「黨正：每黨下大夫一人，掌五百家。各掌其黨之政令教治，四孟月吉日，屬民讀法，春秋祭禜，亦如之。國索鬼神而祭祀，祭。則以禮屬民，而飲酒於序，以正齒位。凡黨之祭祀、喪紀、昏、冠、飲酒，教其禮事，掌其戒禁。師、田、行、役，則以法治其政事。正歲屬民讀法，書其德行道藝。歲終則會。」皆有祿秩之命官，兩漢之三老、嗇夫，《文獻通考‧職役考一》：「漢高祖二年，舉民年五十以上，有修行，能帥眾為善，置以為三老，鄉一人；擇鄉三老一人為縣三老，與縣令、丞、尉以事相教，復勿繇戍，以十月賜酒肉。十里一亭，亭有長。十亭一鄉，鄉有三老、有秩、嗇夫、游徼。三老掌教化，嗇夫職聽訟、收賦稅，游徼徼循禁賊盜。」皆有譽望之名士，蓋後世之任戶役者也，曷嘗凌暴之至此極乎！孫寶瑄《孫寶瑄日記‧光緒二十四年戊戌》：「餘讀《通考》職役一門，而知我國自秦漢以來，治民之法日退，其視民亦日賤也。成周之世，為民設比長、里宰、閭胥、族師、黨正，皆以下士、中士、上士、下大夫之命官為之，以其近民也，而尊重之即所以重民也。漢時去古未遠，故每鄉有三老、孝悌、力田，每亭有亭長、嗇夫、遊徼，皆有祿秩，而三老、孝悌、力田尤尊，可與縣令丞尉以事相教，復勿徭役，則猶愛之重之也。至唐時設里正、坊正、村正，選人充任，而當時稱之為差，故有科差、輪差之名，而人爭避免，則其職已勞苦輕賤可知矣。迨宋時所謂衙前、里正、戶長、耆長、弓手、承符，皆等於奔走驅使之賤役，責民差充而不勝其苦，於是差役領役遂為北宋一大議論。要之去古愈遠，先王重民之意蕩然無存。諸儒不究其本源，而惟爭執於末流，亦何能補救斯民于萬一耶？」作《職役考》第四，敘歷代役法之詳，而以復除附焉，凡二卷。

《征榷考》序

　　征榷之途有二：一曰山澤，茶、鹽、坑冶是也；二曰關市，《文獻通考‧征榷考一》引孟子曰：「市廛而不征，法而不廛，則天下之商皆悅，而願藏於其市矣。關譏而不征，則天下之旅皆悅，而願出於其塗矣。」集注：「廛，市宅也。張子曰：『或賦其市地之廛而不征其貨，或治之以市官之法而不賦其廛。蓋逐末者多則廛以抑之，少則不必廛也。』譏，察也，察異服異言之人而不征商賈之稅也。」又曰：「古之為市者，以其所有易其所無者，有司者治之耳。有賤丈夫焉，必求龍斷而登之，以左右望而罔市利，人皆以為賤，故從而征之，征商自此賤丈夫始矣。」集注：「治之，謂治其爭訟。龍斷，岡壟之斷而高也。左右望者，欲得此而又取彼也。罔，謂罔羅而取之也。從而征之，謂人惡其專利，故就征其稅，後世緣此遂征商人也。」按：如孟子之說，可以見古今關市征斂之本意。蓋惡其逐末專利而有以抑之，初非利其貨也。酒酤、征商是也。羞言利者，則曰縣官當食租衣稅而已，《史記‧平準書》：「是歲小旱，上令官求雨。卜式言曰：『縣官當食租衣稅而已，今弘羊令吏坐市列肆，販物求利。亨弘羊，天乃雨。』」《史記‧絳侯周勃世家》：「庸知其盜買縣官器。」《索隱》：「縣官謂天子也。所以謂國家為縣官者，《夏官》王畿內縣即國都也。王者官天下，故曰縣官也。」而欲與民庶爭貨殖之利，非王者之事也。善言利者，則曰山海天地之藏，而豪強擅之，關市貨物之聚，而商賈擅之，取之於豪強、商賈，以助國家之經費，而毋專仰給於百姓之賦稅，是崇本抑末之意，乃經國之遠圖也。自是說立，而後之加詳於征榷者莫不以藉口，征之不已，則併其利源奪之，官自煮鹽、酤酒、採茶、鑄鐵，以至市易之屬。《文獻通考‧征榷考一‧征商》：「王莽篡位，於長安及五都立五均官，令工商能採金銀銅連錫、登龜取貝者，皆自占司市錢府，順時氣而取之。諸取眾物、

鳥獸、魚鱉、百蟲於山林水澤及畜牧者，嬪婦桑蠶、織紝、紡績、補縫，工匠醫巫卜祝及他方技、商販、賈人坐肆列里區謁舍，居處所在為區。謁舍，今客店。皆各自占所為於其所在之縣官，除其本，計其利，十一分之，而以其一為貢。敢不自占，占不以實，盡沒入所采取。按：莽之法，既榷商賈之貨而取其十一，又效商賈之為而官自買賣。」利源日廣，利額日重，官既不能自辦，而豪強、商賈之徒又不可復擅。曾國藩：「以上言征額日重，則官與商賈豪強皆無利可圖。」

然既以立為課額，則有司者不任其虧減，於是又為均派之法。或計口而課鹽錢，或望戶而榷酒酤，或於民之有田者計其頃畝，令於賦稅之時帶納，以求及額，而征榷遍於天下矣。蓋昔之榷利，曰取之豪強、商賈之徒以優農民，及其久也，則農民不獲豪強、商賈之利，而代受豪強、商賈之權。有識者知其苛橫，而國計所需，不可止也。曾國藩：「以上言農民代商受困，如鹽課歸地丁之類。」

作《征榷考》第五，首敘歷代征商之法，鹽鐵始於齊，《文獻通考·征榷考二·鹽鐵》：「《周禮》所建山澤之官雖多，然大概不過掌其政令之屬禁，不在於征榷取財也。至管夷吾相齊，負山海之利，始有鹽鐵之征。觀其論鹽，則雖少男、少女所食；論鐵，則雖一鍼、一刀所用，皆欲計之，苛碎甚矣。故其言曰：『利出一孔者，其國無敵；出二孔者，其兵不詘；出三孔者，不可以舉兵；出四孔者，其國必亡。先王知其然，故塞人之養，隘其利途。故予之在君，奪之在君，貧之在君，富之在君。』又曰：『夫人予則喜，奪則怒。先王知其然，故見予之形而不見奪之理，故民可愛而洽於上也。』其意不過欲巧為之法，陰奪民利而盡取之，既以此相桓公霸諸侯，而齊世守其法。故晏子曰：『山木如市，弗加於山；魚鹽蜃蛤，弗加於海。民參其力，二入於公，而衣食其一。山林之木，衡麓守之；澤之萑蒲，舟鮫守之；藪之薪蒸，虞侯守之；海之鹽蜃，祈望守之。縣鄙之人，入從其政；偪介之關，暴征其私。布常無藝，徵斂無度。』蓋極言其苛如此。然則桑、孔之為，有自來矣。」則次之；榷酤始於漢，《漢書·武帝紀》：「三年春二月，……初榷酒酤。」如淳曰：「榷音較。」應劭曰：「縣官自酤榷賣酒，小民不復得酤也。」韋昭曰：「以木渡水曰榷。謂禁民酤釀，獨官開置，如道路設木為榷，獨取利也。」師古曰：「榷者，步渡橋，《爾雅》謂之石杠，今之略彴是也。禁閉其事，總利入官，而下無由以得，有若渡水之榷，因立名焉。韋說如音是也。酤音工護反。彴音酌。」榷茶始於唐，《文獻通考·征榷考五·榷茶》：「唐德宗建中元年，納戶部侍郎趙贊議，稅天下茶、漆、竹、木，十取一，以為常平本錢。時軍用廣，常賦不足，所稅亦隨盡，亦莫能充本儲，及出奉天乃悼悔，下詔亟罷之。

貞元九年，復稅茶。先是，諸道鹽鐵使張滂奏：『去歲水災，詔令減稅。今之國用，須有供儲。伏請於出茶州縣及茶山外商人要路，委所由定三等時估，每十稅一，充所放兩稅。其明年已後所得稅錢外貯，若諸州遭水旱，賦稅不辦，以此代之。』詔可，仍委張滂具處置條目。每歲得錢四十萬貫，茶之有稅自此始。然稅無虛歲，遭水旱處亦未嘗以稅茶錢拯贍。」則又次之；**雜征斂者，若津渡、**《文獻通考·征榷考六·雜征斂》：「宋太祖皇帝建隆元年，詔除滄、德、棣、淄、齊、鄆乾渡三十九處所算錢，或水漲，聽民置渡，勿收其算。五代時，有津渡之算，水或枯涸，改置橋梁，有司猶責主者備償，至是詔除。此後諸州有類是者，多因恩宥蠲除。陳州私置蔡河鎮，民船勝百斛者取百錢，有所載，倍其征，太平興國中詔除之。」**間架之屬，**《文獻通考·征榷考六·雜征斂》：「德宗時，……時軍用不給，乃稅間架、算除陌。其法：屋二架為間，上間錢二千，中間一千，下間五百。吏執筆握算，入人家計其數，或有宅屋多而無他資者，出錢動數百緡。敢匿一間，杖六十，告者賞錢五萬。」**以至漢之告緡，**《史記·酷吏列傳》：「會渾邪等降，漢大興兵伐匈奴，山東水旱，貧民流徙，皆仰給縣官，縣官空虛。於是丞上指，請造白金及五銖錢，籠天下鹽鐵，排富商大賈，出告緡令，鉏豪彊并兼之家，舞文巧詆以輔法。」《正義》：「緡音岷，錢貫也。武帝伐四夷，國用不足，故稅民田宅船乘畜產奴婢等，皆平作錢數，每千錢一算，出一等，賈人倍之；若隱不稅，有告之，半與告人，餘半入官，謂緡。出此令，用鉏築豪強兼并富商大賈之家也。一算，百二十文也。」《文獻通考·征榷考一》：「算緡錢之法，其初亦只為商賈居貨者設，至其後，告緡遍天下，則凡不為商賈而有蓄積者皆被害矣。」**唐之率貸，**《通典·食貨·雜稅》：「自天寶末年，盜賊奔突，克復之後，府庫一空。又所在屯師，用度不足，於是遣御史康雲間出江淮，陶銳往蜀漢，豪商富戶，皆籍其家資，所有財貨畜產，或五分納一，謂之『率貸』，所收巨萬計。」**宋之經總制錢，**《文獻通考·征榷考六·雜征斂》：「經、總制錢。宣和末，陳亨伯以發運兼經制使，因以為名，廢於靖康，建炎復之。紹興初，孟庾提領措置財用，又因經制之額，增析而為總制錢。蓋南渡以來，養兵耗財為夥，不敢一旦暴斂於民，而展轉取積於細微之間，以助軍費，初非強民而加賦也。建炎二年冬，上在維揚，四方貢賦不以期至，……於是除不便於民者，以權添酒錢、添賣糟錢、人戶典賣田宅增添牙稅錢、官員等請給頭子錢，并樓店務增添三分房錢五項，令東南八路州軍收充經制錢，命各路憲臣領之，州委通判拘收，季終起發。紹興五年閏二月，參政孟庾提領措置財用，乞以總制司為名，而總制錢自此始矣。」**皆衰世一切之法也，又次之，凡六卷。**

《市糴考》序

　　市者，商賈之事也。古之帝王，其物貨取之任土所貢而有餘，未有國家而市物者也。而市之說則昉於周官之泉府，《周禮・泉府》：「掌以市之征布，斂市之不售、貨之滯於民用者，以其賈買之，物揭而書之，以待不時而買者。買者各從其抵，都鄙從其主，國人、郊人從其有司，然後予之。凡賒者，祭祀無過旬日，喪紀無過三月。凡民之貸者，與其有司辨而授之，以國服為之息。凡國之財用取具焉。歲終，則會其出入而納其餘。」後世因之，曰均輸，《史記・平準書》：「弘羊以諸官各自市，相與爭，物故騰躍，而天下賦輸或不償其僦費，乃請置大農部丞數十人，分部主郡國，各往往縣置均輸鹽鐵官，令遠方各以其物貴時商賈所轉販者為賦，而相灌輸。置平準于京師，都受天下委輸。召工官治車諸器，皆仰給大農。大農之諸官盡籠天下之貨物，貴即賣之，賤則買之。如此，富商大賈無所牟大利，則反本，而萬物不得騰踊。故抑天下物，名曰『平準』。天子以為然，許之。」曰市易，《文獻通考・市糴考一》：「至於市易，則假《周官》泉府之名，襲王莽五均之迹，而下行黜商豪家貿易稱貸之事，其所為又遠出桑、劉之下。今觀其法制，大概有三：結保貸請，一也；契要金銀為抵，二也；貿遷物貨，三也。是三者桑、劉未嘗為之，然自可以富國，則其才豈後世所能及？然貸息、抵當、貿遷之事，使富家為之，假以歲月，豈不獲倍蓰千萬之利？今考之熙寧五年賜內藏庫及京東路錢為市易本，共一百八十七萬緡，至九年，中書言市易息錢并市利錢僅總收百三十三萬二千緡有奇。嗚呼！以縣官而下行黜商豪家之事，且貿遷圖利，且放償取息，以國力經營之，以國法督課之，至使物價騰踊，商賈怨讟，而孳孳五年之間，所得子本蓋未嘗相稱也，然則是豈得為善言利乎！桑、劉有知，寧不笑人地下？又按鄭介夫熙寧六年進《流民圖》，狀言自市易法行，商旅頓不入都，競由都城外徑過河北、陝

西，北客之過東南者亦然。蓋諸門皆準都市易司指揮，如有商貨入門，並須盡數押赴市易司賣，以此商稅大虧。然則市易司息錢所獲，蓋不足以補商稅之虧矣。」**曰和買，皆以泉府藉口者也。**《文獻通考‧市糴考一》引水心葉氏曰：「熙寧大臣慕周公之理財，為市易之司，以奪商賈之贏，分天下以債，而取其什二之息，曰：『此周公泉府之法也。』」**糴者，民庶之事。古之帝王，其米粟取之什一所賦而有餘，未有國家而糴粟者也。而糴之說則昉於齊桓公、魏文侯之平糴，**《文獻通考‧市糴考二‧常平義倉租稅》：「古今言糴糶斂散之法，始於齊管仲、魏李悝，然管仲之意兼主於富國，李悝之意專主於濟民。管仲言『人君不理，則畜賈游於市，乘民之不給，百倍其本』，此則桑、孔以來，所謂理財之道，大率皆宗此說。然山海天地之藏，關市物貨之聚，而豪強擅之，則取以富國可也。至於農人服田力穡之贏餘，上之人為制其輕重，時其斂散，使不以甚貴甚賤為患，乃仁者之用心。若誘曰國家不取，必為兼并者所取，遂斂而不復散，而資以富國，誤矣。」**後世因之，曰常平，**《文獻通考‧職官考十五》：「自衛李悝制平糴之法，漢人因之，則謂之常平焉。」《漢書‧食貨志》：「壽昌遂白令邊郡皆築倉，以穀賤時增其賈而糴，以利農，穀貴時減賈而糶，名曰常平倉。」**曰義倉，**《隋書‧長孫平傳》：「開皇三年，徵拜度支尚書。平見天下州縣多罹水旱，百姓不給，奏令民間每秋家出粟麥一石已下，貧富差等，儲之閭巷，以備凶年，名曰義倉。」**曰和糴，**《魏書‧食貨志》：「自徐揚內附之後，仍世經略江淮，於是轉運中州，以實邊鎮，百姓疲於道路。乃令番戍之兵，營起屯田，又收內郡兵資與民和糴，積為邊備。」《白居易集‧論和糴狀》：「凡曰和糴，則官出錢，人出穀，兩和商量，然後交易也。比來和糴，事則不然：但令府縣散配戶人，促立程限，嚴加徵催；苟有稽遲，則被追捉，迫蹙鞭撻，甚於稅賦。號為和糴，其實害人。」**皆以平糴藉口者也。然泉府與平糴之立法也，皆所以便民。方其滯於民用也，則官買之、糴之；及其適於民用也，則官賣之、糶之。蓋懋遷有無，曲為貧民之地，初未嘗有一毫征利富國之意。**《文獻通考‧錢幣考一》：「《周禮》主財之官雖多，而專掌錢布則惟外府、泉府二官，外府掌賚賜之出入，泉府掌買賣之出入。自王介甫以鄭《注》國服為息之說行青苗誤天下，而後儒之解此語者，或以息為生息之息，或以息為休息之息，然於義皆無所當。蓋古人創泉布之本意，實取其流通。緣貨則或滯於民用，而錢則無所不通；而泉府一官最為便民，滯則買之，不時而欲買者則賣之，無力者則賒貸與之。蓋先王視民如子，洞察其隱微，而多方濟其缺乏，仁政莫尚於此，初非專為謀利取息設也。不原其立官之本意，而剿其一語以斷天下大事，可乎？」**然**

沿襲既久，古意浸失。其市物也，亦諉曰榷蓄賈居貨待價之謀，及其久也，則官自效商賈之為，而指為富國之術矣。其糴粟也，亦諉曰救貧民穀賤錢荒之弊，及其久也，則官未嘗有及民之惠，而徒利積粟之入矣。至其極弊，則名曰和買、和糴，而強配數目，不給價直，鞭笞取足，視同常賦。方勺《泊宅編》：「祥符中，潁州饑，當路者奏出省錢十萬緡，以紓艱食之民，令明年蠶事已緝納縑，謂之和買。當是時，一縑之直不滿千，民得本錢，經營數月，收什一之息，至期輸公，頗優為也。近時，有司往往不復支錢，視物力以輸縑，物價翔貴，一縑非六七千不可，官吏督責，急於水火，民不堪命久矣！比年二浙薄旱，已軫宸慮，至以親詔下求民瘼，謂州縣不給和買本錢，以致怨咨感天變。上之恤隱可謂至矣，豈知州縣奉行之不謹邪？」蓋古人恤民之事，後世反藉以厲民，不可不究其顛末也。作《市糴考》第六，凡二卷。

《土貢考》序

　　《禹貢》，《尚書正義‧禹貢》正義曰：「禹制貢法，故以《禹貢》名篇。貢賦之法其來久矣，治水之後更復改新，言此篇貢法是禹所制，非禹始為貢也。」**八州皆有貢物，而冀州獨無之；**《尚書正義‧禹貢》正義曰：「鄭玄云：『此州入穀不貢。』下云『五百里甸服』，傳云『為天子服治田』，是田入穀，故不獻貢篚，差異於餘州也。甸服止方千里，冀之北土境界甚遙，遠都之國，必有貢篚，舉大畧而言也。」**甸服有米粟之輸，**《書集傳‧禹貢》：「五百里甸服：百里賦納總，二百里納銍，三百里納秸，服，四百里粟，五百里米。」蔡沈曰：「甸服，畿內之地也。甸，田。服，事也。以皆田賦之事，故謂之甸服。五百里者，王城之外，四面皆五百里也。禾本全曰總。刈禾曰銍，半藁也。半藁去皮曰秸。謂之服者，三百里內，去王城為近，非惟納總銍秸，而又使之服輸將之事也。獨於秸言之者，總前二者而言也。粟，穀也。內百里為最近，故并禾本總賦之。外百里次之，只刈禾半藁納也。外百里又次之，去藁麤皮納也。外百里為遠，去其穗而納穀。外百里為尤遠，去其穀而納米。蓋量其地之遠近，而為納賦之輕重精麤也。此分甸服五百里而為五等者也。」**而餘四服俱無之。**《尚書‧禹貢》：「五百里甸服……五百里侯服：百里采，二百里男邦，三百里諸侯。五百里綏服：三百里揆文教，二百里奮武衛。五百里要服：三百里夷，二百里蔡。五百里荒服：三百里蠻，二百里流。」**說者以為王畿之外，八州俱以田賦所當供者市易所貢之物，故不輸粟，**《尚書正義‧禹貢》：「任土作貢。」正義：「貢者，從下獻上之稱，謂以所出之穀，市其土地所生異物，獻其所有，謂之厥貢。雖以所賦之物為貢用，賦物不盡有也，亦有全不用賦物，直隨地所有，採取以為貢者。」**然則土貢即租稅也。漢唐以來，任土所貢，**

無代無之，著之令甲，《漢書‧宣帝紀》：「令甲，死者不可生，刑者不可息。」如淳曰：「令有先後，故有令甲、令乙、令丙。」師古曰：「如說是也。甲乙者，若今之第一、第二篇耳。」猶曰當其租入。然叔季之世，務為苛橫，往往租自租而貢自貢矣。至於珍禽、奇獸、袞服、異味，或荒淫之君降旨取索，或姦諂之臣希意創貢，往往有出於經常之外者。甚至揩留官賦，陰增民輸，而命之曰「羨餘」，《新唐書‧食貨志》：「初，德宗居奉天，儲畜空窘，嘗遣卒覘賊，以苦寒乞襦絝，帝不能致，剔親王帶金而鬻之。朱泚既平，於是帝屬意聚斂，常賦之外，進奉不息。劍南西川節度使韋皋有『日進』，江西觀察使李兼有『月進』，淮南節度使杜亞、宣歙觀察使劉贊、鎮海節度使王緯李錡皆徼射恩澤，以常賦入貢，名為『羨餘』。」以供貢奉，上下相蒙，苟悅其名，而於百姓則重困矣。作《土貢考》第七，凡一卷。

《國用考》序

賈山《至言》曰：《漢書‧賈鄒枚路傳》：「賈山，潁川人也。祖父袪，故魏王時博士弟子也。山受學袪，所言涉獵書記，不能為醇儒。嘗給事潁陰侯為騎。孝文時，言治亂之道，借秦為諭，名曰《至言》。」「昔者，周蓋千八百國，《資治通鑑‧漢紀五》胡注：「周爵五等而土三等：公、侯百里，伯七十里，子、男五十里；不滿為附庸。九州，州方千里。八州，州二百一十國；天子之縣內九十三國，凡九州，千七百七十三國。曰千八百國者，舉成數也。」以九州之民養千八百國之君，《資治通鑑‧漢紀五》胡注：「周改《禹貢》徐、梁二州合之於青、雍，分冀州之地以為幽、并。職方氏所掌曰揚州、荊州、豫州、青州、兗州、雍州、幽州、冀州、并州。」君有餘財，民有餘力，而頌聲作。師古曰：「頌者，六詩之一，美盛德之形容，蓋帝王之嘉致。」秦皇帝以千八百國之民自養，力罷不能勝其役，財盡而不能勝其求。師古曰：「勝，堪也。罷讀曰疲。」一君之身耳，所自養者馳騁弋獵之娛，師古曰：「弋，繳射也。」天下弗能供也。」語載《漢書‧賈鄒枚路傳》然則國之廢興，非財也，財少而國延，財多而國促，其效可睹矣。然自《周官》六典有太府，《周禮註疏‧天官‧大府》：「大府掌九貢、九賦、九功之貳，以受其貨賄之入，頒其貨于受藏之府，頒其賄于受用之府。」鄭註：「九功謂九職也。受藏之府，若內府也。受用之府，若職內也。凡貨賄皆藏以給用耳，良者以給王之用，其餘以給國之用。或言受藏，或言受用，又雜言貨賄，皆互文。」又有玉府、《周禮註疏‧天官‧玉府》：「玉府掌王之金玉、玩好、兵器，凡良貨賄之藏。」鄭註：「良，善也。此物皆式貢之餘財所作。其不良，又有受而藏之者。」內府，《周禮註疏‧天官‧內府》：「內府掌受九貢九賦九功之貨賄、良兵、良器，以待邦之大用。凡四方之幣獻之金玉、齒革、兵器，凡良貨賄入焉。」

鄭註：「大用，朝覲之班賜。諸侯朝聘所獻國珍。」**且有「惟王不會」之說，**《周禮註疏・天官・膳夫》：「歲終則會，唯王及后、世子之膳不會。」鄭註：「不會，計多少，優尊者。其頒賜諸臣則計之。」**後之為國者因之。**《文獻通考・國用考二》：「徽宗崇寧後，蔡京為相，增修財利之政，務以侈靡惑人主，動以《周官》『惟王不會』為說，每及前朝愛惜財賦減省者，必以為陋。至於土木營造，率欲度前規而侈後觀。元豐官制既行，賦祿視嘉祐、治平既優，京更增供給食料等錢，於是宰執皆增。京又專用豐亨豫大之說，諛悅帝意，始廣茶利，歲以一百萬緡進御，以京城所主之，於是費用浸廣。」**兩漢財賦曰大農者，**《漢書・百官公卿表》：「治粟內史，秦官，掌穀貨，有兩丞。景帝後元年更名大農令，武帝太初元年更名大司農。」**國家之帑藏也，曰少府、**《漢書・百官公卿表》：「少府，秦官，掌山海池澤之稅，以給共養，有六丞。」應劭曰：「名曰禁錢，以給私養，自別為藏。少者，小也，故稱少府。」師古曰：「大司農供軍國之用，少府以養天子也。」**曰水衡者，**《漢書・百官公卿表》：「水衡都尉，武帝元鼎二年初置，掌上林苑，有五丞。」應劭曰：「古山林之官曰衡。掌諸池苑，故稱水衡。」張晏曰：「主都水及上林苑，故曰水衡。主諸官，故曰都。有卒徒武事，故曰尉。」師古曰：「衡，平也，主平其稅入。」**人主之私蓄也。唐既有轉運、度支，**《通典・食貨六・賦稅下》：「尚書省度支，總天下經費。自安祿山反，至德、乾元之際，置度支使。永泰之後，度支罷使，置轉運使以掌其外。度支以掌於內。建中初，又罷轉運使，復歸度支。」**而復有瓊林、大盈；**《舊唐書・陸贄傳》：「初，德宗倉皇出幸，府藏委棄，凝冽之際，士眾多寒，服御之外，無尺縑丈帛；及賊泚解圍，諸藩貢奉繼至，乃於奉天行在貯貢物於廊下，仍題曰瓊林、大盈二庫名。贄諫曰：『瓊林、大盈，自古悉無其制，傳諸耆舊之說，皆云創自開元。』」**宋既有戶部、三司，**《宋史・職官志》：「三司之職，國初沿五代之制，置使以總國計，應四方貢賦之入，朝廷不預，一歸三司。通管鹽鐵、度支、戶部，號曰計省，位亞執政，目為計相。其恩數廩祿，與參、樞同。」**而復有封樁、**《文獻通考・國用考一》：「國初，貢賦悉入左藏庫，及取荊、湖，下西蜀，儲積充羨，始於講武殿別為內庫，號『封樁庫』，以待歲之餘用。」**內藏。**《宋史・職官志》：「內藏庫，掌受歲計之餘積，以待邦國非常之用。」《宋史・食貨志》：「凡貨財不領於有司者，則有內藏庫，蓋天子之別藏也。縣官有鉅費，左藏之積不足給，則發內藏佐之。宋初，諸州貢賦皆輸左藏庫，及取荊湖，定巴蜀，平嶺南、江南，諸國珍寶、金帛盡入內府。初，太祖以帑藏盈溢，又於講武殿後別為內庫，嘗謂：軍旅、饑饉當預為之備，不可臨事厚斂於民。太宗嗣位，漳泉、吳越相

次獻地，又下太原，儲積益厚，分左藏庫為內藏庫，令內藏庫使翟裔等於左藏庫擇上綾羅等物別造帳籍，月申樞密院；改講武殿後庫為景福殿庫，俾隸內藏。其後迺令揀納諸州上供物，具月帳於內東門進入，外庭不得預其事。帝因謂左右曰：『此蓋慮司計之臣不能節約，異時用度有闕，復賦率於民，朕不以此自供嗜好也。』」於是天下之財，其歸於上者，復有公私。恭儉賢主，常捐內帑以濟軍國之用，故民裕而其祚昌；淫侈僻王，至糜外府以供耳目之娛，故財匱而其民怨。此又歷代制國用者龜鑑也。作《國用考》第八，敘歷代財計首末，而以漕運、賑恤、蠲貸附焉，凡五卷。

《選舉考》序

　　古之用人，德行為首，才能次之。虞朝載采，亦有九德，《尚書正義‧皋陶謨》：「皋陶曰：『都！亦行有九德。亦言其人有德，乃言曰：載采采。』」孔傳：「言人性行有九德，以考察真偽則可知。載，行。采，事也。稱其人有德，必言其所行某事某事以為驗。」周家賓興，考其德行，《周禮註疏‧地官‧大司徒》：「以鄉三物教萬民而賓興之。一曰六德，知、仁、聖、義、忠、和；二曰六行，孝、友、睦、姻、任、恤；三曰六藝，禮、樂、射、御、書、數。」鄭注：「物猶事也，興猶舉也。民三事教成，鄉大夫舉其賢者能者，以飲酒之禮賓客之，既則獻其書於王矣。」於才不屑屑也。兩漢以來，刺史、守、相得以專辟召之權；《文獻通考‧選舉考十二》：「漢初，王、侯國百官皆如漢朝，唯丞相命於天子，其御史大夫以下皆自置。及景帝懲吳、楚之亂，殺其制度，罷御史大夫以下官。至武帝又詔：『凡王、侯吏職秩二千石者，不得擅補。其州郡佐吏，自別駕、長史以下，皆刺史、太守自辟。』歷代因而不革。……兩漢二千石長吏皆可以自辟曹掾，而所辟大概多取管屬賢士之有才能操守者。蓋必如是，乃能知閭里之姦邪、黔庶之休戚，故治狀之顯著，常必由之。後世長吏既不與之以用人之權，而士自一命以上，拘於三互之法，不使之效職顯能於本土。士之賢者亦以隱情惜己，不預郡府之事為高，而與郡守、縣令共治其民者，則皆凶惡貪饕、舞文悖理之胥吏，大率皆本土人也。然則豈三互之法可行之於僚掾，而獨不行之於胥吏？可施之於有行止之命官，而獨不可施之於無藉在之惡少乎？」魏晉而後，九品中正得以司人物之柄。皆考之以里閭之毀譽，而試之以曹掾之職業，然後俾之入備王官，以階清顯。蓋其為法，雖有愧於古人德行之舉，而猶可以得才能之士也。曾國藩：「以上言唐、虞、三代取德，兩漢、魏、晉取才。」《文獻通考‧選舉考一》：「魏、

－163－

晉以來，雖立九品中正之法，然仕進之門則與兩漢一而已。或公府辟召，或郡國薦舉，或由曹掾積累而升，或由世胄承襲而用，大率不外此三四塗轍。然諸賢之說，多欲廢九品，罷中正，何也？蓋鄉舉里選者，採毀譽於眾多之論，而九品中正者，寄雌黃於一人之口。且兩漢如公府辟掾屬，州郡選曹僚，皆自薦舉而自試用之，若非其人，則非特累衡鑑之明，抑且失侍毗之助，故終不敢十分徇其私心。至中正之法行，則評論者自是一人，擢用者自是一人，評論所不許，則司擢用者不敢違其言，擢用或非其人，則司評論者本不任其咎。體統脈絡，各不相關，故徇私之弊，無由懲革。又必限以九品，專以一人，其法太拘，其意太狹，其迹太露，故趨勢者不暇舉賢，如劉毅所謂「上品無寒門，下品無世族」是也。……其法甚嚴，然亦太拘。蓋人之履行稍虧者，一入品目，遂永不可以抆拭澗滌，則天下無全人矣。況中正所品者未必皆當乎！固不若採之於無心之鄉評，以詢其履行，試之以可見之職業，而驗其才能，一如兩漢之法也。」

至於隋，而州郡僚屬皆命於銓曹，搢紳發軔悉由於科目。《通典・選舉二》：「文帝開皇七年制，諸州歲貢三人，工商不得入仕。開皇十八年，又詔：『京官五品以上及總管、刺史，並以志行脩謹、清平幹濟二科舉人。』牛弘為吏部尚書，高構為侍郎，最為稱職。當時之制，尚書舉其大者，侍郎銓其小者，則六品以下官吏，咸吏部所掌。自是，海內一命以上之官，州郡無復辟署矣。……煬帝始建進士科。」自以銓曹署官，而所按者資格而已，於是勘籍小吏得以司升沉之權；自以科目取士，而所試者詞章而已，於是操觚末技得以階榮進之路。夫其始進也，試之以操觚末技，而專主於詞章；其既仕也，付之於勘籍小吏，而專校其資格，於是選賢與能之意，無復存者矣。《文獻通考・選舉考十・舉官》：「自漢董仲舒對策，以謂：『古之所謂功者，以任官稱職為差，非謂積日累久也。』然則年勞之說，自西漢以來有之矣，然未嘗專以此為用人之法。至崔亮之在後魏，裴光庭之在唐，則遂以此立法矣。此法既立之後，庸碌者便於歷級而升，不致沉廢；挺特者不能脫穎以出，遂至遭迴。宋、蕭二公皆以為非，明皇雖從其言，而卒不能易其法。非特明皇不能易而已，傳之後世，踵而行之，卒不可變。何也？蓋守法之事，庸愚皆能之；知人之明，則賢哲亦不敢以此自詭故也。……然則後之論者，雖君相之用人，猶以循規矩蹈繩墨為主，則知人之事，固難以責之吏部尚書也。」然此二法者，歷數百年而不可以復更，一或更之則蕩無法度，而僥濫者愈不可澄汰，亦獨何哉？曾國藩：「以上言隋、唐以後，官人皆出於銓曹科目。」

又古人之取士，蓋將以官之。三代之時，法制雖簡，而考核本明，毀譽既公，而賢愚自判。往往當時士之被舉者，未有不入官，初非有二途也。降及後世，巧偽日甚，而法令亦滋多，遂以科目為取士之途，銓選為舉官之途，二者各自為防閑檢柅之法。柅，察也。至唐則以試士屬之禮部，《通典·選舉三》：「（開元）二十四年，制移貢舉於禮部，以侍郎掌之。（因考功員外郎李昂詆訶進士李權文章，大為權所陵訐，朝議以郎官地輕，故移於禮部，遂為永制。）二十五年二月，制：『明經每經帖十，取通五以上，免舊試一帖；仍按問大義十條，取通六以上，免試經策十條；令答時務策三道，取粗有文理者與及第。其進士停小經，準明經帖大經十帖，取通四以上，然後準例試雜文及策，考通與及第。其明經中有明五經以上，試無不通者；進士中兼有精通一史，能試策十條得六以上者：奏聽進止。其應試進士等，唱第訖，具所試雜文及策，送中書、門下詳覆。』」試吏屬之吏部，《通典·選舉三》：「初，吏部選才，將親其人，覆其吏事，始取州縣案牘疑議，試其斷割，而觀其能否，此所以為判也。（按：顯慶初，黃門侍郎劉祥道上疏曰：『今行署等勞滿，唯曹司試判，不簡善惡，雷同注官。』此則試判之所起也。）後日月寖久，選人猥多，案牘淺近，不足為難，乃采經籍古義，假設甲乙，令其判斷。既而來者益眾，而通經正籍又不足以為問，乃徵僻書、曲學、隱伏之義問之，惟懼人之能知也。佳者登於科第，謂之『入等』；其甚拙者謂之『藍縷』，各有升降。選人有格限未至，而能試文三篇，謂之『宏詞』；試判三條，謂之『拔萃』，亦曰『超絕』。詞美者，得不拘限而授職。」於是科目之法、銓選之法，日新月異，不相為謀。蓋有舉於禮部而不得官者，《文獻通考·選舉考二·舉士》：「又唐士之及第者，未能便解褐入仕，尚有試吏部一關。韓文公三試於吏部無成，則十年猶布衣，且有出身二十年不獲祿者。而宋則一登第之後，即為入仕之期。」不舉於禮部而得官者，而士之所以進身之塗轍亦復不一，不可比而同之也。於是立舉士、舉官兩門以該之。《文獻通考·選舉考九·舉官》：「然三代、兩漢之時，二者本是一事，故摭其事實，原其法意之詳於士者入《舉士門》，詳於官者入《舉官門》。然大概未嘗各自立法，如後世之為也，故所紀多互見，必參考然後得之。」作《選舉考》第九，凡十二卷。曾國藩：「以上言舉士、舉官分為兩門。」

《學校考》序

　　古之教者，家有塾，黨有庠，術有序，國有學，《禮記正義・學記》：
「古之教者，家有塾，黨有庠，術有序，國有學。」鄭注：「術當為遂聲之誤也。古
者仕焉而已者，歸教於閭里，朝夕坐於門，門側之堂謂之塾。《周禮》五百家為黨，
萬二千五百家為遂，黨屬於鄉，遂在遠郊之外。」正義：「國有學者，國謂天子所都
及諸侯國中也，《周禮》天子立四代學以教世子，及羣后之子，及鄉中俊選所升之士
也。而尊魯亦立四代學，餘諸侯於國但立時王之學，故云國有學也。」所謂學校，
至不一也。然惟國學有司樂、司成，《禮記正義・文王世子》：「凡祭與養老
乞言、合語之禮，皆小樂正詔之於東序。大樂正學舞干戚。語說，命乞言，皆大樂
正授數。大司成論說在東序。凡侍坐於大司成者，遠近間三席，可以問，終則負牆。
列事未盡，不問。」鄭注：「學以三老之威儀也。養老乞言，養老人之賢者，因從乞
善言可行者也。合語，謂鄉射、鄉飲酒、大射、燕射之屬也。《鄉射記》曰：『古者，
於旅也語。』學以三者之舞也。戚，斧也。語說，合語之說也。數，篇數。論說，
課其義之深淺、才能優劣。間猶容也，容三席則得指畫相分別也。席之制，廣三尺
三寸三分，則是所謂函丈也。卻就後席相辟。錯尊者之語不敬也。」專主教事，
而州、閭、鄉、黨之學，則未聞有司職教之任者。及考《周禮・地官》：
黨正各掌其黨之政令教治，《周禮正義・地官》：「黨正各掌其黨之政、令、教、
治。」疏曰：「各掌其黨之政令教治者，教謂教於黨學及後祭祀、喪紀、昏冠、飲酒
之禮事是也。」孟月屬民而讀法，《周禮正義・地官》：「及四時之孟月吉日，則
屬民而讀邦灋，以糾戒之。」鄭注：「以四孟之月朔日讀法者，彌親民者於教亦彌
數。」《周禮注疏・州長》正義：「讀法者，謂對眾讀一年政令及十二教之法，使知

之云。」**祭祀則以禮屬民；**《周禮正義‧地官》：「國索鬼神而祭祀，則以禮屬民而飲酒于序，以正齒位。壹命齒于鄉里，再命齒于父族，三命而不齒。」鄭注：「國索鬼神而祭祀，謂歲十二月大蜡之時，建亥之月也。正齒位者，《鄉飲酒義》所謂『六十者坐，五十者立侍。六十者三豆，七十者四豆，八十者五豆，九十者六豆』是也。必正之者，為民三時務農，將闕於禮，至此農隙而教之尊長養老，見孝弟之道也。黨正飲酒禮亡，以此事屬於鄉飲酒之義，微失少矣。凡射飲酒，此鄉民雖為卿大夫，必來觀禮，《鄉飲酒》、《鄉射記》『大夫樂作不入，士既旅不入』是也。齒于鄉里者，以年與眾賓相次也。齒於父族者，父族有為賓者，以年與之相次；異姓雖有老者，居於其上。不齒者，席于尊東，所謂遵。」**州長掌其州之教治政令，**《周禮正義‧地官》：「州長各掌其州之教治政令之灋。」鄭司農云：「二千五百家為州。《論語》曰：『雖州里行乎哉！』《春秋傳》曰：『鄉取一人焉以歸，謂之夏州。』」**考其德行道藝，糾其過惡而勸戒之。**《周禮正義‧地官》：「正月之吉，各屬其州之民而讀灋，以攷其德行道藝而勸之，以糾其過惡而戒之。」鄭注：「屬猶合也，聚也。因聚眾而勸戒之者，欲其善。」**然後知黨正即一黨之師也，州長即一州之師也，以至下之為比長、閭胥，上之為鄉、遂大夫，莫不皆然。蓋古之為吏者，其德行道藝，俱足以為人之師表，故發政施令，無非教也。以至使民興賢，出使長之；使民興能，入使治之。蓋役之則為民，教之則為士，官之則為吏，鈞是人也。**曾國藩：「以上言三代以前，吏與師合而為一。」

秦漢以來，儒與吏始異趨，政與教始殊途。於是曰郡守，曰縣令，則吏所以治其民；曰博士官，《漢書‧百官公卿表》：「博士，秦官，掌通古今，秩比六百石，員多至數十人。武帝建元五年初置五經博士，宣帝黃龍元年稍增員十二人。」**曰文學掾，**梁章鉅《稱謂錄‧卷二十二‧教職》：「《歷代沿革》：『漢魏以來，郡国各有文學掾。』案：即學官也。」**則師所以教其弟子。二者漠然不相為謀，所用非所教，所教非所用。**《文獻通考‧學校考一》：「先公曰：『西漢博士隸太常，有周成均隸宗伯之意。州有博士，郡有文學掾，五經之師，儒宮之官，長吏辟置，布列郡國，亦有黨庠遂序之意。然有二失。鄉里學校人不升於太學，而補弟子員者自一項人；（好文學、敬長上，儀狀端正。）公卿弟子不養於太學，而任子盡隸光祿勳。自有四科，考試殊塗異方，下之心術分裂不一，上之考察馳騖不精。』」**士方其從學也，曰習讀；及進而登仕版，則棄其詩書禮樂之舊習，而從事乎簿書期會之新規。古人有言曰：「吾聞學而後入政，未聞**

以政學者。」《左傳·襄公三十一年》子產曰:「人之愛人,求利之也。今吾子愛人則以政,猶未能操刀而使割也,其傷實多。子之愛人,傷之而已,其誰敢求愛於子?子於鄭國,棟也。棟折榱崩,僑將厭焉,敢不盡言?子有美錦,不使人學製焉。大官、大邑,身之所庇也,而使學者製焉,其為美錦不亦多乎?僑聞學而後入政,未聞以政學者也。若果行此,必有所害。譬如田獵,射御貫,則能獲禽,若未嘗登車射御,則敗績厭覆是懼,何暇思獲?」《尚書正義·周官》正義曰:「襄三十一年《左傳》子產云:『我聞學而後入政,未聞以政學者也。』言將欲入政,先學古之訓典,觀古之成敗,擇善而從之,然後可以入官治政矣。凡欲制斷當今之事,必以古之義理議論量度其終始,合於古義,然後行之,則其為之政教,乃不迷錯也。」後之為吏者,皆以政學者也。自其以政學,則儒者之學術皆筌蹄也,國家之學宮皆芻狗也,民何由而見先王之治哉?又況榮途捷徑,旁午雜出,蓋未嘗由學而升者滔滔也。曾國藩:「以上言政與學分,而學日衰。」

　　於是所謂學者,姑視為粉飾太平之一事,而庸人俗吏直以為無益於興衰理亂之故矣。作《學校考》第十,敘歷代學校之制,及祠祭褒贈先聖先師之首末,《文獻通考·學校考四》:「太宗貞觀二年,左僕射房玄齡等建議:『武德中,詔釋奠於太學,以周公為先聖,孔子配享。臣以為周公、尼父俱稱聖人,庠序置奠,本緣夫子,故晉、宋、梁、陳及隋大業故事,皆以孔子為先聖,顏回為先師,歷代所行,古今通允。伏請停祭周公,升孔子為先聖,以顏回配。』詔從之。」幸學養老之儀,而郡國鄉黨之學附見焉,凡七卷。

《職官考》序

　　古者因事設官，量能授職，無清濁之殊，無內外之別，無文武之異，何也？唐虞之時，禹宅揆，《尚書正義・舜典》：「舜曰：『咨，四岳！有能奮庸熙帝之載，使宅百揆亮采，惠疇？』僉曰：『伯禹作司空。』」孔傳：「奮，起。庸，功。載，事也。訪羣臣有能起發其功，廣堯之事者。言舜曰以別堯。亮，信。惠，順也。求其人使居百揆之官。信立其功，順其事者，誰乎？四岳同辭而對，禹代鯀為宗伯，入為天子司空，治洪水有成功，言可用之。」契掌教，《尚書正義・舜典》：「帝曰：『契，百姓不親，五品不遜。汝作司徒，敬敷五教，在寬。』」正義曰：「帝又呼契曰：『往者天下百姓不相親睦，家內尊卑五品不能和順。汝作司徒之官，謹敬布其五常之教，務在於寬，故使五典克從，是汝之功，宜當勉之。』」皋陶明刑，《尚書正義・舜典》：「帝曰：『皋陶！蠻夷猾夏，寇賊姦宄。汝作士，五刑有服，五服三就；五流有宅，五宅三居。惟明克允！』」正義曰：「帝呼皋陶曰：『往者蠻夷戎狄猾亂華夏，又有強寇劫賊外姦內宄者，為害甚大。汝作士官治之，皆能審得其情，致之五刑之罪，受罪者皆有服從之心。』言輕重得中，悉無怨恨也。『五刑有服從者，於三處就而殺之。其有不忍刑其身者，則斷為五刑而流放之。五刑之流各有所居處，五刑所居，於三處居之。所以輕重罪得其宜，受罪無怨者，惟汝識見之明，能使之信服，故姦邪之人無敢更犯。是汝之功，宜當勉之。』」伯夷典禮，《尚書正義・舜典》：「帝曰：『咨，四岳！有能典朕三禮？』僉曰：『伯夷！』帝曰：『俞。咨伯汝作秩宗，夙夜惟寅，直哉惟清。』」孔傳：「三禮，天地人之禮。伯夷，臣名，姜姓。秩，序。宗，尊也。主郊廟之官。夙，早也。言早夜敬思其職，典禮施政教，使正直而清明。」羲和掌曆，夔典樂，益作虞，《尚書正義・舜典》：「帝曰：『疇若予上下草木鳥獸？』僉曰：『益哉！』帝曰：『俞。咨益：汝作朕虞。』」孔傳：「上謂

山，下謂澤，順謂施其政教，取之有時，用之有節。言伯益能之。虞，掌山澤之官。」垂共工，《尚書正義·舜典》：「帝曰：『疇若予工？』僉曰：『垂哉！』帝曰：『俞！咨垂：汝共工。』」孔傳：「問誰能順我百工事者，朝臣舉垂。垂，臣名。共，謂供其職事。」蓋精而論道經邦，粗而飭財辨器，其位皆公卿也，其人皆聖賢也。後之居位臨民者，則自詭以清高，而下視曲藝多能之流；其執技事上者，則自安於鄙俗，而難語以輔世長民之事。於是審音、治曆、醫祝之流，特設其官以處之，謂之雜流，擯不得與搢紳伍，而官之清濁始分矣。曾國藩：「以上分清濁。」

　　昔在成周，設官分職，綴衣、趣馬，《尚書正義·立政》：「用咸戒于王曰：『王左右常伯、常任、準人、綴衣、虎賁。』」孔傳：「周公用王所立政之事皆戒於王曰：常所長事，常所委任，謂三公六卿。準人平法，謂士官。綴衣，掌衣服。虎賁，以武力事王。皆左右近臣，宜得其人。」《尚書正義·立政》：「虎賁、綴衣、趣馬、小尹。」孔傳：「趣馬，掌馬之官。言此三者，雖小官長，必慎擇其人。」俱籲俊之流，《尚書正義·立政》：「古之人迪惟有夏，乃有室大競。籲俊尊上帝。」孔傳：「古之人道惟有夏禹之時，乃有卿大夫室家大強，猶乃招呼賢俊，與共尊事上天。」宮伯、內宰，《周禮正義·天官》：「宮伯掌王宮之士庶子，凡在版者。」注曰：「鄭司農云：『庶子，宿衛之官。版，名籍也，以版為之。今時鄉戶籍謂之戶版。』玄謂王宮之士，謂王宮中諸吏之適子也。庶子，其支庶也。」《周禮正義·天官》：「內宰掌書版圖之灋，以治王內之政令，均其稍食，分其人民以居之。」鄭注：「版謂宮中閽寺之屬及其子弟錄籍也。圖，王及后、世子之宮中吏官府之形象也。政令謂施閽寺者。稍食，吏祿稟也。人民，吏子弟。分之，使眾者就寡，均宿衛。」盡興賢之侶。逮夫漢代，此意猶存，故以儒者為侍中，《後漢書·百官志》：「侍中，比二千石。本注曰：無員。掌侍左右，贊導眾事，顧問應對。法駕出，則多識者一人參乘，餘皆騎在乘輿車後。本有僕射一人，中興轉為祭酒，或置或否。」注引蔡質《漢儀》曰：「侍中、常伯，選舊儒高德，博學淵懿。仰占俯視，切問近對，喻旨公卿，上殿稱制，參乘佩璽秉劍。員本八人，陪見舊在尚書令、僕射下，尚書上；今官出入禁中，更在尚書下。司隸校尉見侍中，執板揖，河南尹亦如之。又侍中舊與中官俱止禁中，武帝時，侍中莽何羅挾刃謀逆，由是侍中出禁外，有事乃入，畢即出。王莽秉政，侍中復入，與中官共止。章帝元和中，侍中郭舉與後宮通，拔佩刀驚上，舉伏誅，侍中由是復出外。」以賢士備郎署。《漢書·百官公卿表》：「郎中令，秦官，掌宮殿掖門戶，有丞。武帝太初元年更名光祿勳。屬官有大夫、郎、

謁者,皆秦官。……郎掌守門戶,出充車騎,有議郎、中郎、侍郎、郎中,皆無員,多至千人。」錢大昕《三史拾遺》卷二:「班史紀、傳稱『郎』者,皆指宿衛之郎,非尚書郎也。以其分隸五官、左、右中郎將,故又稱三署郎。三署者,五官中郎一署,左中郎一署,右中郎一署,而統屬于光祿勛焉。尚書令丞本少府屬官,武帝以後遂為樞機要地。成帝始置尚書員四人,而不聞有尚書郎。後漢初尚書郎以令史久缺補之。光武以孝廉丁邯為郎,邯恥與令史伍,稱疾不就職。後諸曹郎員益多,而職任益重矣。」如周昌、袁盎、汲黯、孔安國之徒,得以出入宮禁,陪侍晏私,陳誼格非,拾遺補過。《文獻通考·職官考一》:「孟康注《漢書》曰:『大司馬、左右前後將軍、侍中、常侍、散騎、諸吏為中朝,丞相以下至六百石為外朝。』」其才能卓異者,至為公卿將相,為國家任大事,霍光、張安世是也。中漢以來,此意不存,於是非閹豎嬖倖,不得以日侍宮庭,《開明活葉文選注釋》:「前漢自元帝起,至於哀平,外戚宦官,漸次擅權,後漢之世,其事並不末減,且自和帝以後,一變而為衝突之局,而天下因以土崩,是故宮廷之內,儒生賢士遂絕跡也。」而賢能搢紳,特以之備員表著。漢有宮中、府中之分,王鳴盛《十七史商榷·三國志三·宮府》:「《諸葛亮傳》:亮率軍北駐漢中,上疏曰:『宮中府中俱為一體,陟罰臧否,不宜異同。』案:府者即三公之府,見《前漢書》。宮中者,黃門常侍也。弘恭、石顯排擊蕭望之、周堪,曹節、王甫輩反噬陳蕃、竇武,此宮府不一之禍也。時雖以攸之、褘、允分治宮中政令,猶恐後主柔暗,或有所暱,故首以此為言。其後董允既卒,黃皓專政,而國亡矣。當檢允傳同觀,又可與三十七卷『臺閣』一條參尋之。」唐有南司、北司之黨,《資治通鑑·唐紀五十九·文宗二年》:「法宜畫一,官宜正名。今分外官、中官之員,立南司、北司之局,或犯禁于南則亡命于北,或正刑于外則破律於中,法出多門,人無所措,實由兵農勢異而中外法殊也。」胡注:「百官赴南牙朝會者,謂之外官,亦謂之南司。宦官列局於玄武門內,兩軍中尉護諸營於苑中,謂之中官,亦謂之北司。」職掌不相為謀,品流亦復殊異,而官之內外始分矣。曾國藩:「以上分內外。」

　　古者文以經邦,武以撥亂,其在大臣,則出可以將,入可以相;其在小臣,則簪筆可以待問,荷戈可以前驅。後世人才日衰,不供器使,司文墨者不能知戰陣,被介冑者不復識簡編,於是官人者制為左右兩選,而官之文武始分矣。曾國藩:「以上分文、武。」《開明活葉文選注釋》:「秦始皇事不師古,罷封建之制,立郡縣之官,太尉主五兵,丞相總百揆,蓋為文武分職之始。漢叔孫通采秦制定朝儀,功臣列侯諸將軍軍吏以次陳,西方東向。文官丞相以

下，東方西向，即為左右分班之始。」

至於有侍中、給事中之官，而未嘗司宮禁之事，是名內而實外也。
原注：「唐以來以侍中為三公官，以處勳臣，又以給事中為封駁之官，皆以外庭之臣
為之，並不預宮中之事。」有太尉、司馬之官，而未嘗司兵戎之事，是名武
而實文也。原注：「太尉，漢承秦以為三公，然猶掌武事也。唐以後亦為三公。宋
時，呂夷簡、王旦、韓琦官皆至太尉，非武臣也。大司馬，周官掌兵，至漢元、成以
後為三公，亞於司徒，乃後來執政之任，亦非武臣也。」太常有卿佐而未嘗審音
樂，《文獻通考·職官考九》：「今太常者，亦唐虞伯夷為秩宗兼夔典樂之任也。」《宋
史·職官志·太常寺》：「宋初，舊置判寺無常員，以兩制以上充，丞一人，以禮官久
次官高者充。別置太常禮院，雖隸本寺，其實專達。有判院、同知院四人，寺與禮院
事不相兼。康定元年，置判寺、同判寺，始並兼禮院事。元豐正名，始專其職。」將
作有監貳而未嘗諳營繕，《文獻通考·職官考十一》：「今將作，亦少皞氏以五雉
為五工正，以利器用；（雉有五種，故曰五雉。）唐虞共工、《周官》考工之官，蓋其
職也。」《宋史·職官志·將作監》：「隆興初，宮室無所營繕，職務簡省，百工器用
屬之文思院，以隸工部；本監惟置丞一員，餘官虛而不除。乾道以後，人材甚多，監、
少、丞、簿無闕，凡臺省之久次與郡邑之有聲者，悉寄徑於此，自是號為儲才之地，
而營繕之事，多俾府尹、畿漕分任其責焉。」不過為儒臣養望之官，是名濁而
實清也。尚書令在漢為司牘小吏，而後世則為大臣所不敢當之穹官；校
尉在漢為兵師要職，而後世則為武弁所不齒之冗秩。原注：「尚書令，漢初
其秩至卑，銅章青綬，主宮禁文書而已，至唐則為三省長官。高祖入長安時，太宗以
秦王為之，後郭子儀以勳位當拜，以太宗曾為之，辭不敢受，自後至宋，無敢拜此官
者。漢八校尉領禁衛諸軍，皆尊顯之官，宰相之罷政者至為城門校尉。又司隸校尉督
察三輔，彈劾公卿，其權至雄尊。護羌校尉、護烏桓校尉皆領重兵鎮方面，乃大帥之
職。至宋時，校尉、副尉為武職初階，不入品從，至為冗賤。」蓋官之名同而古
今之崇卑懸絕如此。曾國藩：「以上名實不符，古今互異。」

參稽互考，曲暢旁通，而因革之故可以類推。作《職官考》第十
一，首敘官制次序、官數，內官則自公師宰相而下，外官則自州牧郡
守而下，以至散官、祿秩、品從之詳，岳珂《愧郯錄》卷第七：「階、散、
勳官在前世合於一，至唐則析而為二；……又有特進、左右光祿大夫、金紫光祿大
夫、銀青光祿大夫、朝議大夫、朝散大夫，並為散官，以加文武官之德聲者，並不
理事。又有翊軍等四十三號將軍，品凡十六等，為散號將軍，以加泛授。居曹有職

務者為執事官，無職務者為散官，戎上柱國已下為散實官，軍為散號官，諸省及左右衛、武候、領左右、監門府為內官，自餘為外官。散官之名，肇見於是。還考漢制，光祿大夫、太中大夫、郎、議郎、中郎、侍郎、郎中皆無員，多至數十人；特進、奉朝、請亦皆無職守，優游祿秩。則官之有散，自漢已有之矣。然當時之仕於朝者，不任以事則置之散，正如今日宮觀設官之比，未有以職為實、以散為號如後世者也。故成都侯王商以特進領城門兵，置幕府，得舉吏，是正如今日兼官，不可以官稱為比。」凡二十一卷。

《郊祀宗廟考》序

　　《郊特牲》曰：「禮之所尊，尊其義也。失其義，陳其數，祝、史之事也。故其數可陳也，其義難知也。」正義：「言禮之所以尊重，尊其有義理也。若不解禮之義理，是失其義。惟知布列籩豆，是陳其數，其事輕，故云祝史之事也。」荀卿子曰：「不知其義，謹守其數，慎不敢損益，楊倞：「若制所然。」父子相傳，以持王公。楊倞：「世傳法則，所以保持王公，言王公賴之以為治者也。」王念孫曰：「持，猶奉也。言官人百吏謹守其法則、度量、刑辟、圖籍，父子相傳，以奉王公也。《廣雅》：「奉，持也。」是持與奉同義。楊以持為保持，未確。是故三代雖亡，治法猶存，是官人百吏之所以取祿秩也。」先謙案：「《君道》篇云『官人守數』，《正論》篇云『官人以為守』，注：『官人，守職事之官也。』《王霸》篇注：『官人，列官之人。』荀書每以『官人百吏』竝言，猶《周官》所云『府史』『胥徒』之屬耳。」然則義者，祭之理也；數者，祭之儀也。古者人習於禮，故家國之祭祀，其品節儀文，祝、史、有司皆能知之，然其義則非儒宗講師不能明也。周衰禮廢，而其儀亡矣。秦漢以來，諸儒口耳所授，簡冊所載，特能言其義理而已，《戴記》是也。《儀禮》所言，止於卿士大夫之禮；《朱子語類》卷第八十五：「今《儀禮》多是士禮，天子諸侯喪祭之禮皆不存，其中不過有些小朝聘燕饗之禮。自漢以來，凡天子之禮，皆是將士禮來增加為之。河間獻王所得禮五十六篇，卻有天子、諸侯之禮，故班固謂『愈於推士禮以為天子、諸侯之禮者』。班固作《漢書》時，此禮猶在，不知何代何年失了。可惜！可惜！」《宋元學案·儀禮集說自序》：「書中十七篇，冠、昏、相見、鄉飲、鄉射、士喪、既夕、士虞、特牲饋食凡九篇，皆言侯國之士禮，少牢饋食上、下二篇，皆言侯國之大夫禮，聘、食、燕、大射四篇，皆言諸侯之禮，唯

覲禮一篇，則言諸侯朝天子之禮，然主于諸侯而言也，喪服篇中言諸侯及公子大夫士之服詳矣，其閒雖有諸侯與諸侯之大夫為天子之服，然亦皆主于諸侯與其大夫而言也。」**《六典》所載**，《周禮注疏・天官冢宰》：「惟王建國。」鄭注：「周公居攝而作六典之職，謂之《周禮》。營邑於土中。七年，致政成王，以此禮授之，使居雒邑，治天下。」《周禮・天官・大宰》：「大宰之職，掌建邦之六典，以佐王治邦國：一曰治典，以經邦國，以治官府，以紀萬民；二曰教典，以安邦國，以教官府，以擾萬民；三曰禮典，以和邦國，以統百官，以諧萬民；四曰政典，以平邦國，以正百官，以均萬民；五曰刑典，以詰邦國，以刑百官，以糾萬民；六曰事典，以富邦國，以任百官，以生萬民。」**特以其有關於職掌者則言之，而國之大祀，蓋未有能知其品節儀文者。**曾國藩：「以上祭祀儀節久失。」

　　漢鄭康成深於禮學，作為傳註，《後漢書・儒林列傳》：「中興，鄭眾傳《周官經》，後馬融作《周官傳》，授鄭玄，玄作《周官注》。玄本習《小戴禮》，後以古經校之，取其義長者，故為鄭氏學。玄又注小戴所傳《禮記》四十九篇，通為三禮焉。」**頗能補經之所未備，然以讖緯之言而釋經，以秦漢之事而擬三代，此其所以舛也。**《文獻通考・經籍考十四》：「三代之禮亡於秦。繼秦者漢，漢之禮書，則前有叔孫通，後有曹褒。然通之禮雜秦儀，褒之禮雜讖緯，先儒所以議其不純也。然自古禮既亡，今傳於世者，惟《周官》《儀禮》《戴記》，而其說未備。鄭康成於三書皆有注，後世之所欲明禮者，每稽之鄭注，以求經之意，而鄭注則亦多雜讖緯及秦、漢之禮以為說，則亦必本於通、褒之書矣。此三書者，漢、隋、唐三史《藝文志》俱無其卷帙，則其書久亡，故後世無述焉。然魏、晉而後，所用之禮，必祖述此者也。」皮錫瑞《經學通論》：「錫瑞案：馬氏之說甚通。《禮》自孔子時而經不具，後世所謂三《禮》，由孔子及七十子後學者撰集，雖未必與古禮盡合，而欲考古禮者，舍三書無徵焉。通為秦博士，習秦儀。秦之與古異者，惟尊君、卑臣為太過，其他去古未遠，必有所受。觀秦二世時議廟制，引古七廟之文可見。通所定禮，不見於《漢・藝文志》，蓋猶蕭何之律、韓信之軍法，其書各有主者，不在向、歆所校中祕書內。許氏《異義》閒引通說，則鄭君注《禮》亦必采用之矣。褒本習《慶氏禮》，乃高堂生、后倉所授，其引讖緯，東漢風氣實然。緯書多先儒說經之文，觀《禮緯・含文嘉》可見。鄭注《禮》間引讖緯，如耀魄寶、靈威仰之類，或亦本之於褒。古禮失亡，通定禮采秦儀，鄭注《禮》用漢事，褒與鄭又引及讖緯，皆不得不然者。後人習用鄭說，而於通雜秦儀、褒雜讖緯則議之，是知二五而不知十也。或且並詆鄭君，如陳傅良謂鄭注《周禮》之誤有三，『漢官制皆襲秦，今以比《周官》』。王應麟引徐筠《微言》，亦同此說。歐陽

修請刪注疏中所引讖緯，張璁且以引讖緯為鄭君罪案而罷其從祀。如其說，則漢以後之說《禮》者，不亡於秦火，而亡於宋、明諸人矣。」**蓋古者郊與明堂之祀，**《開明活葉文選注釋》：「郊者所以事天。明堂，王者朝諸侯出教令時所居之堂，亦以事天地交神明於此。」**祭天而已，秦漢始有五帝、泰一之祠，**《史記·孝武本紀》：「亳人薄誘忌奏祠泰一方，曰：『天神貴者泰一，泰一佐曰五帝。古者天子以春秋祭泰一東南郊，用太牢具，七日，為壇開八通之鬼道。』於是天子令太祝立其祠長安東南郊，常奉祠如忌方。」《索隱》：「其佐曰五帝。《河圖》云蒼帝神名靈威仰之屬也。」《正義》：「五帝，五天帝也。《國語》云『蒼帝靈威仰，赤帝赤熛怒，白帝白招矩，黑帝叶光紀，黃帝含樞紐』。《尚書帝命驗》云『蒼帝名靈威仰，赤帝名文祖，黃帝名神斗，白帝名顯紀，黑帝名玄矩』。佐者，謂配祭也。」**而以古者郊祀、明堂之禮禮之，蓋出於方士不經之說。**《史記·封禪書》：「初，天子封泰山，泰山東北阯古時有明堂處，處險不敞。上欲治明堂奉高旁，未曉其制度。濟南人公玉帶上黃帝時明堂圖。明堂圖中有一殿，四面無壁，以茅蓋，通水，圜宮垣為複道，上有樓，從西南入，命曰昆侖，天子從之入，以拜祠上帝焉。於是上令奉高作明堂汶上，如帶圖。及五年脩封，則祠太一、五帝於明堂上坐，令高皇帝祠坐對之。祠后土於下房，以二十太牢。天子從昆侖道入，始拜明堂如郊禮。」**而鄭注《禮經》二祭，**郊與明堂之祀。**曰天曰帝，或以為靈威仰，或以為耀魄寶，襲方士緯書之荒誕，而不知其非。**《文獻通考·郊社考一》：「祀天莫大於郊，祀祖莫大於配天。四代之郊見於《祭法》，經文簡略，後之學者莫不求之鄭注，而注之叢雜牴牾如此。先儒謂其讀《祭法》不熟，見序禘於郊之上，於是意禘之所祀者亦天也，故盡以祀天。然康成，漢人也。西漢之所謂郊祀，蓋襲秦之制而雜以方士之說。曰泰一，曰五帝，叢雜而祀之，皆謂之郊天。太史公作《封禪書》，所序者，秦漢間不經之祠，而必以舜類上帝，三代郊祀之禮先之。至班孟堅，則直名其書曰《郊祀志》，蓋漢世以三代之所郊祀者祀泰一、五帝，於是以天為有六，以祀六帝為郊。自遷、固以來，議論相襲而然矣。康成注二禮，凡祀天處必指以為所祀者某帝。其所謂天者非一帝，故其所謂配天者亦非一祖，於是釋禘、郊、祖、宗，以為或祀一帝，或祀五帝，各配以一祖。其病蓋在於取讖緯之書解經，以秦漢之事為三代之事。然六天之祀，漢人崇之；六天之說，遷、固志之，則其謬亦非始於康成也。」**夫禮莫先於祭，祭莫重於天，而天之名義且乖異如此，則其他節目注釋雖復博贍，不知其果得《禮經》之意否乎。**《文獻通考·郊社考一》：「蓋經之所言，曰『天』、曰『上帝』、曰『五帝』，而鄭康成以為有六天，王子雍以為天一而已。二家之說，於天之名義尚復差異如此，則其所言

禮文之節奏，以補正經之所未備者，果可盡信乎？王、鄭俱生於去聖千載之後，各以其學臆為之說。然王說正大，鄭說穿鑿，先儒嘗備言之矣。」**王肅諸儒雖引正論以力排之，**《禮記正義・祭法》正義引肅難鄭云：「案《易》『帝出乎震』，震，東方生萬物之初，故王者制之，初以木德王天下，非謂木精之所生。五帝皆黃帝之子孫，各改號代，變而以五行為次焉，何大微之精所生乎？又郊祭，鄭玄云『祭感生之帝』，唯祭一帝耳，《郊特牲》何得云『郊之祭，大報天而主日』？又天唯一而已，何得有六？又《家語》云：季康子問五帝，孔子曰：『天有五行，木、火、金、水及土，四分時化育，以成萬物，其神謂之五帝。』是五帝之佐也。猶三公輔王，三公可得稱王輔，不得稱天王。五帝可得稱天佐，不得稱上天。而鄭云以五帝為靈威仰之屬，非也。玄以圜丘祭昊天，最為首禮。周人立后稷廟，不立嚳廟，是周人尊嚳不若后稷及文、武。以嚳配至重之天，何輕重顛倒之失所？郊則圜丘，圜丘則郊，猶王城之內與京師，異名而同處。」又王肅、孔晁云：「虞、夏出黃帝，殷、周出帝嚳，《祭法》四代禘此二帝，上下相證之明文也。《詩》云『天命玄鳥』，『履帝武敏歆』，自是正義，非讖緯之妖說。」此皆王肅難，大暑如此。**然魏、晉以來祀天之禮，嘗參酌王、鄭二說而迭用之，竟不能偏廢也。**曾國藩：「以上鄭氏說不足據。」《開明活葉文選注釋》：「魏明帝時郊祀，以郊與圜丘為二處，尚用鄭玄義，其時王肅雖已著論攻之，人猶未宗其說也。晉武帝泰始二年詔除五帝號，同稱昊天，復並圜丘於郊，為捨鄭從王之始。其後或復從鄭義，或改從王義，更迭為用，至無定制。」

　　至於禘、祫之節，《文獻通考・宗廟考十一》：「以禘祫為共一祭而異名，以禘為合祭祖宗，審諦昭穆之義，漢儒之說也。近代諸儒多不以為然，獨致堂從之。然《大傳》『禮，不王不禘。王者禘其祖之所自出，以其祖配之』。而即繼之曰：『諸侯及其太祖，大夫、士有大事省於其君，干祫及其高祖。』其文意亦似共只說一祭。天子則謂之禘。所謂『不王不禘』，而祭則及其祖之所自出。諸侯則不可以言禘，而所祭止太祖。大夫、士又不可以言祫，必有功勞見知於君，許之祫，則干祫可及高祖。蓋共是合祭祖宗，而以君臣之故，所及有遠近，故異其名。所以魯之禘祭者，即祫也。若大傳文『諸侯』之下更有一『祫』字，則其義尤明。」《文獻通考・宗廟考十一》引致堂胡氏曰：「以義類考之，禘、祫皆合食也。故君子曰禘其所自出之帝為東向之尊，其餘合食於前，此之謂禘；諸侯無所自出之帝，則於太祖廟合群廟之主而食，此之謂祫。天子禘，諸侯祫，上下之殺也。」**宗祧之數，**《文獻通考・宗廟考一》引楊氏曰：「愚按《祭法》與《王制》不同。《王制》天子七廟，三昭三穆，與太祖之廟而七；《祭法》則序四親廟，二祧、太祖，以辨昭穆。《王制》諸侯五廟，

二昭二穆與太祖之廟而五;《祭法》則云三親廟月祭,高、太二廟享嘗,以見隆殺。《王制》大夫三廟,一昭一穆與太祖之廟而三;《祭法》但有三親廟,而高、太無廟,有二壇,以為請禱之祭而已。《王制》士一廟;《祭法》則分適士二廟,官師一廟。又《祭法》有考、王考、皇考、顯考、祖考之稱,《王制》則無之。《祭法》有壇,有墠,或二壇無墠,或一壇無墠,《王制》則無之。大抵《王制》略而祭法詳。」《禮經》之明文無所稽據,而注家之聚訟莫適折衷,其叢雜牴牾,與郊祀之說無以異也。近世三山信齋楊氏得考亭、勉齋之遺文奧義,著為《祭禮》一書,楊復,字茂才,號信齋,福州人。《祭禮通解》。《文獻通考·郊社考一》:「至近世,三山信齋楊氏得考亭、勉齋之遺文奧義,著為《祭禮》一書,始蒐輯經傳之散漫者而會通之,而祀天之禮物、樂舞與其行事始終之序,可以概見。辨析諸儒議論之同異者而折衷之,而天帝之名稱、祀數之多寡,從祀尸、主之有無,可以理推。」詞義正大,考訂精核,足為千載不刊之典。然其所述一本經文,不復以注疏之說攙補,故經之所不及者,則闕略不接續。杜氏《通典》之書,有祭禮則參用經註之文,兩存王、鄭之說,雖通暢易曉,而不如楊氏之純正。《文獻通考·郊社考一》:「古者郊天之禮,其制度、品節參見於經傳諸書,惟《祭法》首章言四代配天之祖,《郊特牲》『郊之祭也』一章,言郊之義數,儀文未備,而其他之載於二禮諸書者,多通言祭天,非直郊祀也。且或散見於百官之職掌,(如《玉人》《典瑞》只說禮神之玉,《酒人》只說酒齊,《典路》只說車輅,《司服》只說祭服之類。)或錯見於禮經之總論,(如《禮運》《禮器》《郊特牲》《祭法》等篇所言祭祀,或通論郊社,或通說天神地祇人鬼之類。)披紛散軼,未有能會通其綱目之詳,次第其始終之序者。惟杜氏《通典》首段敘致頗有條理。然禮經簡略,杜氏所敘多以注疏之意補之,而注疏之說乖異多端。蓋經之所言,曰『天』、曰『上帝』、曰『五帝』,而鄭康成以為有六天,王子雍以為天一而已。二家之說,於天之名義尚復差異如此,則其所言禮文之節奏,以補正經之所未備者,果可盡信乎?王、鄭俱生於去聖千載之後,各以其學臆為之說。然王說正大,鄭說穿鑿,先儒嘗備言之矣。通典蓋一遵鄭注,而又不敢廢王說者也。」今並錄其說,次及歷代祭祀禮儀本末,而唐開元、宋政和二禮書中所載諸祀儀注併詳著焉。曾國藩:「以上祭禮,並錄杜、楊之說。」《文獻通考·經籍考十四》:「《開元禮》,一百五十卷。陳氏曰:『唐集賢院學士蕭嵩、王仲丘等撰。唐初有《貞觀》《顯慶禮》,儀注不同,而《顯慶》又出於許敬宗,希旨傅會,不足施用。開元十四年,通事舍人王嵒請刪《禮記》舊文,而益以今事,張說以為《禮記》不可改易,宜折衷《貞

觀》、《顯慶》以為唐禮，乃詔徐堅、李銳、施敬本撰述，蕭嵩、王仲丘繼之。書成，唐五禮之文始備，於是遂以設科取士。《新史·禮樂志》大略采摭著於篇，然唐初已降凶禮於五禮之末，至《顯慶》遂削去《國恤》一篇，則敬宗詔諛諱惡鄙陋亡稽，卒不正也。」《文獻通考·經籍考十四》：「《政和五禮新儀》，二百四十卷，目錄五卷。陳氏曰：『議禮局官知樞密院鄭居中、尚書白時中、慕容彥逢、學士強淵明等撰。首卷祐陵御製序文，次九卷御筆指揮，次十卷御製冠禮，餘二百二十卷，局官所修也。』」

作《郊祀考》第十二，以敘古今天神地祇之祀，首郊，次明堂，次后土，《文獻通考·郊社考九》引楊氏曰：「愚按：《大司樂》『奏太簇，歌應鍾，舞《咸池》，以祭地示』，鄭注云：『地示所祭於北郊及社稷。』《牧人》『陰祀用黝牲，毛之』，鄭注云：『陰祀祭地北郊及社稷。』夫祭地惟有夏至北郊方澤之禮，此外則有社祭，亦祭地也。鄭氏亦既知之矣，及注《曲禮》『天子祭天地』，《大宗伯》『黃琮禮地』，《典瑞》『兩圭祀地』，又云地神有二，歲有二祭，夏至祭崑崙之神於方澤，夏正祭神州之神於北郊，何也？蓋祭地惟北郊及社稷，此三代之正禮，而釋經之正說，鄭氏所不能違也。有崑崙，又有神州；有方澤，又有北郊，析一事以為二事。此則惑於緯書，而牽合聖經以文之也。知有正禮，而又汩之以緯書，甚矣其惑也！」次雩，雩為祈雨之祭。次五帝，《孔子家語·五帝》：「季康子問於孔子曰：」舊聞五帝之名，而不知其實，請問何謂五帝？『孔子曰：『昔丘也聞諸老聃曰：天有五行，水火金木土，分時化育，以成萬物，其神謂之五帝。古之王者，易代而改號，取法五行。五行更王，終始相生，亦象其義。故其生為明王者，而死配五行。是以太皞配木，炎帝配火，黃帝配土，少皞配金，顓頊配水。』《文獻通考·郊社考十一》：「五帝之祀，見於《周禮》；五帝之義，見於《家語》，其說本正大也。自秦漢間廢祀天之禮，而以所謂郊祀者祀於五時，名曰五帝。鄭康成解經，習聞秦漢之事，遂於經所言郊祀，多指為祀五帝。且據緯書為之名字：東曰靈威仰，南曰赤熛怒，西曰白招拒，北曰叶光紀，中曰含樞紐。於是王子雍群儒引經傳以排之，而謂五帝者，太皞以下五人帝也。先儒楊信齋則謂：『果以五人帝為五帝，則五人帝之前，其無司四時者乎？鄭則失矣，王亦未為得也。』其說善矣，然楊氏之釋五帝，則以為如毛公所謂元氣昊大謂之昊天，遠視蒼蒼謂之蒼天；程子所謂以形體謂之天，以主宰謂之帝之類，則五帝乃天之別名，而元未嘗有所謂五帝之神也。愚謂若以為天之別名而已，則曰『帝』可矣，何必拘以五？又何必於祀上帝之外，別立祀五帝之禮乎？蓋五帝者，五行之主而在天，猶五嶽為五方之鎮而在地也。五帝不出於天之外，而謂五帝即昊天則不可；五嶽不出於地之外，而謂五嶽

即后土亦不可，《家語》所言盡之矣。今因疑緯書靈威仰等名字，而謂五帝之本無，因疑五帝之本無，而謂《家語》之非聖言，亦過矣。如日、月、星、宿、風伯、雨師，皆天神之見於祀典者，經傳所言昭昭也，而道家者流則以為各有名稱，甚者或為之姓字，其妖妄不經，甚於緯書，儒者所不道也。然因是而疑日月諸神之本無，可乎？」

次日月、星辰、寒暑，次六宗、四方，《尚書正義‧舜典》：「禋于六宗。」孔傳：「精意以享謂之禋。宗，尊也。所尊祭者，其祀有六，謂四時也、寒暑也、日也、月也、星也、水旱也。」《文獻通考‧郊社考十四》：「《舜典》言「類于上帝」之下繼以「禋于六宗」。《曲禮》言「天子祭天地」之下繼以「祭四方」。然則古帝王祭六宗、四方之禮，亞於天地，蓋非小祀也。但經傳俱不明言其神之名目，而先儒訓釋互有異同。如六宗則或以為天神，或以為地祇，或以為祖宗；四方則或以為五官，或以為四望，或以為蜡之百物。而歷代之舉此二祀者，各主一說。今除五帝、日月、星辰、水旱、寒暑、山川、八蜡等項各自該載入本門外，專立「六宗四方」一門，以考歷代所以舉二祀之說。而先儒訓釋之同異、考訂之去取，併詳著焉。」**次社稷、山川，次封禪，次高禖，**《禮記正義‧月令》：「是月也，玄鳥至。至之日，以大牢祠于高禖，天子親往。」鄭注：「玄鳥，燕也。燕以施生時來，巢人堂宇而孚乳，嫁娶之象也。媒氏之官以為候。高辛氏之世，玄鳥遺卵，娀簡吞之而生，契，後王以為媒官嘉祥，而立其祠焉。變媒言禖，神之也。」正義：「蔡邕以為禖神高辛已前舊有。高者，尊也，謂尊高之禖，不由高辛氏而始有高禖。又《生民》及《玄鳥》毛傳云『姜嫄從帝而祠于郊禖』，又云『簡狄從帝而祈于郊禖』，則是姜嫄、簡狄之前先有禖神矣。」**次八蜡，**《禮記正義‧郊特牲》：「天子大蜡八。」正義：「大蜡八者，即鄭注云先嗇一、司嗇二、農三、郵表畷四、貓虎五、坊六、水庸七、昆蟲八。所祭之神，合聚萬物而索饗之，但以此八神為主。蜡云『大』者，是天子之蜡，對諸侯為大。天子既有八神，則諸侯之蜡未必八也。謂若先嗇，古之天子，諸侯未必得祭也。知諸侯亦有蜡者，《禮運》云『仲尼與於蜡賓』，是諸侯有蜡也。」**次五祀，**《文獻通考‧郊社考十九》引陳氏《禮書》曰：「五祀見於《周禮》《禮記》《儀禮》，雜出於史傳多矣，特《祭法》以司命、泰厲為七祀，而《左傳‧昭二十五年》《家語‧五帝》篇，則以五祀為重、該、修、熙、黎、句龍之五官；《月令》以五祀為門、行、戶、竈、中霤；《白虎通》、劉昭、范曄、高堂隆之徒，以五祀為門、井、戶、竈、中霤。鄭氏釋《大宗伯》之五祀，則用《左傳》《家語》之說；釋《小祝》之五祀，用《月令》之說；釋《王制》之五祀，則用《祭法》之說。而荀卿謂五祀執薦者百人，侍西房。侍西房，則五祀固非四方之五官；侍必百人，則五祀固非門、戶之類。然則所謂五祀者，其名雖同，其祭各有所主。七祀

之制，不見他經。鄭氏以七祀為周制，五祀為商制。然《周官》雖天子亦止於五祀，《儀禮》雖士亦備五祀，則五祀無尊卑隆殺之數矣。《祭法》自七祀推而下之，至於適士二祀，庶人一祀，非周禮也。然禮所言五祀，蓋皆門、戶之類而已。門、戶，人所資以出入者也；中霤，人所資以居者也；竈、井，人所資以養者也。先王之於五者，不特所資如此，而又事有所本，制度有所興，此所以祀而報之也。中霤，土之所用事，故祀於中央；竈，火之所用事，故祀於夏；井，水之所用事，故祀於冬；戶在內而奇，陽也，故祀於春；門在外而耦，陰也，故祀於秋。兩漢、魏、晉之立五祀，并皆與焉，特隋唐參用《月令》《祭法》之說，五祀祭行。及李林甫之徒，復修《月令》，冬亦祀井而不祀行。然則行神亦特載於始行而已，非先王冬日之常祀也。」**次耤田祭先農，**《禮記‧月令》：「孟春之月，……乃擇元辰，天子親載耒耜，措之于參保介之御間，帥三公、九卿、諸侯、大夫躬耕帝藉。天子三推，三公五推，卿、諸侯九推。反，執爵于大寢，三公、九卿、諸侯、大夫皆御，命曰勞酒。」鄭注：「元辰，郊後吉亥也。耒，耜之上曲也。保介，車右也。置耒耜於車右與御者之間，明已勸農，非農者也。人君之車，必使勇士衣甲居右而參乘，備非常也。保猶衣也。介，甲也。帝藉，為天神借民力所治之田也。既耕而宴飲，以勞羣臣也。大寢，路寢。御，侍也。」《後漢書‧禮儀志》注引《漢舊儀》曰：「春始東耕於藉田，官祠先農。先農即神農炎帝也。祠以一太牢，百官皆從，大賜三輔二百里孝悌、力田、三老帛。種百穀萬斛，為立藉田倉，置令、丞。穀皆以給祭天地、宗廟、群神之祀，以為粢盛。皇帝躬秉耒耜而耕，古為甸師官。」**次親蠶祭先蠶，**《禮記正義‧祭義》：「古者天子諸侯必有公桑、蠶室，近川而為之，築宮，仞有三尺，棘牆而外閉之。及大昕之朝，君皮弁、素積，卜三宮之夫人、世婦之吉者，使入蠶于蠶室，奉種浴于川，桑于公桑，風戾以食之。」正義：「公桑、蠶室者，謂官家之桑於其處，而築養蠶之室也。近川而為之，取其浴蠶種便也。築宮，謂築養蠶宮。牆七尺曰仞，仞有三尺，牆高一丈也。棘牆，牆上置棘。外閉，謂扇在門外閉也。大昕之朝，季春朔日之朝也。諸侯夫人半王后，故三宮。世婦，諸侯之世婦。此雜互天子之禮言之。天子有三夫人，若諸侯，唯有世婦也。養蠶非一人，唯云『世婦之吉者』，擇其吉者以為主領也。奉種浴于川者，初於仲春時已浴之，至蠶將生之時又浴之也。戾，乾也。風戾以食之者，凌早采桑，必帶露而溼，蠶性惡溼，故乾而食之。」黃以周《禮書通故‧耤田躬桑禮通故》：「《漢舊儀》云：『先蠶之神曰菀窳婦人、寓氏公主。』《唐月令》以為天駟，《路史》《通鑑外紀》又以為黃帝西陵氏。陳祥道云：『蠶其首馬首，其性喜溫惡濕，其浴火月而再養則傷馬，此固與馬同出于天駟矣。然天駟可謂蠶祖，而非先蠶也。蠶，婦人之事，非黃帝也。《史記》黃帝

娶西陵氏。而西陵氏始蠶，于志無見。漢祀菀窳婦人、寓氏公主二人，此或有所傳然也。」以周案：古人季春薦鞠衣于先帝，不聞祀先蠶。先蠶之人，經傳無明文。秦氏《通考》謂當與祭諸先同例，不必求其人以實之。」次祈禳，次告祭，而後以雜祠、淫祠終焉，凡二十三卷。作《宗廟考》第十三，以敘古今人鬼之祀，首國家宗廟，次時享，次祫、禘，次功臣配享，次祠先代君臣，次諸侯宗廟，而以大夫、士庶宗廟時享終焉，凡十五卷。

《王禮考》序

　　古者《經禮》《禮儀》皆曰三百，孫詒讓《周禮正義·天官冢宰第一》：「《禮器》云：『經禮三百，曲禮三千。』鄭彼注云：『經禮謂《周禮》也，《周禮》六篇，其官有三百六十。曲猶事也，事禮謂《今禮》也。』案：鄭意蓋以此經為《經禮》，《儀禮》為《曲禮》。《曲禮》孔疏云：『《周禮》見於經籍，其名異者有七處。《孝經說》云禮經三百，一也。《禮器》云經禮三百，二也。《中庸》云禮儀三百，三也。《春秋說》云禮義三百，四也。《禮說》云有正經三百，五也。《周官》外題謂為《周禮》，六也。《漢藝文志》云《周官經》六篇，七也。七者皆云三百，故知俱是《周官》。』今案：《漢藝文志》亦云：『禮經三百，威儀三千。』顏師古注從韋昭說，亦以《禮經》為《周禮》。又引臣瓚云：『《禮經》三百，謂冠昏吉凶。《周禮》三百，是官名也。』瓚說最析，足正鄭、韋之誤。蓋《周禮》乃官政之法，《儀禮》乃禮之正經，二經並重，不可相對而為經曲。《中庸》禮儀、威儀，咸專屬《禮經》，與《周禮》無涉。《孝經》《春秋》《禮說》所云禮經、禮義、正經者，亦無以定其必為此經。鄭、韋、孔諸儒，並以三百大數巧合，遂為皮傅之說，殆不足馮。」蓋無有能知其節目之詳者矣。然總其凡有五，曰吉、凶、軍、賓、嘉；舉其大有六，曰冠、昏、喪、祭、鄉、相見，此先王制禮之略也。秦漢而後，因革不同：有古有而今無者，如大射、聘禮、士相見、鄉飲酒、投壺之類是也；呂大臨《禮記解·投壺第四十》：「投壺，射禮之細也。射者，男子之所有事，因而飾之以禮樂也。古者諸侯之射也，必先行燕禮；卿大夫士之射也，必先行鄉飲酒之禮。因燕禮之閒，且以樂賓，且以習容，且以講藝也。投壺者，不能盡於射禮而行其節也，庭之修廣，或不足以張侯置鵠；賓客之眾，或不足以備官比耦，則是禮也。弧矢之事，雖不能行，其容體比於禮，其節比於樂，志正體直，審固而求中，

所以觀德者猶在，此先王所以不廢也。壺之為器，所以實酒而置之席間者也。原其始也，必以燕飲之間，謀以樂賓，或病於不能為射也，舉席間之器，以寄射節焉，此投壺所由興也。」**有古無而今有者，如聖節、上壽、上尊號、拜表之類是也；**趙升《朝野類要》卷第一：「國朝故事，帝、后生辰，皆有聖節名。後免之，只名生辰，惟帝立節名。蓋自唐明皇千秋節始也。」程大昌《續考古編》卷之五《誕聖節》：「漢世人主生日，未創燕賀之禮，然已有其意矣。高帝與盧綰同里，生日兩家羊酒相賀，即其事也。唐太宗謂『劬勞之日，不當為樂』，則是太宗已前嘗有用此日為樂者矣。中宗神龍三年詔：『生日不得進獻。』則神龍之前已有進獻者矣。玄宗開元十七年，始用源乾曜言，以八月五日為千秋節，明許進物為壽，即進鏡、結承露囊之類是也。自此以後，遂為永制。雖云創禮，亦人情之所必不免者也。每朝人主生日，各立節名，而總名其節曰誕聖節，取『誕彌厥月』之義也。按《詩》，誕，大也；彌，滿也。人道十月而生子，言姜嫄大滿十月而生后稷，故曰誕彌也。今云誕聖，則是以誕為生，古來無此訓故也。然襲用已久，人不云誤。」**有其事通乎古今而後世未嘗制為一定之禮者，若臣庶以下冠、昏、喪、祭是也。凡若是者，皆本無沿革，不煩紀錄。**曾國藩：「以上三宗無沿革者，不之及。」

　　而通乎古今而代有因革者，惟國家祭祀、學校、選舉，以至朝儀、巡狩、田獵、冠冕、服章、圭璧、符璽、車旗、鹵簿及凶禮之國恤耳。封演《封氏聞見記‧卷五》：「輿駕行幸，羽儀導從謂之『鹵簿』，自秦、漢以來始有其名。蔡邕《獨斷》載鹵簿有小駕、大駕、法駕之異，而不詳『鹵簿』之義。按，字書：『鹵，大楯也。』字亦作『櫓』，又作『樐』，音義皆同。鹵以甲為之，所以扞敵。賈誼《過秦論》云『伏屍百萬，流血漂鹵』是也。甲楯有先後部伍之次，皆著之簿籍，則案次導從，故謂之『鹵簿』耳。儀衛具五兵，今不言他兵，但以甲楯為名者，行道之時，甲楯居外，餘兵在內，但言『鹵簿』，是舉凡也。」**今除國祀、學校、選舉已有專門外，朝儀已下則總謂之「王禮」，而備著歷代之事迹焉。蓋本晦庵《儀禮經傳通解》，所謂王朝之禮也。**曾國藩：「以上略序王禮之目。」朱在《儀禮經傳通解目錄跋》：「右先君所著《家禮》五卷，《鄉禮》三卷，《學禮》十一卷，《邦國禮》四卷，《王朝禮》十四卷，今刊於南康道院。其曰《經傳通解》者凡二十三卷，蓋先君晚歲之所親定，是為絕筆之書，次第具見於目錄。惟《書數》一篇缺而未補，而《大射禮》《聘禮》《公侯大夫禮》《諸侯相朝禮》八篇，則猶未脫藁也。其曰《集傳》《集註》者，此書之舊名也，凡十四卷，為《王朝禮》而下《卜筮篇》亦缺。餘則先君所草定而未暇刪改者也。今皆不敢有所增益，悉從其藁。至於喪、祭

二禮，則嘗以規摹次第屬之門人黃幹，俾之類次。他日書成，亦當相從於此，庶幾此書始末具備。」

其本無沿革者，若古禮則經傳所載，先儒所述，自有專書可以尋求，毋庸贅敘，若今禮則雖不能無失，而議禮制度又非書生所得預聞也，是以亦不復措辭焉。丘濬《大學衍義補‧郡国之禮》：「古今異宜，禮經有可以義起之文，天下之事揆之於義而與義無悖，則是禮雖自古先王未之有制，而後世之人以義起之而創為一代之禮不為過也。馬氏著《文獻通考》，獨為王朝之禮，所謂郡國之禮無有焉，其言曰：『今禮則雖不能無失，然而議禮制度非書生可得與聞也，是以亦不復措辭焉。』夫書生而與聞議禮制度而為之措辭固不可，若夫述前人之舊、詳一代之制，亦何不可之有。」作《王禮考》第十四，凡二十二卷。

《樂考》序

　　《記》曰：「聲音之道，與政通矣。故審樂以知政。」《禮記·樂記》：「凡音者，生人心者也。情動於中，故形於聲。聲成文，謂之音。是故治世之音，安以樂，其政和；亂世之音，怨以怒，其政乖；亡國之音，哀以思，其民困：聲音之道，與政通矣。……凡音者，生於人心者也；樂者，通倫理者也。是故知聲而不知音者，禽獸是也；知音而不知樂者，眾庶是也；唯君子為能知樂。是故審聲以知音，審音以知樂，審樂以知政，而治道備矣。」蓋言樂之正哇，有關於時之理亂也。然自三代以後，號為歷年多，施澤久，而民安樂之者，漢唐與宋。漢莫盛於文景之時，然至孝武時河間獻王始獻雅樂，天子下太樂官，常存肆之，歲時以備數，然不常御，常御及郊廟皆非雅聲。《漢書·禮樂志》：「河間獻王有雅材，亦以為治道非禮樂不成，因獻所集雅樂。天子下大樂官，常存肆之，歲時以備數，然不常御，常御及郊廟皆非雅聲。然詩樂施於後嗣，猶得有所祖述。」師古曰：「肆，習也。音弋二反。」至哀帝時始罷鄭聲，用雅樂，而漢之運祚且移於王莽矣。《漢書·禮樂志》：「是時，鄭聲尤甚。黃門名倡丙彊、景武之屬富顯於世，貴戚五侯定陵、富平外戚之家淫侈過度，至與人主爭女樂。哀帝自為定陶王時疾之，又性不好音，及即位，下詔曰：『惟世俗奢泰文巧，而鄭衛之聲興。夫奢泰則下不孫而國貧，文巧則趨末背本者眾，鄭衛之聲興則淫辟之化流，而欲黎庶敦朴家給，猶濁其源而求其清流，豈不難哉！孔子不云乎？放鄭聲，鄭聲淫。其罷樂府官。郊祭樂及古兵法武樂，在經非鄭衛之樂者，條奏，別屬他官。』……然百姓漸漬日久，又不制雅樂有以相變，豪富吏民湛沔自若，陵夷壞于王莽。」唐莫盛於貞觀、開元之時，然所用者多教坊俗樂，《文獻通考·樂考十九·俗部樂》：「教坊自唐武德以來，置署在禁門內。開元後，其人浸多。凡祭祀、大朝會，

則用太常雅樂；歲時宴享，則用教坊諸部樂。前代有讌樂、清樂，散樂，隸太常，後稍歸教坊。舊制：雅俗之樂，皆隸太常。玄宗精曉音律，以太常禮樂之司，不應典倡優雜伎，乃更置左、右教坊，以教俗樂。命右驍衛將軍范及為之使，又選樂工數百人，自教法曲於梨園，謂之『皇帝梨園弟子』。又教宮女使習之。選伎女置宜春院，給賜其家。禮部侍郎張廷珪上疏，深以鄭聲為戒。上嘉賞之，而不能用。」**太常閱工人常肄習之，其不可教者乃習雅樂，然則其所謂樂者可知矣。**《新唐書·禮樂志》：「分樂為二部：堂下立奏，謂之立部伎；堂上坐奏，謂之坐部伎。太常閱坐部，不可教者隸立部，又不可教者，乃習雅樂。」**宋莫盛於天聖、景祐之時，然當時胡瑗、李照、阮逸、范鎮之徒，拳拳以律呂未諧，聲音未正為憂，而卒不克更置。至政和時始製《大晟樂》，**《文獻通考·樂考三》：「徽宗崇寧元年，詔置講議局。以大樂之制譌謬殘缺，太常樂器弊壞，琴瑟制度參差不同，簫篴之屬樂工自備，每大合樂，聲韻淆雜，而皆失之太高。箏、筑、阮，秦、晉之樂也，乃列於琴、瑟之間；熊羆按，梁、隋之制也，乃設於宮架之外。笙不用匏，舞不象成，曲不叶譜。樂工率農夫、市賈，遇祭祀朝會則追呼於阡陌、閭閻之中，教習無素，嘗不知音。議樂之臣以樂經散亡，無所依據；秦、漢之後，諸儒自相非議，不足取法。乃博求知音之士，而蜀人魏漢津上言……詔可。其年七月，景鐘成。次年，帝鼐、八鼎成。八月，新樂成，列於崇政殿。有旨，先奏舊樂三闋，曲未終，帝曰：『舊樂如泣聲。』揮止之。既奏新樂，天顏和豫。詔賜名曰大晟，專置大晟府，大司樂一員，典樂二員，並為長貳。大樂令一員，協律郎四員。以其樂施之郊廟、朝會，棄舊樂不用。又詔春秋釋奠，賜宴辟雍，貢士鹿鳴、聞喜宴，悉用大晟樂，屏去倡優淫哇之聲，仍令選國子生教習樂舞。」**自謂古雅，而宋之土宇且陷入女真矣。蓋古者因樂以觀政，而後世則方其發政施仁之時未暇制樂，及其承平之後，綱紀法度皆已具舉，敵國外患皆已銷亡，君相他無所施為，學士大夫他無所論說，然後始及制樂，樂既成而政已衰，國已衰矣。**曾國藩：「以上言漢、唐、宋盛時無樂，樂成而政已衰。」

昔隋開皇中制樂，用何妥之說而擯萬寶常之議。《隋書·何妥傳》：「其後上令妥考定鍾律，妥又上表曰……書奏，別勅太常取妥節度。於是作清、平、瑟三調聲，又作八佾、鞞鐸巾拂四舞。先是，太常所傳宗廟雅樂，數十年唯作大呂，廢黃鍾。妥又以深乖古意，乃奏請用黃鍾。詔下公卿議，從之。」**及樂成，寶常聽之，泫然曰：「樂聲淫厲而哀，不久天下將盡。」**《北史·萬寶常傳》：「寶常聽太常所奏樂，泫然泣曰：『樂聲淫厲而哀，天下不久將盡。』時四海全盛，聞言

者皆謂不然;大業之末,其言卒驗。」噫!使當時一用寶常之議,能救隋之亡乎?然寶常雖不能制樂以保隋之長存,而猶能聽樂而知隋之必亡,其宿悟神解,亦有過人者。竊嘗以為,世之興衰理亂固未必由樂,然若欲議樂,必如師曠、《史記·樂書》:「平公曰:『音無此最悲乎?』師曠曰:『有。』平公曰:『可得聞乎?』師曠曰:『君德義薄,不可以聽之。』平公曰:『寡人所好者音也,願聞之。』師曠不得已,援琴而鼓之。一奏之,有玄鶴二八集乎廊門;再奏之,延頸而鳴,舒翼而舞。平公大喜,起而為師曠壽。反坐,問曰:『音無此最悲乎?』師曠曰:『有。昔者黃帝以大合鬼神,今君德義薄,不足以聽之,聽之將敗。』平公曰:『寡人老矣,所好者音也,願遂聞之。』師曠不得已,援琴而鼓之。一奏之,有白雲從西北起;再奏之,大風至而雨隨之,飛廊瓦,左右皆奔走。平公恐懼,伏於廊屋之閒。晉國大旱,赤地三年。聽者或吉或凶。夫樂不可妄興也。」州鳩、《左傳·昭公二十一年》:「二十一年,春,天王將鑄無射,泠州鳩曰:『王其以心疾死乎!夫樂,天子之職也。夫音,樂之輿也。而鐘,音之器也。天子省風以作樂,器以鍾之,輿以行之。小者不窕,大者不摦,則和於物。物和則嘉成。故和聲入於耳,而臧於心,心億則樂。窕則不咸,摦則不容,心是以感,感實生疾。今鐘摦矣,王心弗堪,其能久乎!』」萬寶常、王令言之徒。《隋書·王令言傳》:「時有樂人王令言,亦妙達音律。大業末,煬帝將幸江都,令言之子嘗從,於戶外彈胡琵琶,作翻調《安公子曲》。令言時臥室中,聞之大驚,蹶然而起曰:『變,變!』急呼其子曰:『此曲興自早晚?』其子對曰:『頃來有之。』令言遂歔欷流涕,謂其子曰:『汝慎無從行,帝必不返。』子問其故,令言曰:『此曲宮聲往而不反,宮者君也,吾所以知之。』帝竟被殺於江都。」其自得之妙,豈有法之可傳者?而後之君子,乃欲強為議論,究律呂於黍之縱橫,求正哇於聲之清濁;或證之以殘缺斷爛之簡編、埋沒銷蝕之尺量,而自謂得之,何異刻舟、覆蕉、《列子·周穆王》:「鄭人有薪於野者,遇駭鹿,御而擊之,斃之,恐人之見之也,遽而藏諸隍中,覆之以蕉,不勝其喜。俄而遺其所藏之處,遂以為夢焉。順塗而詠其事。傍有人聞者,用其言而取之。既歸,告其室人曰:『向薪者夢得鹿而不知其處,吾今得之,彼直真夢者矣。』室人曰:『若將是夢見薪者之得鹿邪?詎有薪者邪?今真得鹿,是若之真夢邪?』夫曰:『吾據得鹿,何用知彼夢我夢邪?』薪者之歸,不厭失鹿,其夜真夢藏之之處,又夢得之之主。爽旦,按所夢而尋得之,遂訟而爭之,歸之士師。」叩槃、捫燭之為?《蘇軾文集·日喻》:「生而眇者不識日,問之有目者。或告之曰:『日之狀如銅槃。』扣槃而得其聲。他日聞鐘,以為日也。或告之曰:

『日之光如燭。』捫燭而得其形。他日揣籥，以為日也。日之與鐘、籥亦遠矣，而眇者不知其異，以其未嘗見而求之人也。」**愚固不知其說也。**曾國藩：「以上言樂有神解，不在簡編尺量之末。」

作《樂考》第十五，首敘歷代樂制，次律呂制度，次八音之屬，各分雅部、胡部、俗部，以盡古今樂器之本末，次樂縣，次樂歌，次樂舞，次散樂、鼓吹，而以徹樂終焉，凡十五卷。

《兵考》序

　　按《周官·小司徒》：「五人為伍，五伍為兩，四兩為卒，五卒為旅，五旅為師，五師為軍。上地家七人，可任也者家三人，中地家六人，可任也者二家五人，下地家五人，可任也者家二人。」鄭注：「五、兩、卒、旅、師、軍，皆眾之名。兩二十五人，卒百人，旅五百人，師二千五百人，軍萬二千五百人。此皆先王所因農事而定軍令者也。欲其恩足相恤，義足相救，服容相別，音聲相識。……一家男女七人以上，則授之以上地，所養者眾。男女五人以下，則授之以下地，所養者寡也。正以七人六人五人為率者，有夫有婦然後為家，自二人以至於十，為九等，七六五者為其中。可任謂丁強任力役之事者。出老者一人，其餘男女強弱相半，其大數。」此教練之數也。《司馬法》：「地方一里為井，四井為邑，四邑為邱，四邱為甸，甸六十四井，有戎馬四匹、兵車一乘、牛十二頭、甲士三人、卒七十二人。」《漢書·刑法志》：「殷周以兵定天下矣。天下既定，戢藏干戈，教以文德，而猶立司馬之官，設六軍之眾，因井田而制軍賦。地方一里為井，井十為通，通十為成，成方十里；成十為終，終十為同，同方百里；同十為封，封十為畿，畿方千里。有稅有賦。故四井為邑，四邑為丘。丘，十六井也，有戎馬一匹，牛三頭。四丘為甸。甸，六十四井也，有戎馬四匹，兵車一乘，牛十二頭，甲士三人，步卒七十二人，干戈備具，是謂乘馬之法。」此調發之數也。教練則不厭其多，故凡食土之毛者，除老弱不任事之外，家家使之為兵，人人使之知兵，故雖至小之國，勝兵萬數可指顧而集也。調發則不厭其簡，甸六十四井，為五百一十二家，而所調者止七十五人，是六家調發共出一人也。每甸姑通以中地二家五人計之，五百一

十二家可任者一千二百八十人，而所調者止七十五人，是十六次調發方及一人也。教練必多，則人皆習於兵革；調發必簡，則人不疲於征戰。此古者用兵制勝之道也。曾國藩：「以上古者教練多而調發少。」

後世士自為士，農自為農，工商末技自為工商末技，凡此四民者平時不識甲兵為何物，而所謂兵者乃出於四民之外，故為兵者甚寡，知兵者甚少，一有征戰，則盡數驅之以當鋒刃，無有休息之期，甚則以未嘗訓練之民而使之戰，是棄民也。唐宋以來，始專用募兵，於是兵與民判然為二途，諉曰教養於平時而驅用於一旦。然其季世，則兵數愈多而驕悍而劣弱，《文獻通考・兵考六》：「自募兵之法行，於是擇其願應募者，而所謂願應募者，非游手無藉之徒，則負罪亡命之輩耳，良民不為兵也。故世之罵人者，曰黥卒，曰老兵，蓋言其賤而可羞。然則募兵所得者，皆不肖之小人也。」為害不淺，不惟足以疲國力，而反足以促國祚矣。曾國藩：「以上言後世兵民判然為二。」《文獻通考・兵考六》：「古之兵皆出於民者也，故民附則兵多，而勃然以興；民叛則兵寡，而忽焉以亡，自三代以來皆然矣。秦漢始有募兵，然猶與民兵參用也。唐之中世，始盡廢民兵而為募兵。夫兵既盡出於召募，於是兵與民始為二矣。兵與民為二，於是兵之多寡，不關於國之盛衰；國之存亡，不關於民之叛服。募兵之數日多，養兵之費日浩，而敗亡之形反基於此。唐自天寶以來，內外皆募兵也。外兵則藩鎮擅之，內兵則中人擅之，其勢不相下，而其力足以相制，故安史反叛，而郭子儀、李光弼以節度之兵誅之。朱泚僭亂，而李晟、渾瑊以神策之兵誅之。及其衰也，宦官則以內兵而劫制人主，方鎮則以外兵而擅廣土地。及朱溫舉兵內向，盡夷中人，廢神策，而唐之鼎祚移於內。楊行密、錢鏐、馬殷、王建、劉仁恭、李茂貞之徒，以卒伍竊據一方，而唐之土宇裂於外，而唐遂亡矣。中更五代，則國擅於將，將擅於兵。卒伍所推，則為人主，而國興焉，非以得其民也；其所廢則為獨夫，而國亡焉，非以失其民也。宋有天下，藝祖、太宗以兵革削平海內，暨一再傳，則兵愈多，而國勢愈弱。」作《兵考》第十六，首敘歷代兵制，次禁衛及郡國之兵，次教閱之制，次車戰、舟師、馬政、軍器，凡十三卷。

《刑考》序

　　昔漢陳咸言：「為人議法，當依於輕，雖有百金之利，慎無與人重比。」語載《後漢書·陳寵傳》。蓋漢承秦法，過於嚴酷，重以武、宣之君，張、趙之臣，張湯、趙禹。淫刑喜殺，習以為常，咸之言蓋有激也。竊嘗以為劓、刵、椓、黥，《尚書·呂刑》：「殺戮無辜，爰始淫為劓、刵、椓、黥。」孔傳：「三苗之主，頑凶若民，敢行虐刑，以殺戮無罪，於是始大為截人耳鼻、椓陰、黥面，以加無辜。」蚩尤之刑也，而唐虞遵之；收孥、赤族，《史記·商君列傳》：「事末利及怠而貧者，舉以為收孥。」《索隱》：「末謂工商也。蓋農桑為本，故上云『本業耕織』也。怠者，懶也。《周禮》謂之『疲民』。以言懶怠不事事之人而貧者，則糾舉而收錄其妻子，沒為官奴婢，蓋其法特重於古也。」焦竑《焦氏筆乘》卷一：「赤族，言盡殺無遺類也。《漢書注》以為『流血丹其族者』，大謬。古人謂空盡無物曰赤，如『赤地千里』，《南史》稱『其家赤貧』是也。」亡秦之法也，而漢魏以來遵之。以賢聖之君而不免襲亂虐之制，由是觀之，咸言尤為可味也。曾國藩：「以上言議法當依於輕。」

　　漢文除肉刑，《史記·孝文本紀》：「蓋聞有虞氏之時，畫衣冠異章服以為僇，而民不犯。何則？至治也。今法有肉刑三，而姦不止，其咎安在？非乃朕德薄而教不明歟？吾甚自愧。故夫馴道不純而愚民陷焉。《詩》曰『愷悌君子，民之父母』。今人有過，教未施而刑加焉，或欲改行為善而道毋由也。朕甚憐之。夫刑至斷支體，刻肌膚，終身不息，何其楚痛而不德也，豈稱為民父母之意哉！其除肉刑。」《集解》：「李奇曰：『約法三章無肉刑，文帝則有肉刑。』孟康曰：『黥劓二，左右趾合一，凡三。』」《索隱》：「韋昭云：『斷趾、黥、劓之屬。』」崔浩《漢律序》云：『文

帝除肉刑而宮不易。』張斐注云：『以淫亂人族序，故不易之也。』」善矣，而以髡笞代之。《漢書·刑法志》：「丞相張蒼、御史大夫馮敬奏言：『肉刑所以禁姦，所由來者久矣。陛下下明詔，憐萬民之一有過被刑者終身不息，及罪人欲改行為善而道亡繇至，於盛德，臣等所不及也。臣謹議請定律曰：諸當完者，完為城旦舂；當黥者，髡鉗為城旦舂；當劓者，笞三百；當斬左止者，笞五百；當斬右止，及殺人先自告，及吏坐受賕枉法，守縣官財物而即盜之，已論命復有笞罪者，皆棄市。罪人獄已決，完為城旦舂，滿三歲為鬼薪白粲。鬼薪白粲一歲，為隸臣妾。隸臣妾一歲，免為庶人。隸臣妾滿二歲，為司寇。司寇一歲，及作如司寇二歲，皆免為庶人。其亡逃及有罪耐以上，不用此令。前令之刑城旦舂歲而非禁錮者，如完為城旦舂歲數以免。臣昧死請。』制曰：『可。』是後，外有輕刑之名，內實殺人。斬右止者又當死。斬左止者笞五百，當劓者笞三百，率多死。」臣瓚曰：「文帝除肉刑，皆有以易之，故以完易髡，以笞代劓，以釱左右止代刖。今既曰完矣，不復云以完代完也。此當言髡者完也。」髡法過輕，而略無懲創；笞法過重，而至於死亡。《漢書·刑法志》：「景帝元年，下詔曰：『加笞與重罪無異，幸而不死，不可為人。其定律：笞五百曰三百，笞三百曰二百。』猶尚不全。至中六年，又下詔曰：『加笞者，或至死而笞未畢，朕甚憐之。其減笞三百曰二百，笞二百曰一百。』又曰：『笞者，所以教之也，其定箠令。』丞相劉舍、御史大夫衛綰請：『笞者，箠長五尺，其本大一寸，其竹也，末薄半寸，皆平其節。當笞者笞臀。毋得更人，畢一罪乃更人。』自是笞者得全，然酷吏猶以為威。死刑既重，而生刑又輕，民易犯之。」其後乃去笞而獨用髡，減死罪一等即止於髡鉗，進髡鉗一等即入於死，而深文酷吏務從重比，故死刑不勝其眾。魏晉以來病之，然不知減笞數而使之不死，乃徒欲復肉刑以全其生，仲長統《昌言·損益篇》：「肉刑之廢，輕重無品，下死則得髡鉗，下髡鉗則得鞭笞。死者不可復生，而髡者無傷於人。髡笞不足以懲中罪，安得不至於死哉！夫雞狗之攘竊，男女之淫奔，酒醴之賂遺，謬誤之傷害，皆非值於死者也。殺之則甚重，髡之則甚輕。不制中刑以稱其罪，則法令安得不參差，殺生安得不過謬乎？今患刑輕之不足以懲惡，則假臧貨以成罪，託疾病以諱殺。科條無所準，名實不相應，恐非帝王之通法，聖人之良制也。或曰：過刑惡人，可也；過刑善人，豈可復哉？曰：若前政以來，未曾枉害善人者，則有罪不死也，是為忍於殺人，而不忍於刑人也。今令五刑有品，輕重有數，科條有序，名實有正，非殺人逆亂鳥獸之行甚重者，皆勿殺。嗣周氏之祕典，續呂侯之祥刑，此又宜復之善者也。」肉刑卒不可復，遂獨以髡鉗為生刑。所欲活者傳生

議，於是傷人者或折腰體而纔剪其毛髮；所欲陷者與死比，於是犯罪者既已刑殺而復誅其宗親。輕重失宜，莫此為甚。及隋唐以來，始制五刑，曰笞、杖、徒、流、死。《新唐書·刑法志》：「其用刑有五：一曰笞。笞之為言恥也；凡過之小者，捶撻以恥之。漢用竹，後世更以楚。書曰「扑作教刑」是也。二曰杖。杖者，持也；可持以擊也。《書》曰『鞭作官刑』是也。三曰徒。徒者，奴也；蓋奴辱之。《周禮》曰：其奴，男子入于罪隸，任之以事，寘之圜土而教之，量其罪之輕重，有年數而捨。四曰流。《書》云『流宥五刑』，謂不忍刑殺，宥之于遠也。五曰死。乃古大辟之刑也。」此五者即有虞所謂鞭、朴、流宅，《尚書·舜典》：「五流有宅，五宅三居。」孔傳：「謂不忍加刑，則流放之，若四凶者。五刑之流，各有所居。五居之差，有三等之居：大罪四裔，次九州之外，次千里之外。」雖聖人復起，不可偏廢也。曾國藩：「以上言漢、魏、六朝輕重失宜，唐以後五刑乃為不易之典。」

若夫苟慕輕刑之名，而不恤惠姦之患，殺人者不死，傷人者不刑，俾無辜罹毒虐者，抱沉冤而莫伸，而舞文利賕賄者，無後患之可惕，則亦非聖人明刑弼教之本意也。曾國藩：「以上言輕刑惠奸。」

作《刑考》第十七，首刑制，次徒流，次詳讞，次贖刑、赦宥，凡十二卷。

《經籍考》序

　　昔秦燔經籍而獨存醫藥、卜筮、種樹之書，《史記·秦始皇本紀》：「臣
請史官非秦記皆燒之。非博士官所職，天下敢有藏《詩》《書》、百家語者，悉詣守、
尉雜燒之。有敢偶語詩書者棄市。以古非今者族。吏見知不舉者與同罪。令下三十
日不燒，黥為城旦。所不去者，醫藥卜筮種樹之書。若欲有學法令，以吏為師。」
學者抱恨終古。《文獻通考·經籍考一》：「秦雖出自於西戎，然自非子、秦仲以
來，有國於豐、岐者數百年。春秋之時，盟會聘享，接於諸侯，《秦誓》紀於《書》，
《車鄰》《小戎》之屬列於《詩》，其聲名文物蓋藹然先王之遺風矣。今下令焚《詩》
《書》，而曰「史官非秦記皆燒之」，則《秦誓》《秦風》。亦秦記也，獨非《詩》《書》
乎？李斯者，襲流血刻骨之故智，而佐之以人頭畜鳴之偽辯，固世所羞稱者。然斯
學於荀卿，卿之道，蓋祖述六經，憲章仲尼者也，是其初亦自儒者法門中來。然則
始皇既非聲教不通之編夷而驟有中華，李斯亦非椎朴少文之俗物而盲處高位，今乃
以焚滅經籍、坑戮儒生為經國之遠猷者，其說有二：曰愧，曰畏。愧則愧其議己也，
畏則畏其害己也。」然以今考之，《易》與《春秋》二經首末具存。《漢書·
藝文志》：「及秦燔書，而《易》為筮卜之事，傳者不絕。」《詩》亡其六篇，或
以為笙詩元無其辭，是詩亦未嘗亡也。《漢書·藝文志》：「孔子純取周詩，上
采殷，下取魯，凡三百五篇，遭秦而全者，以其諷誦，不獨在竹帛故也。」禮本無
成書，《戴記》雜出漢儒所編，《儀禮》十七篇及《六典》最晚出，《六
典》僅亡《冬官》，然其書純駁相半，其存亡未足為經之疵也。獨虞夏
商周之《書》，亡其四十六篇耳。《漢書·藝文志》：「《易》曰：『河出圖，雒出
書，聖人則之。』故書之所起遠矣，至孔子纂焉，上斷於堯，下訖于秦，凡百篇，而

為之序，言其作意。」然則秦所燔，除《書》之外，俱未嘗亡也。《文獻通考·經籍考一》：「然六籍雖厄於煨燼，而得之口耳所傳、屋壁所藏者，猶足以垂世立教，千載如一日也。」若醫藥、卜筮、種樹之書，當時雖未嘗廢錮，而並無一卷流傳至今者，以此見聖經賢傳終古不朽，而小道異端雖存必亡，初不以世主之好惡為之興廢也。曾國藩：「以上言秦焚書實未嘗亡。」

漢、隋、唐、宋之史俱有《藝文志》，然《漢志》所載之書，以《隋志》考之，十已亡其六七，以《宋志》考之，隋唐亦復如是，豈亦秦為之厄哉？昌黎公所謂為之也易，則其傳之也不遠，豈不信然。夫書之傳者已鮮，傳而能蓄者加鮮，蓄而能閱者尤加鮮焉。宋皇祐時，命名儒王堯臣等作《崇文總目》，《文獻通考·經籍考三十四》：「《崇文總目》，六十四卷。晁氏曰：『皇朝王堯臣等撰書。景祐中，詔張觀、李若谷、宋庠取昭文、史館、集賢、祕閣書刊正訛謬，條次之，凡四十六類，計三萬六百六十九卷。康定三年，書成。堯臣及提舉官聶冠卿、郭稹加階邑，編修官呂公綽、王洙、刁約、歐陽修、楊儀、陳經各進秩有差。國史謂書錄自劉向至毋煚所著皆不存，由是古書難考，故此書多所謬誤。』陳氏曰：『時撰定諸儒皆有論議，歐公文集頗見數條。今此惟六十六卷之目耳，題云紹興改定。』」記館閣所儲之書而論列於其下方，然止及經、史而亦多缺略，子、集則但有其名目而已。近世昭德晁氏公武有《讀書記》，《文獻通考·經籍考三十四》：「《晁氏讀書志》，二十卷。陳氏曰：『昭德晁公武子止撰。其序言得南陽公書五十篋，合其家舊藏，得二萬四千五百卷。其守榮州，日夕讎校，每終篇輒論其大指，時紹興二十一年也。其所發明，有足觀者。南陽公未知何人，或云井度憲孟也，未詳。』」直齋陳氏振孫有《書錄解題》，《四庫全書總目》：「《直齋書錄解題》二十二卷，宋陳振孫撰。振孫字伯玉，號直齋，安吉人。周密《癸辛雜識》稱『近年惟直齋陳氏書最多，蓋嘗仕於莆，傳錄夾漈鄭氏、方氏、林氏、吳氏舊書，至五萬一千一百八十餘卷。且仿讀書作解題，極其精詳。』云云。則振孫此書，在宋末已為世所重矣。其例以歷代典籍分為五十三類，各詳其卷佚多少，撰人名氏，而品題其得失，故曰解題。馬端臨《經籍考》惟據此書及《讀書志》成編。《讀書志》今有刻本，而此書久佚，僅《永樂大典》尚載其完帙，謹詳加校訂，定為二十二卷。」皆聚其家藏之書而評之。今所錄先以四代史志列其目，其存於近世而可考者，則採諸家書目所評，并旁搜史傳、文集、雜說、詩話，凡議論所及，可以紀其著作之本末，考其流傳之真偽，訂其文理之純駁者，則具載焉，俾覽之者如入群玉之府，《穆

天子傳》:「天子北征,東還,乃循黑水。癸巳,至於群玉之山,先王之所謂策府。」
郭璞注:「言往古帝王以為藏書冊之府,所謂藏之名山者也。」而閱木天之藏。
《夢溪筆談》:「內諸司舍屋,唯秘閣最宏壯,閣下穹隆高敞,相傳謂之『木天』。」
不特有其書者,稍加研窮,即可以洞究旨趣;雖無其書者,味茲題品,
亦可粗窺端倪,蓋殫見洽聞之一也。作《經籍考》第十八,經之類十有
三,史之類十有四,子之類二十有二,集之類六,凡七十六卷。

《帝系考》序

　　昔太史公言：「儒者斷其義，馳說者騁其辭，不務綜其始終。」語載《史記‧十二諸侯年表》。蒙文通《中國史學史》：「儒者，則孟、荀之儔。馳說者，則百家之書也。」蓋譏世之學者以空言著書，而歷代統系無所考訂也。於是作為《三代世表》，自黃帝以下譜之。《史記‧三代世表》：「太史公曰：五帝、三代之記，尚矣。自殷以前諸侯不可得而譜，周以來乃頗可著。孔子因史文次《春秋》，紀元年，正時日月，蓋其詳哉。至於序《尚書》則略，無年月；或頗有，然多闕，不可錄。故疑則傳疑，蓋其慎也。余讀《諜記》，黃帝以來皆有年數。稽其曆譜諜終始五德之傳，古文咸不同，乖異。夫子之弗論次其年月，豈虛哉！於是以《五帝繫諜》《尚書》集世紀黃帝以來訖共和為《世表》。」然五帝之事遠矣，而遷必欲詳其世次，按圖而索，往往牴牾，故歐陽公復譏其不能缺所不知，而務多聞以為勝。曾國藩：「以上言《史記‧世表》為歐陽所譏，譜系似不可信。」歐陽修《帝王世次圖序》：「孔子既歿，異端之說復興，周室亦益衰亂。接乎戰國，秦遂焚書，先王之道中絕。漢興久之，《詩》、《書》稍出而不完。當王道中絕之際，奇書異說方充斥而盛行，其言往往反自託於孔子之徒，以取信於時。學者既不備見《詩》、《書》之詳，而習傳盛行之異說，世無聖人以為質，而不自知其取捨真偽，至有博學好奇之士，務多聞以為勝者，於是盡集諸說，而論次初無所擇，而惟恐遺之也，如司馬遷之《史記》是矣。以孔子之學，上述前世，止於堯、舜，著其大略，而不道其前。遷遠出孔子之後，而乃上述黃帝以來，又詳悉其世次，其不量力而務勝，宜其失之多也。」

　　然自三代以後，至於近世，史牒所載，昭然可考，始學者童而習之，

屈伸指而得其大概，至其傳世歷年之延促，枝分派別之遠近，猝然而問，雖華顛鉅儒不能以遽對，《後漢書·崔駰列傳》：「唐且華顛以悟秦。」注曰：「《爾雅》曰：『顛，頂也。』華顛謂白首也。」則以無統系之書故也。曾國藩：「以上言無譜系，則茫然難考。」

今倣王溥唐及五代《會要》之體，首敘帝王之姓氏出處，及其享國之期、改元之數，以及各代之始終，次及后妃、皇子、公主、皇族，其可考者悉著於篇，而歷代所以尊崇之禮、冊命之儀，并附見焉。作《帝系考》第十九，凡十卷。

《封建考》序

　　封建莫知其所從始也。禹塗山之會，號稱萬國；《春秋左傳正義·哀公七年》：「禹合諸侯於塗山，執玉帛者萬國。」杜注：「諸侯執玉，附庸執帛。塗山在壽春東北。」湯受命時，凡三千國；周定五等之封，凡千七百七十三國。《禮記·王制》：「凡四海之內九州。州方千里，州建百里之國三十，七十里之國六十，五十里之國百有二十，凡二百一十國。名山、大澤不以封，其餘以為附庸、間田。八州，州二百一十國。天子之縣內，方百里之國九，七十里之國二十有一，五十里之國六十有三，凡九十三國。名山、大澤不以盼，其餘以祿士，以為間田。凡九州千七百七十三國，天子之元士、諸侯之附庸不與。」《文獻通考·封建考一》：「禹承唐、虞之盛，塗山之會諸侯，執玉帛者萬國。及其衰也，有二窮、孔甲之亂，遭桀行暴，諸侯相兼，逮湯受命，其能存者三千餘國，方於塗山，十損其七。其後紂作淫虐，周武王致商之罪，一戎衣而天下治，定五等之封，凡千七百七十三國，又減湯時千三百國。」至春秋之時，見於經傳者僅一百六十五國，而蠻夷戎狄亦在其中。《晉書·地理志》：「春秋之初，尚有千二百國；迄獲麟之末，二百四十二年，弒君三十六，亡國五十二，諸侯奔走不得保其社稷者不可勝數，而見於《春秋》經傳者百有七十國焉。百三十九知其所居，三十一國盡亡其處，蠻夷戎狄不在其間。」蓋古之國至多，後之國日寡，國多則土宜促，國少則地宜曠，而夷考其故則不然。試以殷周上世言之，殷契至成湯八遷，史以為自商而砥石，自砥石而復居商，又自商而亳。《尚書正義·胤征》：「自契至于成湯八遷，湯始居亳，從先王居，作《帝告》《釐沃》。」正義：「《商頌》云：『帝立子生商。』是契居商也。《世本》云：『昭明居砥石。』《左傳》稱『相土居商丘』。及今湯居亳。事見經傳者有此四遷，其餘四遷，未詳聞也。鄭玄云：『契本封商，國在太華之陽。』皇甫謐云：『今上洛商。』

是也。襄九年《左傳》云：『陶唐氏之火正閼伯，居商丘，相土因之。』杜預云：『今梁國睢陽宋都。』是也。其砥石先儒無言，不知所在。」**周棄至文王亦屢遷，史以為自邰而豳，自豳而岐，自岐而豐。**《通志·都邑略》：「周本扶風郡之地名，后稷始封於此，其所居之地謂之邰。公劉遷于豳，豳亦作邠。太王避狄，去幽居岐。及文王德業光大，作邑于豐，而典治南國。武王有天下，乃居鎬京。豐在豐水之西，鎬在豐水之東。周地西迫戎俗，自岐之豐，自豐之鎬，是西遠戎而東即華也。」**夫湯七十里之國也，文王百里之國也。然以所遷之地考之，蓋有出於七十里、百里之外者矣。又如泰伯之為吳，**《史記·吳太伯世家》：「吳太伯，太伯弟仲雍，皆周太王之子，而王季歷之兄也。季歷賢，而有聖子昌，太王欲立季歷以及昌，於是太伯、仲雍二人乃犇荊蠻，文身斷髮，示不可用，以避季歷。季歷果立，是為王季，而昌為文王。太伯之犇荊蠻，自號句吳。荊蠻義之，從而歸之千餘家，立為吳太伯。」**鬻繹之為楚，**《史記·楚世家》：「周文王之時，季連之苗裔曰鬻熊。鬻熊子事文王，蚤卒。其子曰熊麗。熊麗生熊狂，熊狂生熊繹。熊繹當周成王之時，舉文、武勤勞之後嗣，而封熊繹於楚蠻，封以子男之田，姓羋氏，居丹陽。」**箕子之為朝鮮，**《史記·宋微子世家》：「武王既克殷，訪問箕子。……於是武王乃封箕子於朝鮮而不臣也。」**其初不過自屏於荒裔之地，而其後因以有國傳世。竊意古之諸侯者，雖曰受封於天子，然亦由其行義德化足以孚信於一方，人心翕然歸之，故其子孫因之，遂君其地；或有災否，則轉徙他之，而人心歸之不能釋去，故隨其所居，皆成都邑。蓋古之帝王未嘗以天下為己私，而古之諸侯亦未嘗視封內為己物，上下之際，均一至公，非如後世分疆畫土，爭城爭地，必若是其截然也。**曾國藩：「以上言古者上下均一至公，封國非有截然之疆界。」

  秦既滅六國，舉宇內而郡縣之，《史記·秦始皇本紀》：「始皇曰：『天下共苦戰鬪不休，以有侯王。賴宗廟，天下初定，又復立國，是樹兵也，而求其寧息，豈不難哉！廷尉議是。』分天下以為三十六郡，郡置守、尉、監。」**尺土一民始皆視為己有，再傳而後，劉、項與群雄共裂其地而分王之。**《文獻通考·封建考六》：「秦、楚之際起兵自立者凡六國。……項王所立諸侯王凡十四國。」**高祖既誅項氏之後，凡當時諸侯王之自立者，與為項氏所立者，皆擊滅之，然後裂土以封韓、彭、英、盧、張、吳之屬，**楚王韓信、韓王韓信、梁王彭越、淮南王英布、燕王盧綰、趙王張耳、長沙王吳芮。**蓋自是非漢之功臣不得王矣。**《史記·絳侯周勃世家》：「高皇帝約『非劉氏不得王，非有功不得侯。

不如約，天下共擊之。』逮數年之後，反者九起，異姓諸侯王多已夷滅，於是悉取其地以王子弟親屬，如荊、吳、齊、楚、淮南之類，荊，將軍劉賈，高祖從父兄。吳，沛侯劉濞，高祖兄子。齊，悼惠王肥，高祖微時外婦之子。楚，元王交，高祖同父少弟。淮南，厲王長，高祖少子。蓋自是非漢之同姓不得王矣。然一再傳而後，賈誼、晁錯之徒，拳拳有諸侯強大之慮，以為親者無分地而疏者偪天子，必為子孫之憂。《文獻通考·封建考六》：「先公曰：『誼之意甚勤，而謀甚忠矣。雖然，此不過以親疏為強弱耳。疏者難防，親者可倚，固也。然今日之疏，本前日之親，今日之親，又他日之疏也。不以德義相維，而專以親戚相制，豈得為萬世之良策乎？親以寵偪，則又如之何？高皇帝立諸子，一傳文帝，而高帝諸子已足為文帝憂，帝又專以大城名都畀其子孫，將不復為後人憂乎？』」於是或分其國，或削其地，其負強而動如七國者，則六師移之。《漢書·諸侯王表》：「故文帝采賈生之議分齊、趙，景帝用晁錯之計削吳、楚。武帝施主父之冊，下推恩之令，使諸侯王得分戶邑以封子弟，不行黜陟，而藩國自析。」蓋西漢之封建，其初則剿滅異代所封，而以畀其功臣；繼而剿滅異姓諸侯，而以畀其同宗；又繼而剿滅疏屬劉氏王，而以畀其子孫，蓋檢制益密而猜防益深矣。曾國藩：「以上言漢之封建凡三變，而猜防益深。」

　　昔湯、武雖以征伐取天下，然商惟十一征，《孟子正義·滕文公章句下》：「湯始征，自葛載，十一征而無敵於天下。」注曰：「載，始也。言湯初征自葛始也。十一征而服天下。」周惟滅國者五十，其餘諸侯皆襲前代所封，未聞盡以宇內易置而封其私人。周雖大封同姓，然文昭武穆之邦，與國咸休，亦未聞成康而後，復畏文武之族偪而必欲夷滅之，以建置己之子孫也。愚嘗謂必有公天下之心而後可以行封建。自其出於公心，則選賢與能，而小大相維之勢，足以綿千載；自其出於私心，則忌疏畏偪，而上下相猜之形，不能以一朝居矣。景武之後，令諸侯王不得治民補吏，於是諸侯雖有君國子民之名，不過食其邑入而已，土地甲兵不可得而擅矣。《漢書·諸侯王表》：「景遭七國之難，抑損諸侯，減黜其官。（師古曰：謂改丞相曰相，省御史大夫、廷尉、少府、宗正、博士，損大夫、謁者諸官長丞員等也。）武有衡山、淮南之謀，作左官之律，（服虔曰：仕於諸侯為左官，絕不得使仕於王侯也。）設附益之法，（張晏曰：律鄭氏說，封諸侯過限曰附益。或曰阿媚王侯，有重法也。師古曰：附益者，蓋取孔子云『求也為之聚斂而附益之』之義也，皆背正法而厚於私家也。）諸侯惟得衣食稅租，不與政事。」然則漢雖懲秦之弊，復行封建，然為人上

者苟慕美名，而實無唐虞三代之公心，為諸侯者既獲裂土，則遽欲效春秋、戰國之餘習，故不久而遂廢。曾國藩：「以上言必有公天下之心而後封建可久，因及漢末之弊。」

逮漢之亡，議者以為乏藩屏之助，而成孤立之勢。《三國志・武文世王公傳》注引《魏氏春秋》載宗室曹冏上書曰：「賴光武皇帝挺不世之姿，禽王莽於已成，紹漢嗣於既絕，斯豈非宗子之力也？而曾不監秦之失策，襲周之舊制，踵王國之法，而微倖無疆之期。至於桓、靈，闔豎執衡，朝無死難之臣，外無同憂之國，君孤立於上，臣弄權於下，本末不能相御，身首不能相使。由是天下鼎沸，姦凶並爭，宗廟焚為灰燼，宮室變為榛藪，居九州之地，而身無所安處，悲夫！」然愚又嘗夷考歷代之故，魏文帝忌其諸弟，帝子受封有同幽縶，《三國志・武文世王公傳》注引《袁子》曰：「魏興，承大亂之後，民人損減，不可則以古始。於是封建侯王，皆使寄地，空名而無其實。王國使有老兵百餘人，以衛其國。雖有王侯之號，而乃儕為匹夫。縣隔千里之外，無朝聘之儀，鄰國無會同之制。諸侯游獵不得過三十里，又為設防輔監國之官以伺察之。王侯皆思為布衣而不能得。既違宗國藩屏之義，又虧親戚骨肉之恩。」再傳之後，主勢稍弱，司馬氏父子即攘臂取之，曾無顧憚。晉武封國至多，宗藩強壯，俱自得以領兵卒、《晉書・地理志》：「武帝泰始元年，封諸王以郡為國。邑二萬戶為大國，置上中下三軍，兵五千人；邑萬戶為次國，置上軍下軍，兵三千人；五千戶為小國，置一軍，兵千五百人。」置官屬，《文獻通考・封建考十二》：「王國有傅、（傅即師也。以景帝諱，故曰傅。武帝初置，亦謂之師。山公《啟事》曰：『王棋為燕王師。』）友、（武帝初置一人，蓋因文王、仲尼四友之名。典書令丞、掌國教令。《職官錄》曰：『漢制本曰尚書，改為治書，國諱又改為典書，至晉武置典書令。』）文學、（一人。）郎中令、中尉、大農、（為三卿。）左右常侍、（大國各二人，次國各一人，掌贊相獻替。）內史、（改太守為內史。又《晉書》曰：『改國相為內史。』）將軍、（大國上中下軍三將軍，次國上下二軍，將軍各一人，小國上軍而已。）典祠、典衛、學官令、治書中尉、司馬、世子庶子、陵廟牧長、謁者、中大夫、舍人、典府等。其後省相及僕，省郎中，置侍郎二人。（初，晉文帝輔魏政，阮籍常言於帝曰：『平生曾遊東平，樂其風土。』即拜為東平相。籍乘驢到郡，壞府舍屏障，使內外相通，法令清簡，旬日而還。）公侯以下國官屬遞減。（《晉書》曰：『詔以壽光公鄭沖及朗陵公何曾國皆置郎中令。』又曰：『元帝初渡江即晉王位，諸參軍、奉車都尉，掾屬者百餘人，時人謂之百六掾。』）」可謂懲魏之弊矣，然八王首難，參見《廿二史箚記・卷八・八王之亂》：「惠帝時八王之亂，

《晉書》彙敘在一卷，《通鑑紀事本末》亦另為一條，然頭緒繁多，覽者不易了，今撮敘於此。」阻兵安忍，反以召五胡之釁。宋、齊皇子俱童孺當方面，名為藩鎮，而實受制於典籤、長史之手，《文獻通考·封建考十三》：「宋、齊之制，諸王之為刺史者，立長史以佐之，既而復立典籤以制之。然大概多以童稚之年膺方面之寄，而主其事者，則皆長史、典籤也。宋蒼梧王以凶狂遇弒，明帝嗣位，而江州長史鄧琬不受命，奉晉安王子勛起兵稱帝。會稽長史孔覬、雍州長史孔道存俱不受命，皆奉其王以應晉安。未幾兵敗，而臣主俱就誅夷，而孝武之子孫殲焉。及齊明帝以支代宗，欲盡除高、武之子孫，而皆以典籤殺之。然則長史、典籤之設，皆所以禍諸王，而當時之居此職者，皆輕躁傾險之人，或假之以稱亂，或賣之以為功，其情雖異，而構禍則同。童孺無知，駢首橫死於鋒鏑鴆毒之下，至誓『不願生帝王家』，及乞為奴以紓死而不可得，哀哉！」每一易主，則前帝之子孫殲焉，而運祚卒以不永。梁武享國最久，諸子孫皆以盛年雄材出為邦伯，專制一方，可謂懲宋、齊之弊矣，然諸王擁兵，捐置君父，卒不能止侯景之難。詳見《通鑑紀事本末·卷第二十三·侯景之亂》。然則魏、宋、齊疏忌骨肉，固以取亡，而晉、梁崇獎宗藩，亦不能救亂。《文獻通考·封建考十三》：「晉、宋、齊、梁之制，諸王皆出為都督、刺史、星羅棋布，各據強藩，蓋將假以事任，庶收宗子維城之功，而矯孤立之弊。然宋、齊一再傳而後，二明帝皆以旁支入繼大統，忮忍特甚，前帝之子孫，雖在童孺，皆以逼見讎。其據雄藩處要地者，適足以殞其身於典籤輩之手，而二明亦復享年不永，置嗣無狀，淪胥以亡，不足復議。若晉若梁，則諸王皆以盛年雄材出當方面，非宋、齊帝子輩比也。然京師有變，則俱無同獎王室之忠，而各有帝制而天子自為之志。賈、趙之亂，如冏如顒、如乂如越之徒，縱兵不戢，屠其骨肉，以啟戎狄之禍，而神州覆亡。侯景之亂，如綸如繹、如紀如詧之徒，擁兵不救，委其祖父以餧寇賊之口，而天倫殄絕矣。蓋其初之立制也，非不欲希風宗周，懲鑒漢、魏，然世俗險惡，人心澆漓，齊桓、晉文之事尚矣。晉、梁諸王，雖欲求一人如鄭厲公、虢叔輩而不可得，後儒所以疑封建之不可行有由矣。」於是封建之得失不可復議，而王綰、李斯、陸士衡、柳宗元輩所論之是非，亦不可得而偏廢矣。曾國藩：「以上言疏宗藩有弊，獎宗藩者亦有弊。」《文獻通考·封建考六》：「秦既并天下，丞相綰請分王諸子，廷尉斯請罷封建，置郡縣，始皇從之。自是諸儒之論封建、郡縣者，歷千百年而未有定說，其論之最精者，如陸士衡、曹元首則主綰者也，李百藥、柳宗元則主斯者也。二說互相排詆，而其所發明者，不過公與私而已。曹與陸之說曰：「唐、虞、三代公天下以封建諸侯，故享祚長。秦私天下以為郡縣，

故傳代促。」柳則反之曰：「秦公天下者也。」眉山蘇氏又從而助之曰：「封建者，爭之端，亂之始，篡殺之禍，莫不由之。李斯之論當為萬世法。」而世之醇儒力詆之，以為二氏以反理之評、詭道之辨而妄議聖人。然則後之立論者，宜何從以封建為非邪？是帝王之法，所以禍天下後世也。以封建為是邪？則柳、蘇二子之論，其剖析利害，指陳得失，莫不切當，不可廢也。」

今所論著，三皇而後至春秋之前，國名之見於經傳而事迹可考者略著之，如共工、防風氏，以至邶、鄘、樊、檜之類是也。春秋十二列國，既有太史世家詳其事迹，不復贅敘，姑紀其世代歷年而已。若諸小國之事迹，見於《春秋三傳》《雜記》者，則倣世家之例，敘其梗概，邾、莒、許、滕以下是也。漢初諸侯王、王子侯、功臣外戚恩澤侯，則悉本馬、班二史年表，東漢以後無年表可據，則採摭諸傳，各訂其受封傳授之本末而備著焉。列侯不世襲始於唐，《文獻通考・封建考十七》：「唐之所謂爵土，祇是虛名，且無承襲。蓋受封者於內府給繒布，不得以自食其所封之地，則只同俸賜，不可以言胙土矣。故今敘唐之封建，只及諸王，而凌煙功臣以下之封公侯者，更不敘錄，蓋既無胙土世襲之事，則封建之規模盡失矣。」親王不世襲始於宋，《文獻通考・封建考十八》：「諸侯王與列侯，皆以其嫡子嫡孫世襲。其所受之封爵，自非有罪者與無後者，則爵不奪而國不除，此法漢以來未之有改也。至唐則臣下之封公侯者，始止其身而無以子襲封者，然親王則子孫襲封如故。雖所謂茅土食邑多為虛名，然始受封之國與爵，則父歿子繼，世世相承。如吳王恪、曹王明，俱太宗之子，受封於貞觀時，中更武氏、祿山之禍，皇族殲夷陵替之餘，然其苗裔苟存，則嗣吳王、嗣曹王尚見於肅、代、德、順之間。至宋則皇子之為王者，封爵僅止其身，而子孫無問嫡庶，不過承蔭入仕為環衛官，廉車節鉞以序，而遷如庶姓貴官蔭子入仕之例，必須歷任年深，齒德稍尊，方特封以王爵，而其祖父所受之爵則不襲也。」則姑志其始受封者之名氏而已。作《封建考》第二十，凡十八卷。曾國藩：「以上自述凡例。」

《象緯考》序

　　昔三代之時，俱有太史，其所職掌者，察天文、記時政，蓋合占候、紀載之事，以一人司之。漢時太史公掌天官，不治民，而紬史記、金匱、石室之書，《集解》：「徐廣曰：『紬音抽。』」《索隱》：「如淳云：『抽徹舊書故事而次述之。』徐廣音抽。小顏云：『紬謂綴集之也。』」《索隱》案：「石室、金匱皆國家藏書之處。」猶是任也。《史記·太史公自序》：「太史公執遷手而泣曰：『余先周室之太史也。自上世嘗顯功名於虞夏，典天官事。……自獲麟以來四百有餘歲，而諸侯相兼，史記放絕。今漢興，海內一統，明主賢君忠臣死義之士，余為太史而弗論載，廢天下之史文，余甚懼焉，汝其念哉！』遷俯首流涕曰：『小子不敏，請悉論先人所次舊聞，弗敢闕。』卒三歲而遷為太史令，紬史記石室金匱之書。」至宣帝時，以其官為令，行太史公文書，《史記·太史公自序》：「談為太史公。」《集解》引如淳曰：「《漢儀注》太史公，武帝置，位在丞相上。天下計書先上太史公，副上丞相，序事如古《春秋》。遷死後，宣帝以其官為令，行太史公文書而已。」其修撰之職，以他官領之，於是太史之官唯知占候而已。《文獻通考·職官考五》：「史官，肇自黃帝有之，自後顯著。夏太史終古、商太史高勢。周則曰太史、小史、內史、外史。而諸侯之國，亦置其官。又《春秋》《國語》引《周志》及《鄭書》，似當時記事，各有其職。秦有太史令胡母敬。至漢武始置太史公，以司馬談為之。卒，其子遷嗣。卒後，宣帝以其官為令，行太史公文書。其修撰之職，以他官領之，於是太史之官唯知占候而已。」蓋必二任合而為一，則象緯有變，象緯，星象經緯也。紀錄無遺，斯可以考一代天文運行之常變，而推其休祥。然二任之隳廢離隔，不相為謀，蓋已久矣。昔《春秋》日食不書日，而史氏以為官失之，《左傳·桓公十七年》：「冬十月朔，日有食之。不書日，官失之也。天子有日官，諸侯有

日御。日官居卿以底日，禮也。日御不失日，以授百官于朝。」杜注：「日官、日御，典曆數者。日官，天子掌曆者。不在六卿之數，而位從卿，故言居卿也。底，平也，謂平曆數。日官平曆以班諸侯，諸侯奉之不失天時，以授百官。」可見當時掌占候與司紀載者各為一人，故疏略如此。曾國藩：「以上言古者司天文與紀時政，合而為一。」

又嘗考之，春秋二百四十二年，而日食三十六；自魯定公十五年至漢高帝之三年，其間二百九十三年，而搜考史傳，書日食凡七而已，然則遺缺不書者多矣。《文獻通考·象緯考五》：「按《春秋》書日食，終於魯定公之十五年；漢史書日食，始於高帝之三年，其間二百九十三年，搜考史傳，書日食者凡七而已。昔春秋二百四十二年，日食凡三十六，劉向猶以為乖氣致異。至前漢二百一十二年，而日食五十三，則又數於春秋之時。後漢百九十六年，而日食七十二。魏、晉一百五十年，而日食七十九，則愈數於漢西都之世矣。春秋降而戰國七雄競角，爭城爭地，斬艾其民，伏尸百萬，以至於始皇、二世，生民之禍烈矣，世道之變極矣。乖氣所致，謫見於天，宜不勝書，而此二三百年之間，日食僅六七見焉，何哉？蓋史失其官，不書於冊，故後世無由考焉。昔春秋日食，必書晦朔與日。日而不書晦朔，與晦朔而不書日，俱以為官失之。今秦初書日食者一，則書月而不書日與晦朔。周末書日食者六，則書年而并不書月，其見於史冊而可考者，鹵莽疏漏如此。則其遺軼不書者可勝道哉，非日之果不食也。」自漢而後，史錄具在，天下一家之時，紀載者遞相沿襲，無以知其得失也。及南北分裂之後，國各有史，今考之：南自宋武帝永初元年至陳後主禎明二年，北自魏明元帝泰常五年至隋文帝開皇八年，此一百六十九年之間，南史所書日食僅三十六，而北史所書乃七十九，其間年歲之相合者纔二十七，又有年合而月不合者。《文獻通考·象緯考六》：「如南齊高帝建元二年，即北魏孝文太和五年，是年日食，南史書九月甲午朔，北史書六月庚申朔之類。」夫同此一蒼旻也，食於北者其數過倍於南，理之所必無者，而又日月不相脗合，豈天有二日乎？蓋史氏之差謬牴牾，其失大矣。《文獻通考·象緯考六》：「自李延壽南、北史不作諸志，後來之閱史者，遂以《隋書》上接《晉書》。然《隋書》諸志，南止及梁、陳，而不及宋、齊，北止及齊、周，而不及元魏。而沈約、蕭子顯、魏收諸史，世所罕見。故宋、齊、魏之事無由考焉。近世鄭漁仲作《通志》，號為該洽，然其《天文略》所書日食，以梁武帝天監十年上接宋恭帝元熙元年，蓋上以《隋志》之所有者書之，而更不考宋、齊之事，疏略如此。又況梁、陳兩代日食凡十四，而隋志僅書其四，則隋

志亦未為詳盡也。今就帝紀中刷出所書日食類而載之，南宋、齊、梁、陳，北魏、周、齊、隋，上承晉，下接唐，然後所載稍備。然南自宋武帝永初元年至陳後主禎明二年，北自魏明帝泰常五年至隋文帝開皇八年，此一百六十九年之間，《南史》所書日食僅三十六，而《北史》所書乃七十九，其間年歲之相合者纔二十七，又有年合而月不合者，夫縣象著明，同此一宇宙也，豈有食於北而不食於南之理。如以為陰雲不見，則不書食，然北史所書過倍南史之數，豈南常陰翳而北常開霽乎？又歲年之不合，與年同而月異，皆所不可曉者。春秋日食不書日與晦、朔，猶以為官失之，今二史抵牾乃如此，其為官失也大矣。」懸象著明，莫大乎日月，雖庸奴舉目可知，而所書薄蝕之謬且如此，則星辰之遲留、伏逆、陵犯、往來，其所紀述，豈足憑乎？原注：「按：漢哀帝以日無精光、邪氣連昏之事問待詔李尋，而尋所對具言其故。光武以建武五年召嚴光入禁中共臥，而太史奏客星犯帝座。二事見於李尋、嚴光傳中，而以《漢志》考之，終哀帝時不言日無精光之事，光武建武五年亦不言客星事，亦可證其疏略也。」姑述故事，廣異聞耳。曾國藩：「以上言諸史記日食之不可信。」

　　《天文志》莫詳於晉、隋，至丹元子之《步天歌》，尤為簡明。宋《兩朝史志》言諸星去極之遠近，《中興史志》採近世諸儒之論，亦多前史所未發，故擇其尤明暢有味者具列於篇。作《象緯考》第二十一，首三垣、二十八宿之星名、度數，次天漢起沒，次日月、五星行度，次七曜之變，次雲氣，凡十七卷。

《物異考》序

　　《記》曰：「國家將興，必有禎祥。國家將亡，必有妖孽。」《禮記正義・中庸》正義：「國家將興，必有禎祥者，禎祥，吉之萌兆；祥，善也。言國家之將興，必先有嘉慶善祥也。《文說》：『禎祥者，言人有至誠，天地不能隱，如文王有至誠，招赤雀之瑞也。』國本有今異曰禎，本無今有曰祥。何為本有今異者？何胤云：『國本有雀，今有赤雀來，是禎也。國本無鳳，今有鳳來，是祥也。』《尚書》『祥桑、穀共生於朝』，是惡，此經云善，何？得入國者，以吉凶先見者皆曰祥，別無義也。國家將亡，必有妖孽者，妖孽，謂兇惡之萌兆也。妖猶傷也，傷甚曰孽，謂惡物來為妖傷之征。若魯國賓鴝來巢，以為國之傷徵。案《左傳》云：『地反物為妖。』《說文》云：『衣服、歌謠、草木之怪為妖，禽獸、蟲蝗之怪為孽。』」蓋天地之間，有妖必有祥，因其氣之所感，而證應隨之。自伏勝作《五行傳》，程廷祚《青溪集・洪範五行傳考》：「《洪範五行傳》，漢代未有以為伏生之書者也。《五行志》云，漢興，承秦滅學之後，景、武之世，董仲舒治《公羊春秋》，始推陰陽，為儒者宗；而眭孟諸人贊云，孝武時推陰陽言災異者，有董仲舒、夏侯始昌、夏侯勝。《傳》則云，勝從始昌受《尚書》及《洪範五行傳》，說災異。然則漢初之儒固無以陰陽災異為學者？而仲舒以《春秋》倡之於前，始昌以《洪范》繼之於後，《五行傳》至始昌方顯，而謂為伏生所創，其誤蓋自《晉志》始也。（《晉・五行志》云，伏生創紀《大傳》。孔穎達亦云，《五行傳》伏生之書。）」班孟堅而下踵其說，附以各代證應為《五行志》，《晉書・五行志》：「漢興，承秦滅學之後，文帝時，處生創紀《大傳》，其言五行庶徵備矣。後景武之際，董仲舒治《公羊春秋》，始推陰陽，為儒者之宗。宣元之間，劉向治《穀梁春秋》，數其禍福，傳以《洪範》，與仲舒多所不同。至向子歆治《左氏傳》，其言《春秋》及五行，又甚

乖異。班固據《大傳》，采仲舒、劉向、劉歆著《五行志》，而傳載眭孟、夏侯勝、京房、谷永、李尋之徒所陳行事，訖于王莽，博通祥變，以傅《春秋》。」始言妖而不言祥。然則陰陽五行之氣，獨能為妖孽而不能為禎祥乎？其亦不達理矣。雖然，妖祥之說固未易言也。治世則鳳凰見，故有虞之時有來儀之祥，然漢桓帝元嘉之初、靈帝光和之際，鳳凰亦屢見矣，而桓、靈非治安之時也。誅殺過當，其應為恒寒，故秦始皇時有四月雨雪之異，然漢文帝之四年，亦以六月雨雪矣，而漢文帝非淫刑之主也。斬蛇夜哭，《史記·高祖本紀》：「高祖被酒，夜徑澤中，令一人行前。行前者還報曰：『前有大蛇當徑，願還。』高祖醉，曰：『壯士行，何畏！』乃前，拔劍擊斬蛇。蛇遂分為兩，徑開。行數里，醉，因臥。後人來至蛇所，有一老嫗夜哭。人問何哭，嫗曰：『人殺吾子，故哭之。』人曰：『嫗子何為見殺？』嫗曰：『吾子，白帝子也，化為蛇，當道，今為赤帝子斬之，故哭。』人乃以嫗為不誠，欲告之，嫗因忽不見。」在秦則為妖，在漢則為祥，而概謂之龍蛇之孽可乎？僵樹蟲文，《漢書·五行志》：「昭帝時，上林苑中大柳樹斷仆地，一朝起立，生枝葉，有蟲食其葉，成文字，曰『公孫病已立』。又昌邑王國社有枯樹復生枝葉。眭孟以為木陰類，下民象，當有故廢之家公孫氏從民間受命為天子者。昭帝富於春秋，霍光秉政，以孟妖言，誅之。後昭帝崩，無子，徵昌邑王賀嗣位，狂亂失道，光廢之，更立昭帝兄衛太子之孫，是為宣帝。帝本名病已。」在漢昭帝則為妖，在宣帝則為祥，而概謂之木不曲直可乎？前史於此不得其說，於是穿鑿附會，強求證應而笶有所不通。曾國藩：「以上言《五行志》之說多不可通。」

竊嘗以為物之反常者，異也，其祥則為鳳凰、麒麟、甘露、醴泉、慶雲、芝草，其妖則山崩、川竭、水涌、地震、豕禍、魚孽。妖祥不同，然皆反常而罕見者，均謂之異可也，故今取歷代史《五行志》所書，并旁搜諸史本紀及傳記中所載祥瑞，隨其朋類，附入各門，不曰妖，不曰祥，而總名之曰「物異」。如恒雨、恒暘、恒燠、恒寒、恒風、水潦、火災之屬，俱妖也，不可言祥，故仍前史之舊名。至如魏晉時魚集武庫屋上，《隋書·五行志·魚孽》：「昔魏嘉平四年，魚集武庫屋上。王肅以為魚生於水，而亢於屋，水之物失其所也，邊將殆棄甲之變。後果有東關之敗。」前史所謂「魚孽」也；若周武王之白魚入舟，《尚書今古文注疏·泰誓》：「太子發升于舟，中流，白魚入于舟中，王跪取，出涘以燎。」注曰：「馬融曰：『魚者，介鱗之物，兵象也。白者，殷家之正色。言殷之兵眾與周之象也。』鄭康成曰：『白魚入舟，天之瑞

也。魚無手足，象紂無助。白者，殷正也。天意若曰，以殷予武王，當待亡助。今尚仁人在位，未可伐也。得白魚之瑞，即變稱王，應天命定號也。浹，涯也。王出於岸上，燔魚以祭，變禮也。」**則祥而非孼，然妖祥雖殊，而其為異一爾，故均謂之「魚異」。秦孝公時馬生人，前史所謂「馬禍」也**；《漢書·五行志》「《史記》秦孝公二十一年有馬生人，昭王二十年牡馬生子而死。劉向以為皆馬禍也。孝公始用商君攻守之法，東侵諸侯，至於昭王，用兵彌烈。其象將以兵革抗極成功，而還自害也。牡馬非生類，妄生而死，猶秦恃力彊得天下，而還自滅之象也。曰，諸畜生非其類，子孫必有非其姓者，至於始皇，果呂不韋子。京房《易傳》曰：『方伯分威，厥妖牡馬生子。亡天子，諸侯相伐，厥妖馬生人。』」**若伏羲之龍馬負圖**，《禮記正義·禮運》：「河出馬圖。」鄭注：「馬圖，龍馬負圖而出也。」疏引《中侯握河紀》云：「伏羲有天下，龍馬負圖出于河，遂法之作八卦。」**則祥而非禍，然妖祥雖殊，而其為異亦一爾，故均謂之「馬異」。其餘鳥獸、昆蟲、草木、金石，以至童謠、詩讖之屬，前史謂之羽蟲、毛蟲、龍蛇之孼，或曰「詩妖」、「華孼」**，《漢書·五行志》：「君炕陽而暴虐，臣畏刑而柑口，則怨謗之氣發於謌謠，故有詩妖。」**今所述皆並載妖祥，故不曰妖，不曰孼，而均以「異」名之。**曾國藩：「以上自述命名物異之意。」

　　其豕禍、鼠妖，則無祥可述，故亦仍前史之舊名。至於木不曲直者，木失其常性而為妖，如桑穀共生之類是也，《史記·殷本紀》：「帝雍己崩，弟太戊立，是為帝太戊。帝太戊立伊陟為相。亳有祥桑穀共生於朝，一暮大拱。帝太戊懼，問伊陟。伊陟曰：『臣聞妖不勝德，帝之政其有闕與？帝其修德。』太戊從之，而祥桑枯死而去。」《集解》：「孔安國曰：『祥，妖怪也。二木合生，不恭之罰。』鄭玄曰：『兩手搤之曰拱。』」《索隱》：「劉伯莊言枯死而消去不見，今以為由帝修德而妖祥遂去。」**若雨木冰，乃寒氣脅木而成冰，其咎不在木也，而劉向以雨木冰為木不曲直**；《漢書·五行志》：「《傳》曰：『田獵不宿，飲食不享，出入不節，奪民農時，及有姦謀，則木不曲直。』……若乃田獵馳騁不反宮室，飲食沈湎不顧法度，妄興繇役以奪民時，作為姦詐以傷民財，則木失其性矣。蓋工匠之為輪矢者多傷敗，及木為變怪，是為木不曲直。……《春秋》成公十六年『正月，雨，木冰』。劉歆以為上陽施不下通，下陰施不上達，故雨，而木為之冰，霧氣寒，木不曲直也。劉向以為冰者陰之盛而水滯者也，木者少陽，貴臣卿大夫之象也。此人將有害，則陰氣脅木，木先寒，故得雨而冰也。」**「華孼」者，花失其常性而為妖，如冬桃李華之類是也，若冰花乃冰有異而結花，其咎不在花**

也，而唐志以冰花為「華孽」；《新唐書·五行志》：「景福中，滄州城塹中冰有文，如畫大樹華葉芬敷者，時人以為其地當有兵難。近華孽也。」二者俱失其倫類，今革而正之，俱以入「恒寒門」，附「雨雹」之後。又前志以鼠妖為「青眚」、「青祥」，物自動為「木沴金」，物自壞為「金沴木」，其說俱後學所未諭，今以「鼠妖」、「青眚」各自為一門，而自動、自壞直以其事名之，庶覽者易曉云。作《物異考》第二十二，凡二十卷。曾國藩：「以上釐正諸名目。」

《輿地考》序

　　昔堯時禹別九州，至舜分為十二州，《書集傳·舜典》：「肇十有二州。」蔡沈：「肇，始也。十二州，冀、兗、青、徐、荊、揚、豫、梁、雍、幽、并、營也。中古之地，但為九州，曰冀、兗、青、徐、荊、揚、豫、梁、雍。禹治水作貢，亦因其舊。及舜即位，以冀、青地廣，始分冀東恒山之地為并州，其東北醫無閭之地為幽州。又分青之東北遼東等處為營州。而冀州止有河內之地，今河東一路是也。」《周職方》復分為九州而又與禹異。揚、荊、豫、青、兗、雍、幽、冀、并。詳見《周禮·職方氏》。漢承秦分天下為郡、國，而復以十三州統之。《漢書·地理志》：「漢興，因秦制度，崇恩德，行簡易，以撫海內。至武帝攘卻胡、越，開地斥境，南置交阯，北置朔方之州，兼徐、梁、幽、並夏、周之制，改雍曰涼，改梁曰益，凡十三部，置刺史。」晉時分州為十九，《晉書·地理志》：「晉武帝太康元年，既平孫氏，凡增置郡國二十有三，省司隸置司州，別立梁、秦、寧、平四州，仍吳之廣州，凡十九州。（司、冀、兗、豫、荊、徐、揚、青、幽、平、並、雍、涼、秦、梁、益、寧、交、廣州。）自晉以後，為州寖多，所統寖狹，且建治之地亦不一所。姑以揚州言之，自漢以來，或治歷陽，或治壽春，或治曲阿，或治合肥，或治建業，而唐始治廣陵。至南北分裂之後，務為夸大，僑置諸州，以會稽為東揚，京口為南徐，廣陵為南兗，歷陽為南豫，歷城為南冀，襄陽為南雍。錢大昕《十駕齋養新錄》卷第六《晉僑置州郡無南字》：「晉南渡後，僑置徐、兗、青諸州郡於江淮間，俱不加『南』字。劉裕滅南燕，收復青徐故土，乃立北青、北徐州治之，而僑置之名如故。其時兗境亦收復，不別立北兗州，但以刺史治廣陵，或治淮陰，而遙領淮北實郡。義熙末，乃以兗州刺史治滑臺，而二兗始分，然僑立之州猶不稱『南』。至永初受禪以後，始詔除『北』加『南』，此詔載

於《宋書》本紀，可謂信而有徵矣。《宋書・州郡志》謂晉成帝立南兗州寄治京口，時又立南青州及并州，此據後來之名追稱之，非當時已稱南兗、南青也。乃《晉書・地理志・兗州》篇謂明帝以郗鑒為刺史，寄居廣陵，後改為南兗州，則甚誤矣。考東晉之世，徐、兗二州刺史或分或合，自郗鑒以後領兗州刺史者紀傳一一可考，曷嘗有稱南兗州者乎？《徐州》篇云：元帝『以江乘置南東海、南琅邪、南東平、南蘭陵等郡，分武進，立南彭城等郡屬南徐州，又置頓邱郡屬北徐州。明帝又立南沛、南清河、南下邳、南東莞、南平昌、南濟陰、南濮陽、南太平、南泰山、南濟陽、南魯等郡以屬徐、兗二州』，此皆誤採《宋志》之文，而不知晉時本無『南』字，元帝渡江之始未嘗有北徐州也。史家昧於地理，無知妄作，未有如《晉志》之甚者。」魯郡在禹迹為徐州，而漢則屬豫州所領；陳留在禹迹為豫州，而晉則屬兗州所領。離析磔裂，循名失實，而禹迹之九州殆不復可考矣。曾國藩：「以上言九州無定，禹跡不可考。」

夾漈鄭氏曰：「州縣之設，有時而更；山川之形，千古不易。故禹貢分州，必以山川定疆界，使兗州可移，而濟、河之兗州不可移；梁州可遷，而華陽、黑水之梁州不可遷。故《禹貢》為萬世不易之書。後之作史者主於郡縣，故州縣移易，其書遂廢矣。」善哉言也！杜氏《通典》亦以歷代郡縣析於禹九州之中。今所論著，九州則以禹迹所統為準，沿而下之，府、州、軍、監則以宋朝所置為準，泝而上之，而備歷代之沿革焉。至冀之幽、朔，雍之銀、夏，南粵之交趾，元未嘗入宋之職方者，《周禮・職方氏》：「職方氏掌天下之圖，以掌天下之地，辨其邦國、都鄙、四夷、八蠻、七閩、九貉、五戎、六狄之人民與其財用、九穀、六畜之數要，周知其利害。」則以唐郡為準，追考前代，以補其缺。曾國藩：「以上言上以禹跡、下以宋代為准。」

而於每州總論之下，復各為一圖，先以春秋時諸國之可考者分八九州，次則及秦、漢、晉、隋、唐、宋所分郡縣，考其地理，悉以附禹九州之下，而漢以來各州刺史、州牧所領之郡，其不合禹九州者悉改而正之。作《輿地考》第二十三，凡九卷。

《四裔考》序

　　昔先王疆理天下，制立五服，《尚書·禹貢》：「五百里甸服：百里賦納總，二百里納銍，三百里納秸，服，四百里粟，五百里米。五百里侯服：百里采，二百里男邦，三百里諸侯。五百里綏服：三百里揆文教，二百里奮武衛。五百里要服：三百里夷，二百里蔡。五百里荒服：三百里蠻，二百里流。東漸于海，西被于流沙，朔南暨聲教訖于四海。」所謂蠻夷戎狄，其在要、荒之內，九州之中者，則被之聲教，蔡沈《書集傳·禹貢》：「聲，謂風聲。教，謂教化。林氏曰：『振舉於此而遠者聞焉，故謂之聲。軌範於此而遠者效焉，故謂之教。上言五服之制，此言聲教所及，蓋法制有限，而教化無窮也。」疆以戎索。竹添光鴻《左傳會箋·定公四年》：「疆以戎索。」杜注：「大原近戎而寒，不與中國同，故自以戎法也。」箋曰：「狄之曠莫，萊多而田少，封土不廣不足以共王職。故又建一法，以均穀土，謂之戎索。是以邊竟之國，其土必大於爵，成王封唐叔，亦從是法，故曰疆以戎索也。」唐、虞、三代之際，其詳不可得而知矣，《春秋》所錄，如蠻則荊、舒之屬也，夷則萊夷之屬也，戎則山戎、北戎、陸渾、赤駒之屬也，狄則赤狄、白狄、皋落、鮮虞之屬也。載之經傳，如齊桓之所攘，魏絳之所和，《左傳·襄公四年》：「無終子嘉父使孟樂如晉，因魏莊子納虎豹之皮，以請和諸戎。晉侯曰：『戎狄無親而貪，不如伐之。』魏絳曰：『諸侯新服，陳新來和，將觀於我。我德則睦，否則攜貳。勞師於戎，而楚伐陳，必弗能救，是棄陳也，諸華必叛。戎，禽獸也。獲戎失華，無乃不可乎？』……公曰：『然則莫如和戎乎？』對曰：『和戎有五利焉：戎狄荐居，貴貨易土，土可賈焉，一也。邊鄙不聳，民狎其野，穡人成功，二也。戎狄事晉，四鄰振動，諸侯威懷，三也。以德綏戎，師徒不勤，甲兵不頓，四也。鑒

于后羿，而用德度，遠至邇安，五也。君其圖之！』公說。使魏絳盟諸戎。」其種類雖曰戎狄，而皆錯處於華地，故不容不有以制服而羈縻之。至於沙磧之濱、瘴海之外，固未嘗窮兵黷武，絕大漠、踰懸度，《漢書‧西域傳》：「縣度者，石山也，谿谷不通，以繩索相引而度云。」必欲郡縣其部落，衣冠其旄羶，以震耀當時，而誇示後世也。曾國藩：「以上言三代時，四裔皆在中華之地。」

　　秦始皇既并六國，始北卻匈奴，南取百粵。至漢武帝時，東并朝鮮，西收甘、涼，南闢交趾、珠厓，北斥朔方、河南，以至車師、大宛、夜郎、昆明之屬，俱遣信使，齎重賄，招來而羈置之，俾得通於上國，窺其廣大，割齊民以附夷狄，弊所恃以事無用。自是之後，世謹梯航，梯航，謂梯山航海。歷代載記所敘，其風氣之差殊、習俗之詭異，可考而索，至其世代傳授之詳，則固不能以備知也。作《四裔考》第二十四，凡二十五卷。

後　記

　　《三通序》係彙集唐杜佑《通典》、宋鄭樵《通志》、元馬端臨《文獻通考》之大小序而成。三書並稱應始於元代至大元年七月李謹思所作《文獻通考序》：「自書契至唐而《通典》成，至宋過江而《通志略》成。過江文獻家，惟扶風氏久。上下數千年，幽者屋壁，叢者棟宇，書市罕值，寒窗少儲，用之階庭焉，磅礴鬱積，次第增損，近始嘉定，遠接天寶，泝而上之，於是過江四丁未矣，而《通考》又成。三書在宇宙閒皆不可闕。若《通考》，鳩僝粹精，芟夷蕪翳，宿疑解駁，新益坌涌，自為一家。」

　　《三通序》始編於何時，尚不清楚。然《三通序》在清代頗為流行，有眾多版本。《中國古籍總目·史部》著錄有三通原序合刻不分卷（清乾隆三十四年刻本）、清代蔣德鈞求實齋叢書本、盧靖慎始基齋叢書本、康綸筠輯本、陳弘謀培遠堂全集本，其中康綸筠輯本有五種版本，分別是清道光十三年周恭壽刻本、清光緒十七年宏道堂刻本、清光緒十九年文英閣石印本、清光緒二十年上海書局石印本、清光緒二十七年成都書局刻本，可見其盛行一時。張之洞在《書目答問·考訂初學各書》中向初學者推薦了《三通序》，以為學習考訂之資。其後，清人張祥齡著《黃金篇·初學書目》亦在考據一類中列舉了《三通序》通行本，這應該是受到了張之洞的影響。

　　《三通序》在清代如此盛行，因其可以「備三場策料」。三通卷帙浩繁，不易卒讀，且非普通士子可以輕易購置，譚獻《復堂日記》卷一：「今年先後買得明刻本《通典》《通志略》《文獻通考》三書。求之十年，乃始得具，寒士物力之艱如此。至版刻不精，紙墨漫漶，闕葉手抄補完。吾輩讀書，比之溫岐言有孔即吹，亦曰有字即讀而已。」而《三通序》篇幅短小，方便購讀，故甚

為通行。誠如郭象升《文學研究法》所云:「三通浩如淵海,不易卒讀,於是有但讀其序例者。」試看洪亮吉《北江詩話》卷五所載三通應用於科考之事:

> 余督學貴州日,曾兩值鄉試,甲寅、乙卯是也。先期即拔取十三府諸生之能文者,聚貴山書院中。院中生徒有額缺,余捐廉俸,為廣額數十名。科歲兩試,皆先期於五月前抵省。五月一日試諸生,頭場準例《四書》文三首,詩八韻,以一日夜為限,二、三場亦然。余亦宿書院中,俟諸生交卷畢始歸。六月一日,則試二場。七月一日,則試三場。時總憲馮公光熊,方撫黔中,與余尤相契,每書院扃試日,亦分派文武員弁巡邏,以防傳遞。余又苦黔中無書,先令人於江浙購買《十四經》《二十二史》《資治通鑑》《通典》《通考》以及《文選》《文苑英華》《玉海》等書,貯書院中,令諸生尋誦博覽。試三場日,并明諭諸生曰:「所問策皆在此數部中。諸生能各尋原委,條析以對,即屬佳士。不必束書不觀也。」

《通典》與《文獻通考》成為策試出題的來源,應試者只需要閱讀這幾部書就能有效應對考試。章學誠《文史通義·釋通》:「《文獻通考》之類,雖倣《通典》,而分析次比,實為類書之學。書無別識通裁,便於對策敷陳之用。」雖是批評之論,卻也證明了在清人眼中,《文獻通考》之用在於對策。

1905 年科舉制度正式廢除,對策之用也就不存在了,然而《三通序》並未隨著科舉制度的消亡而退出歷史舞臺,仍舊受到學人的關注,可見其作用不止於此。據《四川公立國學專門學校章程》記載,當時國學專門學校的預科,「史學摘授《四庫提要史部序跋》《三通序》《廿二史劄記》《顧氏總論》」。據唐文治《茹經先生自訂年譜》記載,無錫國學師專在桂林時曾以《三通序》作為課本,1938 年 4 月「十四日,因學生來者漸多,與振心等會商,分為二組。奈桂林書籍稀少,印刷又不便,僅購得《三通序》作為課本。」

近現代的史學大師也並未輕視這薄薄的一冊《三通序》。俞大維《懷念陳寅恪先生》記載:「國史乃寅恪先生一生治學研究的重心。對於史,他無書不讀。與一般人看法不同處,是他特別注重各史中的志書。如《史記》的《天官書》《貨殖列傳》《漢書·藝文志》《晉書·天文志》《晉書·刑法志》《隋書·天文志》《隋書·經籍志》《新唐書·地理志》等等。關於各種會要,他也甚為重視,尤其重視《五代會要》等。他也重視三通,三通序文,他都能背誦。」可見陳寅恪先生對於《三通序》用力不少。《顧頡剛文庫古籍書目》著錄有清

代蔣德鈞錄《三通序》一卷，清光緒十九年（1893）雙門底文英閣刻本。在《鄭樵著述攷》中也提及《三通序》，顧頡剛先生肯定也讀過此書。據劉重來記錄的《張舜徽先生文獻學講演錄（節選）》記載，張舜徽先生認為：「還要讀好《通志總序》《文獻通考序》。對於《文獻通考》二十四門，都應看其序。有部書叫《三通序》可以讀。」其中，張舜徽先生特別重視《通志總序》，在《研究史學必須涉覽之書》中，列舉了《史通》《通志總序》《文史通義》這三部史評要籍，以為此三書「讀之可以增廣識力，初學必須詳究」，還著有《通志總序平議》。

清代惲毓鼎《惲毓鼎澄齋日記》光緒廿五年己亥（1899年）二月十八日記載：「以《三通序》授成兒熟讀，自今日講解始。此數十篇文字，初學苟能爛熟於胸，終身用之不盡。」此時科舉尚未廢除，讀《三通序》不排除有為科舉應試計，然既云「終身用之不盡」，則絕非科舉所能範圍，科舉不過是一時之事。那麼，除去科舉對策之用，《三通序》還有何價值呢？值得如此強調。

張舜徽《通志總序平議小序》認為：「二千年間，論史才之雄偉，繼司馬遷而起者，則有鄭樵，雖其所修《通志》，未能臻於預期之完善，要不可以成敗論得失也。鄭氏論史要義，多在《通志總序》。讀其文，可以想見其為人，固卓犖不群，千古振奇士也。雖持論不免失之偏激，然而志量弘遠矣。固非一曲之士所能測其淺深也。」指出《通志總序》價值在於論史。

高步瀛《文章源流》稱《文獻通考序》「持論明通，深達治體」。郭象升《文學研究法》贊為「經世之文，斯其最優者歟！」以為可以「由此以上窺《史記》八書、《漢書》十志，庶乎實大聲宏、異乎繡其鞶帨者」。李慈銘《越縵堂讀書記》稱賞其「敘述簡絜，能得其大，洵佳作也」。可見《文獻通考序》具有經世之用。然在今日，其對歷代典章制度「敘述簡絜，能得其大」更為重要。

《通典》的大小序，似乎很少受到人們的注意，不像《通志總序》與《文獻通考序》，被一些書籍和教材收錄，因此也引來不少評論。作為文章而收錄在國文課本中，著名者如《燕京大學國文名著選讀》（1935年），節錄《通志總序》，全載《文獻通考》大小序二十五篇。將《文獻通考》大小序作為文章收錄於選本之中，發端於曾國藩《經史百家雜鈔》。傅東華編《大學文選》（1939年）收錄有《通志總序》和《文獻通考》大小序。甚至民國時期的中學國文教材也收錄這兩篇序，徐公美等編注《新學制中學國文教科書高中國

文》（1931 年）收錄了《通志總序》和《文獻通考總序》。杜天糜、韓楚原編《高中國文》（1935 年）收錄有《通志總序》和《文獻通考》大小序，還選了李翰《通典序》，附有愛新覺羅弘曆《重刻通典序》，就是沒有選杜佑《通典序》。

　　1949 年以後，史學界編撰了大量的歷史文選，作為史學專業的教材。著名者如周予同主編《中國歷史文選》，三通部分選錄了杜佑《通典·食貨門·田制》、鄭樵《通志總序》和馬端臨《文獻通考·田賦考·屯田》。浙江師範學院政史系編印《中國歷史文選》（1979 年）三通選目與之相同。賀卓君編注《中國歷史文選》（1987 年）對於三通只節錄了《通典》中關於「唐代均田制」的一部分文字。張大可，徐景重主編《中國歷史文選》（1988 年）節選了《通典》「歷代盛衰戶口」與《通志·都邑略》。張衍田編著《中國歷史文選》（1996）《通典》選錄「唐代科舉」部分，《通志》節錄了《總序》，《文獻通考》選了《田賦考序》。翻閱常見數十種歷史文選，似乎未見有選錄《通典》大小序文的，可見其不受重視一直延續至今。當然，作為史料用於研究杜佑與《通典》還是常見，只是如同《通志總序》和《文獻通考序》一樣被單獨關注不夠。《通典》大小序中所蘊含的獨特價值，尚有待於我們進一步深入研討。

　　雖然三通的研究方興未艾，《三通序》在現代卻已銷聲匿跡。「昔人謂學者不能讀三通，盍讀三通序？」（胡鳳丹《退補齋文存》）三通卷帙浩繁，《通典》二百卷，《通志》二百卷，《文獻通考》三百四十八卷，學人既難以通讀，亦不必人人通讀。閱讀《三通序》就是一個最好的入門選擇，這是前人總結出來的成功經驗，不應該被遺忘。雖然三通都有了點校本，可以從中選讀序文，然寒士之家多不易備，故而有重新整理《三通序》單行的必要。這些序文涉及食貨、選舉、職官、禮、樂、兵、刑、地理等方面的內容，如不加以疏通證明，閱讀時還是有些障礙，故而不揣淺陋，成此箋註，是非得失，不敢自信，還望高明有以教我，不勝感佩！

楊阿敏

2022 年 1 月 24 日於盧陵麻江